Beltz Taschenbuch 860

Über dieses Buch:
Mit »Grenzen setzen« allein ist es nicht getan, so die Ausgangsthese dieses Buches von Rebeca Wild. Und die Erleichterung, die Eltern aus dem Mut zum Grenzen setzen erwächst, denen vielleicht selbst zu enge Grenzen in ihrer Kindheit aufgezeigt wurden, wird nur vorübergehend sein, wenn nicht zwei Dinge in die Erziehung einbezogen werden: Die Bereitstellung einer »geeigneten Umgebung« für das heranwachsende Kind und der Respekt vor seinen ihm eigenen Lebensprozess.
Wenn »Grenzen« jedoch in diesem Rahmen gesetzt werden, sind sie nützlich und sinnvoll.
Denn »Grenzen, die eine den Bedürfnissen des Kindes entsprechende Umgebung einschließen«, so die Autorin, »verschaffen Sicherheit und ein Gefühl von Zuhause sein und damit eine sichere Basis, um dann auszuziehen, neuartige Erfahrungen und weitere Horizonte zu suchen, die wiederum ihre eigenen Grenzen mit sich bringen«.
Rebeca Wilds Ausführungen und Überlegungen, die sich auch um Themen wie »Unsicherheiten beim Grenzen setzen«, »Leben heißt begrenzt sein«, »Entwicklungsprozesse« und »Grenzen in den Prozessen von Erwachsenen« gruppieren, werfen ein neues Licht auf diese Problematik und sind eine wertvolle Unterstützung für alle, die mit Kindern leben und arbeiten.

Die Autorin:
Rebeca Wild, 1939 in Deutschland geboren, studierte Germanistik, Montessori- und Musikpädagogik in München, New York und Puerto Rico. Seit 1961 lebt sie in Ecuador, wo sie mit ihrem Mann 1977 den »Pesta« gründete: ein Kindergarten-, Schul- und Fortbildungszentrum, das weltweit großes Interesse hervorgerufen hat. Als Beltz Taschenbücher sind von ihr erschienen: »Lebensqualität für Kinder und andere Menschen – Erziehung und der Respekt für das innere Wachstum von Kindern und Jugendlichen« (2001) und »Mit Kindern leben lernen – Sein zum Erziehen« (2002).

Rebeca Wild

Freiheit und Grenzen – Liebe und Respekt

Was Kinder von uns brauchen

BELTZ

Besuchen Sie uns im Internet:
www.beltz.de

Beltz Taschenbuch 860

4. Auflage 2011

Das Werk erschien zuletzt im
Mit Kindern wachsen Verlag, Freiamt im Schwarzwald
Umschlaggestaltung: Federico Luci, Odenthal
Umschlagfoto: © Leonardo Wild, Quito
Druck und Bindung: Beltz Druckpartner GmbH & Co. KG, Hemsbach
Printed in Germany

ISBN 978-3-407-22860-4

Inhalt

Vorwort

Wenn ich mit Menschen zum ersten Mal über das Thema »freiheitliche Erziehung« gesprochen habe, dann haben mehr oder weniger heftige Einwände oder Fragen nach den »notwendigen Grenzen« selten gefehlt.

Fragen, die keineswegs aufhören, wenn Eltern oder Betreuer dann ihre eigenen Schritte in Richtung eines respektvollen Umgangs mit Kindern wagen, sondern die sich in vielen neuen Lebenssituationen und auf jeder Entwicklungsebene ständig neu wieder stellen.

Für uns Erwachsene, die häufig durch Grenzen erzogen und eingeschränkt worden sind, ist es nicht leicht, Grenzen auf eine Weise wahrzunehmen, daß sie den Raum für selbständiges und freies Handeln so abstecken, daß menschliche Entwicklung in ihm gedeihen kann. Doch in dem Maße, wie uns dies gelingt, merken wir, daß Grenzen nicht »fremdbestimmen«, sondern eigentlich nur dazu dienen, die Umgebung entspannt zu halten, so daß jeder, Kinder und Erwachsene, sich wohl darin fühlen, neue Erfahrungen durch eigene Entscheidungen machen, und echte Bedürfnisse von Ersatzbedürfnissen unterscheiden lernen können.

Unsere Erlebnisse in solch entspannter Umgebung lösen allmählich die scheinbaren Widersprüche zwischen Freiheit und Grenzen auf und öffnen uns die Augen dafür, wie diese beiden Begriffe mit Liebe und Respekt in vielfacher und enger Wechselbeziehung stehen.

Mit Staunen erleben wir nun, daß für die Jugendlichen und jungen Erwachsenen, die mit uns diesen Weg zurückgelegt haben, Freiheit und Grenzen und Liebe und Respekt so selbstverständlich sind wie für den Fisch das Wasser. Wir sehen mit ein wenig Neid, daß sie fähig sind, auf natürliche, spontane, liebe- und respektvolle Weise Grenzen zu setzen, wo wir Älteren durch unsere Zweifel nicht selten unserer eigenen Entwicklung im Wege stehen.

Ich freue mich, daß die Erfahrungen und Reflexionen, die uns durch ein Vierteljahrhundert in der Pestalozzi-Schule in Ecuador begleitet haben, durch eine Taschenbuchausgabe von »Freiheit und Grenzen – Liebe und Respekt« mit einem weiteren Kreis von Menschen geteilt werden können, für die dieses Thema ebenfalls von Wichtigkeit ist.

Rebeca Wild
im November 2002

Grenzen und vorbereitete Umgebung

Warum schreibst du nicht mal einen richtigen Roman?" Mit dieser Frage überraschte mich kürzlich ein Hausgast, sozusagen als Morgengruß, als ich gerade Orangensaft fürs Frühstück ausdrückte.

Bemüht, mich in meiner morgendlichen Routine nicht aus dem Konzept bringen zu lassen, entgegnete ich zerstreut: „Einen Roman? Warum denn das?"

„Ich habe im Bett noch in deinem ersten Buch, *Erziehung zum Sein* gelesen. Also, wenn du schon ein trockenes Thema wie Erziehung so lebendig werden läßt, würde es dich nicht reizen, deine Erlebnisse mit Fantasie zu bereichern und daraus einen Roman zu gestalten?"

Warum eigentlich nicht? Die Idee begann sich zwischen Frühstück und Mittagessen in meinem Bewußtsein Raum zu schaffen. Das wäre doch einmal etwas anderes als all die vielen Aufgaben, die auch noch nach zwanzig Jahren Pesta* offenbar keineswegs weniger werden als am Anfang: ständige Arbeit an der vorbereiteten Umgebung, die Grundlage für eine alternative Erziehung ist; Begleitung der Kinder und Jugendlichen in ihren Tätigkeiten; Familiengespräche, Elternabende, Lehrerbesprechungen, Kurse, Seminare, Tauschmarkt, Radtouren; dazu „Haus und Hof", persönliche Interessen, das ständige Anliegen, in all dem gegenwärtig zu sein . . . Ein Roman! Könnte der nicht Vergangenes heraufbeschwören, es zusammen mit Gegenwart und Zukunft verzaubern, neue Räume und Verknüpfungen schaffen?

Abkürzung von „Pestalozzi" und Spitzname für das Kindergarten- und Schulprojekt der Wilds in Ecuador. (Anm. d. Herausg.)

Doch gerade erschien die Familie am Frühstückstisch. Dann mußte ich mich beeilen, um noch vor der Ankunft der Busse am Eingang der Schule zu stehen und dabeizusein, wenn die Kinder ankamen. Sobald sie das Gelände mit ihren Begrüßungen, Fragen, Rufen und der Suche nach Tätigkeiten füllten, war ich wieder mittendrin, schaute Kindern zu, wie sie, umgeben von unserer herrlichen Andenlandschaft, mit Hingabe Flugzeuge aus Balsaholz bauten, wie sie dann von den Stufen der Primaria, vom Sechsmeterturm, vom Rand der Schlucht ihre Flugproben anstellten; war Zeuge, wie sie zwischen Agavenpflanzen mit alten Brettern, Autoreifen und anderen Abfallmaterialien ihre Baumhäuser oder Klubs bauten; wie sie im Lauf eines Morgens weitläufig Raum und Möglichkeiten ausnützten, in Eigenbestimmung und individuellem Rhythmus ihre Zeit zwischen ruhigen und bewegten, anspruchsvollen und entspannenden Tätigkeiten einteilten. Wie seit vielen Jahren, war ich auch an diesem Morgen wieder von neuem von der Lebendigkeit der Kinder beeindruckt und es schwand jeder Zweifel dahin: Warum sollte ich einen Roman erfinden, wenn er sich doch jeden Tag vor meinen eigenen Augen abspielt?

Ist es nicht Roman genug, daß hier Kinder – solange ihre Eltern sie lassen und solange sie es selbst wollen – legitim Kinder sein dürfen? Daß sie, statt wie fast überall auf der Welt, standardisiert und angepaßt zu werden an das, was sich Erwachsene „zu ihrem Besten" ausdenken, Tag für Tag erleben können, was es heißt „ganz dazusein", mit ihren eigenen Abenteuern, Spielen, Projekten und Ideen, ihren eigenen Freuden und Leiden groß zu werden?

Als ich zum letzten Mal von diesen Kindern erzählte – das war in meinem Buch *Kinder im Pesta* – hatte ich das Gefühl, von unserer Erfahrung mit alternativer Erziehung nun genug berichtet zu haben. Doch mehrere Gründe bringen mich nun dazu, nochmals einem Aspekt unseres Umgangs mit Kindern besondere Aufmerksamkeit zu widmen. Der erste Beweggrund ist wohl, daß wir nun, nach zwanzig Jahren Pesta und nie endenden Reflexionen, die Beziehung zwischen Freiheit und Grenzen deutlicher sehen, als es uns früher möglich war.

Ein anderes Motiv, das mich zum Schreiben bewegt, entspringt aus unserer ständigen Auseinandersetzung mit konkreten Situationen, die immer wieder neue Stellungnahmen erfordern, aber auch neue Einsichten ermöglichen. Tatsächlich erleben wir kaum eine Lehrerversammlung, ein Familiengespräch oder einen Elternabend im Bereich Kindergarten, Primaria oder der Jugendlichen, in dem nicht die Problematik des Grenzensetzens zur Sprache käme. Das gleiche Phänomen erleben wir in jedem Seminar mit Erwachsenen, die nicht zum Pesta gehören. So wuchs in mir das Gefühl der Dringlichkeit, auf dieses Thema noch einmal ausführlicher einzugehen, als ich es bisher getan habe.

Die Lektüre von Jan-Uwe Rogges Buch *Kinder brauchen Grenzen* bestärkte mich in diesem Anliegen, denn es zeigt die enorme Hilflosigkeit der Erwachsenen, die im Widerstand gegen traditionelle Erziehungsmuster neue Wege suchen, aber, vom ewigen Herumexperimentieren müde geworden, oft am liebsten wieder zu den alten sicheren Normen zurückkehren würden. Offenbar bietet dieses Buch praktische Hinweise, wie Eltern und Lehrer einen Weg zwischen autoritären und antiautoritären Methoden finden und sich und den Kindern dabei Energieverschleiß und zerrüttete Nerven ersparen können. Der Autor zeigt überzeugend: Kinder brauchen Grenzen, um einigermaßen in Frieden heranzuwachsen. Und wenn Erwachsene es wagen, sie auf eine klare und respektvolle Weise zu setzen, ist das eine Wohltat für alle, die zusammen in einer Situation verwickelt sind. Trotzdem blieb beim Lesen dieses Buches ein ungutes Gefühl zurück. Mit Grenzensetzen alleine ist es nicht getan und die Erleichterung, die aus dem Mut zum Grenzensetzen erwächst, wird nur vorübergehend sein, solange wir uns nicht der eigentlichen Misere bewußt werden und uns ihr stellen. Diese Misere hat zwei Seiten und kann letztlich nur abgemildert oder behoben werden, wenn wir beide in Betracht ziehen.

Das erste Problem, das zwar nicht neu ist, aber in unserer Zeit immer krassere Auswirkungen hat, ist die Tatsache, daß geeignete Umgebungen für das Heranwachsen von Kindern kaum vorhanden sind und daß sie durch den „Fortschritt" immer mehr eingeschränkt werden. Es sind bedauerlicherweise kaum Anzeichen vorhanden, daß dieser Umstand als grundlegendes Problem für eine gesunde Entwicklung menschlicher Wesen empfunden wird. Zwar gibt es ein gewisses Heimweh nach den guten alten Zeiten, in denen es noch Platz zum Spielen in der Natur gab oder die Kinder sich einigermaßen gefahrlos auf den Straßen der Städte und Dörfer bewegen konnten, und sicher gibt es an verschiedenen Orten immer wieder Ansätze, solche lebensfreundlichen Räume für Kinder in Siedlungen einzuplanen. Aber wenn wir die gesamte Situation betrachten, sind solche Beispiele kaum ein Tropfen auf den heißen Stein im Rahmen einer Zivilisation, die unerhörte Ressourcen für Autostraßen, Fabriken, Büros usw. zur Verfügung stellt und sich doch kaum darum kümmert, was heranwachsende Menschen brauchen, damit wirklich menschliche Entwicklungsprozesse möglich werden können.

Dieser Mißstand bezieht sich nicht nur auf die Slums der Dritten Welt, in denen menschenunwürdige Zustände herrschen. Oder auf die Wohnblocks der sogenannten „entwikkelten" Länder, in denen die Einwohner der unteren Stockwerke kaum von der Sonne erwärmt werden, wo blasse Kinder neben einer belebten Durchfahrtstraße mißmutig auf dem Bürgersteig herumstehen und dann doch lieber in die Wohnung zu ihrem Fernsehapparat zurückkehren.

Auch dort, wo „wirklich etwas für die Menschen getan wird", in den netten Fußgängervierteln, in blumenreichen Parks, auf Spielplätzen, in grünen Zonen und familienfreundlichen Siedlungen – was ist dort zu finden, was tatsächlich auf ein wachsendes Bewußtsein für eine *geeignete* Umgebung für Kinder und Jugendliche schließen läßt? Was immer vorhanden sein mag, es wäre doch kaum ein winziger Anfang, falls unsere Generation tatsächlich eine Priorität daraus machen würde, geeignete Umgebungen für heranwachsende Menschen zu schaffen. Erst wenn dies Anliegen einen ganz neuen Stellenwert bekäme, würde man merken, daß diese kleinen Versuche bestenfalls mit der „vorbereiteten Umgebung" für jene Autos zu vergleichen sind, die vor fünfzig Jahren in Europa herumfuhren, als man noch kaum eine Ahnung hatte, wie moderne Autos einmal aussehen würden. Das heißt jedenfalls, daß auch Alternativen wie der Pesta, wo seit vielen Jahren bewußt an einer vorbereiteten Umgebung für Kinder gearbeitet wird, immer noch in den Kinderschuhen stecken und wir die Möglichkeiten niemals durch unsere beschränkte Vorstellungskraft begrenzen dürfen.

Ist es aber nicht ungerecht, was ich hier unserer Zivilisation ankreide? Habe ich vielleicht nicht den erfreulichen Fortschritt gesehen, was den Bau von Kindergärten und Schulen anbelangt? Die großen Fenster, buntgetünchten Wände, die sitzfreundlichen Möbel, Spannteppiche und die teuren Spiel- und Unterrichtsmaterialien? Oder weiß ich den guten Willen der internationalen Hilfsorganisationen nicht zu schätzen, die den Bau von Schulen sogar in Urwalddörfern und entlegenen Gebirgstälern der „unterentwickelten" Länder unterstützen?

Doch sollen die Indianerkinder in den Anden wirklich dankbar dafür sein, daß sie – statt ihre Eltern aufs Feld, auf die Weide oder zur Gemeinschaftsarbeit zu begleiten – nun in einem Schulhaus aus Zement mit Eternitdach (das im ganzen Land gleich aussieht) auf Bänken sitzen und nachsagen dürfen, was ihnen ein Lehrer, auswendig oder aus einem Buch lesend, vorsagt? Werden sie dadurch zu vollwertigeren Menschen, oder werden sie für eine Gesellschaft herangezüchtet, in der Anpassung höher bewertet wird als die Rücksicht auf menschliche Entwicklungsprozesse?

Aber, so wird uns entgegnet, ist es nicht zu begrüßen, daß Politiker und Hilfsorganisationen den Frauen Angebote machen, ihre Kinder möglichst früh in Tagesstätten und ähnlichen Aufbewahrungsanstalten abzugeben, um nicht den Anschluß ans Geldverdienen, ans Berufsleben und an ihre Selbstverwirklichung zu verlieren? Und ist es nicht eine Verbesserung, daß nun immer mehr Spezialisten zur Verfügung stehen, die Kindern mit Schwierigkeiten aller Art besondere Zuwendung geben? Und haben nicht viele von ihnen ausgeklügelte vorbereitete Umgebungen für ihre Klienten, in denen sie manchmal sogar frei spielen dürfen?

Es geht mir nicht darum, an all diesen Errungenschaften Kritik zu üben und die herrschenden Bedingungen für das Aufwachsen von Kindern in möglichst grauen Farben zu malen. Es wäre ein leichtes, all die positiven Verbesserungen dagegenzuhalten, die das „Zeitalter des Kindes" in diesem Jahrhundert zumindest in einigen Teilen der Erde zuwege gebracht hat: daß Kinder nicht mehr zu Sklavenarbeit mißbraucht werden dürfen, daß sie – wenigstens gesetzlich – nicht mehr grenzenlos mißhandelt werden dürfen, daß ihre Rechte nun wenigstens auf dem Papier festgelegt sind, so zum Beispiel das Recht auf angemessene Erziehung.

Ich will mich nicht lange damit aufhalten zu beschreiben, wie diese Verbesserungen von allerlei Gegeninteressen mißbraucht werden. So das Recht auf geeignete Nahrung von einer Nahrungsmittelindustrie, die alle psychologischen Tricks gebraucht, um Kinder zu ihren Kunden zu machen. Oder das Recht auf Spiel und Entspannung von der geschickten Werbung der Spielzeugindustrie und der Unterhaltungsmedien. Nicht zuletzt die fatale Verdrehung des Rechts auf Erziehung durch eine weit verbreitete Schulpflicht und Lehrmethoden, die – falls sie innere Lernprozesse überhaupt in Betracht ziehen – diese Kenntnisse im Dienst einer widerstandsloseren Anpassung gebrauchen.

All diese Zustände seien nur kurz erwähnt, weil wir nicht einfach so tun können, als existierten sie nicht. Doch möchte ich wenigstens versuchen anzudeuten, wie es anders sein könnte. Wie uns oft vorgeworfen wird, ist das die Beschreibung einer Utopie, die sich von der „harten Realität" der heutigen Welt abhebt. Also wirklich eine Art Roman, für viele im besten Fall ein Zukunftsroman, der aber hier und dort begonnen hat, sich in der Gegenwart abzuspielen. Es ist der Roman von einer Welt, in der nicht ökonomische Interessen, Macht des Stärkeren über den Schwächeren und Wettstreit um die besten Chancen die Rollen verteilen, sondern in der es vorrangig ist, eine geeignete Umgebung zu schaffen, in der Menschen Kooperation und Mitgefühl als wichtigste Qualitäten erleben können.

Solch eine Umgebung muß zwei grundlegende Bedingungen erfüllen, die in der heute noch gültigen Vorstellung von Erziehung selten im Zusammenhang gesehen werden. Das neue Paradigma beruht auf dem Respekt für echte Lebens- und Entwicklungsprozesse, die sich aus der Interaktion zwischen Organismen und ihrer Umwelt ergeben. Dabei ist aber das zentrale und für uns kritischste Element die Tatsache, daß eine solche Interaktion von innen her bestimmt und geführt sein muß, wenn echte Entwicklungsprozesse stattfinden sollen.

Erklären wir uns mit diesem Grundprinzip einverstanden, so ergeben sich daraus überraschende Einsichten, zum Beispiel daß „lebende Organismen niemals in instruktiven Beziehungen stehen können", wie Humberto Maturana und Francisco Varela in ihrem Werk *Der Baum der Erkenntnis* schreiben. Gleichzeitig wird deutlich, daß erwünschte wie unerwünschte Resultate im Entwicklungsprozeß mit der Qualität und Beschaffenheit der Umgebung zusammenhängen und die Mangelhaftigkeit dieser Umgebung eben leider *nicht* durch wohlgemeinte und intelligente Belehrungen wettgemacht werden kann.

Dieses Grundverständnis von Entwicklungsprozessen enthält ein scheinbares Paradox: Auf der einen Seite fällt ins Auge, daß in Beziehung zur inneren, höchst komplexen und kohärenten Struktur die Umwelt immer ein relatives Chaos darstellt. Diese Einsicht bekommt eine spezielle Bedeutung, wenn wir uns später an die Problematik der Grenzen und des Grenzensetzens heranpirschen. Wichtig bleibt dabei die Tatsache, daß die innere Struktur, ihren Bedürfnissen und ihrer Integrität entsprechend, in dem relativen äußeren Chaos Unterscheidungen macht; bewertet, was ihr dienlich ist, und dann wählt, was sie brauchen kann beziehungsweise Überflüssiges oder Schädliches auflöst und ausscheidet.

Auf der anderen Seite zeigen uns diese Prozesse in der Natur auf anschauliche Weise, daß junge, das heißt noch nicht ausgereifte Organismen in einer zum Überleben und Reifen eigens vorbereiteten Umgebung aufwachsen müssen, in der sie ihrer Art entsprechend beschützt und gehegt werden. Hierdurch wird das Chaos zwar nicht abgeschafft, erfährt aber gewisse Abstufungen. Und überall in der Natur ist es zweifellos Aufgabe der Eltern, die notwendigen Vorkehrungen für eine solche geschützte und doch zum Reifen geeignete Umgebung zu schaffen.

Die Frage ist nun, wie wir Menschen uns dieser naturgegebenen Aufgabe stellen und wie eine Umgebung auszusehen hätte, in der Kinder zu wirklichen Menschen heranwachsen können. Wenn wir uns ihr ernsthaft stellen, merken wir als erstes, daß geeignete Umgebungen überall dort sein sollten, wo Kinder sind: zu Hause, im Wohnviertel und in allen anderen Bereichen, in die Kinder allmählich hineinwachsen. Das bedeutet dann, daß selbst die kinderfreundlichste alternative Schule, in der Kinder ihrer Natur entsprechend leben dürfen, immer noch eine Notmaßnahme für eine Gesellschaft darstellt, die für Kinder keinen Platz hat: eine Art zoologischer Garten, in den zeitweise exotische Wesen, die sonst nicht bei uns wohnen können, eingeführt werden!

Mit dieser Behauptung versuche ich für etliche Grenzsituationen die Weichen zu stellen, die immer wieder zur Sprache kommen, wenn von Initiativen und deren Schwierigkeiten die Rede ist oder wenn sich Eltern dem Regelschulsystem nicht entziehen können. Sie stellt auch die Bemühungen einer jeden Kindergarten- oder Schulinitiative an ihren rechten Platz – nämlich als Notlösung, aber auch als eine Art Labor, wo man günstigere Umstände zu schaffen versucht und wo wir uns dann darin üben können, die Entwicklungsprozesse von heranwachsenden Menschen zu erkennen und zu respektieren.

Solch eine Entscheidung richtet sich sichtlich gegen die Interessen des allgemeinen Umfelds. Das heißt also, daß wir uns für unser Vorhaben verschiedenste Schutzmaßnahmen ausdenken müssen, um einigermaßen ungestört arbeiten zu können. Grenzensetzen bedeutet unserer Erfahrung nach ebenfalls, notfalls einen einsamen Weg zu gehen, die Last weitgehend selbst zu tragen und mit eigener Energie und eigenen Mitteln die zweckmäßigen Umstände zu bewerkstelligen und eben nicht auf Unterstützung von außen, etwa vom Staat, zu warten.

So gesehen, ist es also kein „soziales Projekt, das von der Großzügigkeit oder den Kürzungen einer mehr oder weniger wohlgesinnten Gesellschaft, zum Beispiel vom Schuletat abhängt, wenn wir geeignete Umgebungen für Kinder schaffen. Jeder Erwachsene, der mehr oder minder freiwillig ein Kind in die Welt gesetzt hat, ist hauptverantwortlich in diesem Drama, ist Täter und Opfer zugleich, denn von seinen Entscheidungen und jedem Schritt, den er in diese Richtung tut, hängen das Wohl des Kindes und sein eigenes Wohl ab. Ich bin überzeugt, daß nur solche Initiativen, die wirklich aus der Verzweiflung und aus dem tiefsten Wunsch der Eltern für eine „bessere Welt" entstehen und getragen werden, auf lange Sicht lebensfähig sein werden, vielleicht trotz der Behörden, womöglich gerade noch von ihnen geduldet oder (wer weiß) ausnahmsweise gefördert. Nachdem ich diesen Aspekt abgeklärt habe, will ich daran gehen, nach und nach die Begriffe Liebe und Respekt, Freiheit und Grenzen soweit in Beziehung zu setzen, wie es sich aus unserer Praxis herauskristallisiert hat.

Seinem frühen Roman *Mit Haut und Haar* stellt Hans-Christian Kirsch folgende Widmung voran: „Für Barbara, Peter, Oskar, The Rabbit, Dieter und all die anderen, die heimwärts schauten und keinen Engel sahen". Auf den folgenden Seiten erzählt er von seiner Freundschaft mit jungen und älteren Trampern verschiedenster Art, die erstaunliche Opfer brachten, um ihrem Zuhause zu entrinnen und weit weg von Eltern und Lehrern eine neue Freiheit in Abenteuern und ungewohnten Erfahrungen zu suchen, auch wenn das hieß, in Telefonzellen oder auf Bahnhöfen zu schlafen. Er berichtet, wie diese Tramper auf ihrer Suche nach frischen menschlichen Beziehungen oft in den extremsten Umständen erlebten, daß „alle Menschen Brüder sind" ... und doch, wenn sie heimwärts schauten, keinen Engel sahen!

Heißt das nicht, daß dort, wo in unserer Gesellschaft Kinder aufwachsen, Liebe oft nicht als solche empfunden wird, weil sie nicht im Einklang mit echten Bedürfnissen steht? Wie anders wäre es jedoch, wenn wir durch alle Entwicklungsjahre hindurch – und auch in den Erwachsenenjahren – immer wieder heimwärts schauen könnten und dort alles hell wäre von der Gewißheit, daß wir nicht nur geliebt, sondern auch respektiert wurden – so, wie wir als kleine Kinder und auch noch als Jugendliche waren? Konnten nicht viele von uns, wenn überhaupt, erst in den letzten Lebensjahren ihrer Eltern wieder einen liebevollen Kontakt zu den Menschen herstellen, die die Grundlagen ihrer Existenz legten?

Wenn wir uns nun an das Thema „Grenzen" heranwagen, müssen wir immer wieder abklären, was genau damit gemeint ist. Jedenfalls nicht das, was die meisten von uns erlebt haben: Grenzen als Druckmittel, das zu tun oder zu lassen, was andere von uns erwarten, oder Grenzen als letzte Sicherung, weil die Umgebung für unsere authentischen Bedürfnisse nicht vorbereitet war. In diesem Sinn bin ich einverstanden: Bevor die Sachen unhaltbar werden, Gefahren drohen, wir uns gegenseitig unerträglich auf die Nerven gehen, ist es bestimmt anzuraten, Grenzen zu setzen.

Wenn ich nun auf den folgenden Seiten Grenzen in Beziehung zu Freiheit, Liebe und Respekt zu setzen versuche, liegt mir daran, immer wieder die Umgebung unter die Lupe zu nehmen, denn „eine Verkehrsampel gehört nicht ins Schlafzimmer" ist ein Vergleich, den wir in unseren Gesprächen mit „grenzgeschädigten" Erwachsenen immer wieder zur Hilfe nehmen. Nur indem wir die Dynamik zwischen dem Organismus in seinen verschiedensten Stadien und einer ihm mehr oder minder entsprechenden Umgebung voll berücksichtigen, bekommen Grenzen für uns einen wirklichen Sinn. Eine Grundbedingung stellen wir dabei an eine für echte Entwicklung geeignete Umgebung: Sie soll *entspannt* sein, das heißt, sie darf keine aktiven Gefahren und Forderungen enthalten und die Erwartungen, die wir, selbst wenn wir es uns nicht eingestehen, immer an andere Menschen, auch an Kinder haben, sollen in dieser andersartigen Umgebung nicht unser Verhalten bestimmen.

Diese Definition gibt uns einige Nüsse zu knacken, denn sie berührt eine besonders wunde Stelle: In jeder Umgebung, sei sie nun liebevoll vorbereitet oder nicht, sind Erwachsene für Kinder die aktivste Gefahr, es sei denn, sie hätten sich entschieden, Entwicklungsprozesse zu erkennen und zu respektieren. Solch scheinbar gewagte Behauptung wird akzeptabel, wenn wir in Betracht ziehen, wie abhängig Kinder von der Liebe der Erwachsenen tatsächlich sind.

Wir gehen soweit, für das Überleben eines Kindes das Bedürfnis nach Liebe noch vor das Bedürfnis nach Nahrung zu stellen. Diese Sicht macht erst verständlich, wie leicht eine liebevolle Beziehung versauern kann, wenn sie nicht mit Respekt gepaart ist. Doch Respekt wovor? Das ist eben die Entscheidung, die zu treffen ist. Denn wenn wir ernst nehmen, daß die Interaktion eines jeden Organismus mit seinem Umfeld von innen her geleitet sein sollte, geht es darum, eben diesen Umstand besonders zu berücksichtigen. Allerdings bringt uns diese Entscheidung in krassen Widerspruch zu vielen Bemühungen, die „zum Besten des Kindes“ sein sollen und bis hin zur Blüte einer angesehenen pädagogischen Praxis geführt haben, die Kindern hilft, die von ihnen erwarteten Leistungen möglichst leicht und effektiv zu erbringen.

Unsere Vision von einer geeigneten Umgebung für Kinder wäre unvollständig ohne die aufmerksame, respektvolle, nicht direktive Gegenwart von Erwachsenen: Erwachsene, die Kinder nicht liebevoll hier- und dorthin leiten oder ihre Aufmerksamkeit sanft auf das lenken, was „doch so schön und wichtig ist“; die vermeiden, Kindern schnell das abzunehmen, was schwierig für sie ist, ihrer Initiative vorzugreifen, ihre Gefühle zu manipulieren oder ihrem Denken erwachsene Erklärungen überzustülpen. Doch haben die gleichen Erwachsenen ein echtes Interesse, „auf eine Wellenlänge“ mit dem Kind zu kommen, nicht um es besser zu leiten, sondern um die Umgebung seinen *echten Bedürfnissen* entsprechend Schritt für Schritt vorzubereiten.

Wenn in all unseren Lehrer- und Elterngesprächen immer wieder von Grenzen die Rede ist, dann darum, weil für uns die Wechselwirkungen zwischen Bedürfnissen, geeigneter Umgebung, geeigneter Zuwendung und Grenzen ein „Neuland des Denkens“ darstellen. Humberto Maturana beschreibt diese Zusammenhänge in seinem Buch *Liebe und Spiel* auf unvergleichliche Weise, und er weist immer wieder darauf hin, daß jede gelungene Beziehung, die mit echten Lebensprozessen kooperiert, den Samen für eine neue Kultur ausstreut.

Um uns da hineinzufühlen und -zudenken, müßten wir, falls möglich, versuchen zu vergessen, welche Bedeutung Grenzen in unserer eigenen Tradition und in unserer eigenen Geschichte gehabt haben: Verbote; Hinweise; Verwarnungen; Aufforderungen, die Rechte anderer zu respektieren; Appelle an unser „besseres“ Ich. Und das in einem Umfeld, das mit unseren persönlichen Bedürfnissen nur hin und wieder in Einklang war und in dem wir uns weitgehend an die Erwartungen anderer anpassen mußten, um unseren Anteil an Zuwendung und Anerkennung zu ergattern.

Wir können nur ahnen, welche Folgen eine neue Kultur mit sich bringen würde, die kindliche Entwicklungsprozesse ernst nimmt, voll auf sie vertraut und darum entschieden mit ihnen kooperiert. Das wäre wohl eine Kultur, in der das Familienleben wesentlich harmonischer wäre, als wir uns das vorstellen können. Es gäbe sicher weniger Streß und Ärger; weniger unbewußte, alten Gewohnheiten gehorchende Gesten,

Worte und Handlungen, gegen die Kinder mehr oder weniger deutlich protestieren, gegen die aber keiner ernstlich etwas unternimmt. In einer solchen Kultur erlebten wir dann nicht mehr die allmähliche Resignation und den offenen oder unterschwelligen Kampf gegen die Umwelt, die uns heute zum Problem werden, und selbst manche sogenannten Behinderungen und Verhaltensstörungen würden von allein verschwinden.

Statt dessen würden Kinder und Jugendliche unsere vorbereiteten Umgebungen, in denen auch wir Erwachsene einen wichtigen Platz einnehmen, als Sprungbrett benutzen, um mit Lebensfreude und Mut immer von neuem ins „kalte Wasser" zu springen, die Welt zu entdecken, Neues auszuprobieren. Wir hätten dann wohl weniger Akademiker ohne Anstellung, aber womöglich mehr selbständige Menschen, die nicht auf Sozialhilfe angewiesen sind, sondern Probleme aller Art auf kreative Weise zu lösen bereit sind.

Diese interessierten und unternehmungslustigen Kinder und Jugendlichen würden dann immer mit gutem Gefühl „heimwärts schauen" und dort den Ursprung ihrer Lebensfreude sehen. Sie würden immer wieder „ihre Beine unter unseren Tisch strecken" und ihre Freuden und Leiden mit uns besprechen. Sie würden sich Zeit nehmen, in ihren jungen Jahren ihren eigenen Interessen nachzugehen; zu entdecken, was sie wirklich mit voller Verantwortung und Ausdauer in der Welt leisten möchten, und es schließlich nach diesen Such- und Wanderjahren ohne inneren Konflikt als Priorität ansehen, ihrer eigenen Familie eine möglichst geeignete Umgebung zu bereiten.

In einer solchen neuen Kultur gäbe es ganz bestimmt auch neue Beziehungen zu alten Menschen. Man hätte wohl kaum das Bedürfnis, sie mehr oder weniger luxuriös „abzustellen", denn nachdem wir ein ganzes Leben lang in Liebe und Respekt miteinander gelebt haben: Warum sollten wir jetzt nicht die Großeltern – soweit wie möglich – in familiäre und öffentliche Angelegenheiten einbeziehen?

Wie viele überlastete Mütter würden gern die Verantwortung für die Kinder mit ihrer eigenen oder ihrer Schwiegermutter teilen, wenn sie nur eine wirklich gute Beziehung zu ihr hätten und sie sich nicht ständig gegenseitig, was die Art, mit den Kindern umzugehen anbelangt, auf die Finger klopfen müßten? Wir könnten uns vorstellen, daß in einer Kultur, in der gegenseitiger Respekt und Kooperation zur alltäglichen Praxis gehören, mehr alte Leute mit den jungen zusammenwohnen würden und daß sie sich gegenseitig unterstützen könnten. Oder in Fällen, wo das nicht möglich ist, könnten die Bewohner der Altenheime noch – je nach ihren Kräften und Wünschen – Kontakt mit kleinen Kindern haben, mit ihnen basteln, ihnen Geschichten erzählen oder einfach Zeit für sie haben. Sie könnten also vieles leisten, was die Eltern in ihrem Lebenskampf nicht schaffen. In solchen Aufgaben wären auch die „sensomotorischen Übungen" für die alten Menschen enthalten, die in manchen Altenheimen aus therapeutischen Gründen angeboten werden, um dem Abbau von Neuronen entgegenzuwirken.

Das alles mag für viele tatsächlich wie ein Fantasieroman, vielleicht wie ein Zukunftsroman klingen. Aber gerade in dieser Gattung wurden ja häufig Möglichkeiten für neue Wirklichkeiten vorhergesagt. Zum Glück ist es aber auch eine Vision, die – wenn auch weit verstreut – von immer mehr Menschen heute tatsächlich schon so gelebt wird: von Menschen, die in der Familie, in Heimen, Kindergärten, Schulprojekten oder in Arbeitssituationen respektvoll miteinander umzugehen suchen.

Unsicherheiten beim Grenzensetzen

Grenzen sind für viele fortschrittliche Menschen eine fragwürdige Angelegenheit und mit vielen Zweifeln und schlechten Erinnerungen belastet. Ich habe bisher noch keinen Erwachsenen getroffen, der nicht zugäbe, daß er seine Probleme mit dem Setzen von Grenzen hat, ausgenommen vielleicht militärisch gesinnte Leute, die ihre Arbeit und sozialen Beziehungen nach den Prinzipien absoluter Disziplin ausrichten. Doch sicher kommen selbst sie in ihrem Privatleben irgendwann einmal an ihre Grenzen, wo sie mit Grenzen nicht zurechtkommen.

Eltern, die ihre Kinder ohne weiteres in Regelschulen schikken und dort von den Lehrern erwarten, daß sie die Kinder mit allen Regeln ihrer Kunst zu Zucht und Ordnung anleiten, wissen sich zu Hause bei den alltäglichsten Grenzsituationen oft nicht zu helfen. Nicht selten geben gerade solche Leute die schlimmsten Urteile über alternative Schulen ab mit der Kritik, daß dort das ärgste Chaos herrsche und jeder tun und lassen könne, was er wolle. Hin und wieder kommen uns solche abfälligen Meinungen aus zweiter Hand, also „hintenherum“ zu Ohren.

Vor kurzem wurde ich unverhofft Zeuge eines Gespräches, das mir ohne Umschweife offenbarte, wie Leute, die noch nie bei uns waren, sich den Pesta vorstellen. Ich betrat unseren Dorfladen, wo gerade vier Männer in Arbeitskleidung mit einer Flasche Bier den Feierabend begossen. Während ich darauf wartete, daß für mich Mais abgewogen wurde, konnte ich ihrer Unterhaltung zuhören, in der sie sich gerade mit großem Genuß über den Pesta ausließen: „Wissen Sie, das ist eine Schule, das können Sie sich gar nicht vorstellen! Also, ob Sie´s glauben oder nicht, die Kinder sitzen und lernen nicht, wie es sich gehört. Jeder macht einfach, was er will! Nicht einmal das kleine Einmaleins wird ihnen beigebracht. Die sagen einfach: `Wenn du das lernen willst, kannst du das ja selbst rausfinden.´ Und wenn ein Kind an den Rand der Schlucht geht und sagt: `So, da spring ich jetzt runter´, dann sagt der Lehrer: `Ja, mach das nur, da wirst du schon selbst merken, was dir dabei passiert!´ [Die Schlucht neben der Schule ist etwa zwanzig Meter tief] ..." Die Männer waren so vertieft in ihr Gespräch, daß keiner bemerkte, wie ich bezahlte und den Laden verließ.

Eine alternative Schule gibt jedenfalls genügend Anlaß zum Reden. Dabei ist es bequemer, die Problematik traditioneller Erziehung in den Hintergrund zu schieben, auch wenn sich bei uns die Presse bemüht, die Aufmerksamkeit der Öffentlichkeit auf zahlreiche Mißstände zu lenken. Wohl nicht nur in Ecuador beklagen sich zunehmend mehr Lehrer, daß sie mit den Kindern nicht mehr „fertig werden". Von anderen Ländern hören wir, das sich immer mehr Lehrer frühpensionieren lassen, weil ihre Kräfte für ihre Aufgaben nicht mehr ausreichen. In manchen Großstädten werden Kinder am Eingang der Schule nach Waffen abgesucht, und Lehrer haben Angst, das Klassenzimmer unbewaffnet zu betreten.

Es ist wohl so, daß wir allmählich ernten, was seit langer Zeit gesät worden ist. Denn durch die Geschichte der abendländischen Pädagogik läuft wie ein roter Faden das Bemühen, die unbequemen Wesen, die mit jeder neuen Generation die eingetretenen Bahnen der Erwachsenen zu durchkreuzen versuchen, mit mehr oder minder drastischen Methoden an gesellschaftliche Normen und Interessen anzupassen. Nur zögernd – erst in den Zwanziger Jahren und dann erneut nach dem Zweiten Weltkrieg – drangen nach jahrhundertelangem Unverständnis für kindliche Bedürfnisse die Idee vom Wert der Kindheit und die Forderung nach Freiheit ins Bewußtsein der Öffentlichkeit. Es braucht uns darum nicht zu verwundern, daß unter diesen Umständen die sogenannte antiautoritäre Bewegung zunächst einmal mit Grenzen und Regeln in einem Rundumschlag aufräumen wollte. Die aus diesen Erfahrungen gewonnenen Einsichten waren aufschlußreich. Eine davon war, daß Kinder offenbar Grenzen brauchen, was allerdings für viele einfach „zurück zum Alten" bedeutete.

Trotz dieser unvermeidlichen Verwirrungen ließen sich der Einfluß demokratischer Ideale und der Einfluß des Wissens um die Zusammenhänge zwischen einer unglücklichen Kindheit und späteren Neurosen nicht aufhalten. Damit kam unsere Gesellschaft allerdings in Sachen Kindererziehung ordentlich unter Druck. Auf der einen Seite wuchs der Leistungsanspruch, um in einer zunehmend technifizierten Gesellschaft keine Chance zu vergeben. Auf der anderen Seite verstärkte sich die Angst vor kindlichen Traumata und der Anspruch an bewußte Eltern, möglichst alles richtig zu machen. Da aber unsere Zivilisation nach wie vor von instruktiven und direktiven Beziehungen gekennzeichnet ist, wirkte sich dieser doppelte Anspruch in der Kindererziehung auch auf das Grenzensetzen aus.

Bewußte, moderne Eltern versuchen also möglichst intelligent an das Setzen von Grenzen heranzugehen. Das hat zwei gute Gründe: Einerseits wollen sie vermeiden, daß sich ihr Kind womöglich durch eine Begrenzung beeinträchtigt oder schlecht behandelt fühlt. Andererseits glauben sie, daß es ihre Pflicht sei, das Kind durch eine ausführliche Darstellung ihrer guten Gründe möglichst früh zum Verständnis der Welt zu führen. So beobachten wir überall, wie schon kleine Kinder mit ihren Eltern „reden wie die Alten". Das Warum-Fragen und Antworten-Herzaubern hört den lieben langen Tag nicht auf. Oft merkt man dabei besonders den Müttern die Erschöpfung an, doch viele von ihnen würden sich für inkompetent halten, wenn sie sich ihre Ermüdung eingestehen würden. Kinder lernen dabei schnell, daß sie durch Fragen und Diskutieren Zuwendung bekommen und werden so zu wahren Spezialisten für endlose Grenzverhandlungen.

Eltern, die mit ihren Kinder diskutieren, sind tatsächlich eine neue Zivilisationserscheinung. Ein reiches Angebot an wegweisender Literatur reflektiert diese Tatsache und versorgt uns mit Ratschlägen, wie wir mit unseren Kindern formelle Familienratsitzungen durchführen sollten, um Zwistigkeiten vorzubeugen und den nervenaufreibenden Warum-Fragen in lästigen Alltagssituationen vorzugreifen. Wir haben dann unsere Abmachungen, auf die wir uns notfalls berufen können, und dabei das gute Gefühl, demokratisch gesinnte Eltern zu sein. Aber ziehen solche Verhandlungen und Abmachungen tatsächlich den Prozeß des Kindes in Betracht, und berücksichtigen sie die Entwicklungsphase, in der es sich gerade befindet?

Das habe ich mich zum Beispiel gefragt, als wir bei einer Familie eingeladen waren, die nach dem Abendessen in Ruhe mit uns über ihre Kindersorgen reden wollte. Die achtjährige Tochter setzte deutlich alle Hebel in Bewegung, um das Abendessen zu verlängern. Vom Nachtisch an wurden ihre Strategien immer raffinierter, so daß nach über zwei Stunden am Tisch noch lange kein Ende abzusehen war. Dabei erwähnte die Mutter mehrmals, daß sie eine Abmachung für den Abend hätten. Es ging offenbar darum, daß die Tochter in ihr Zimmer gehen sollte, damit wir Erwachsenen reden konnten. Ihre Hinweise wurden zunehmend vehementer, bis die geplagte Mutter um 10 Uhr abends mit Schärfe darauf pochte, daß es jetzt endlich Zeit sei, die Abmachung einzuhalten. Das Kind widersprach: „Du willst, daß ich ins Bett gehe. Die Abmachung hast aber du allein gemacht. Warum *schickst* du mich denn nicht ins Bett?"

Es gibt sicher verschiedene Gründe für die Angst vor klaren Grenzen. Der erste ist womöglich der Wunsch, mit unseren Kindern anders und freier umzugehen, als wir selbst erzogen wurden. Die Angst, lieblos zu erscheinen und darum vom anderen weniger geliebt zu werden, steht diesem Grund nicht viel nach. Dazu kommen unzählige Umstände, unter denen es für den Moment eben einfacher ist, schnell nachzugeben, als konsequent zu einer Grenze zu stehen. Die typischste und krasseste Szene dieser Kategorie ist das schreiende und stampfende Kind im Supermarkt, das siegesgewiß um seine Kaugummis kämpft, weil es weiß, daß seine Mutter sich vor andern Leuten nicht blamieren will.

Sensible Erwachsene mögen sich auch bewußt sein, wie unbefriedigend die Umgebung ist, in der Kinder aufwachsen, und sind vielleicht darum eher geneigt, ihnen vieles nachzusehen, was ihnen eigentlich nicht in Ordnung scheint. Immer wieder werden wir gewarnt, daß Grenzen und Regeln die Kreativität der Kinder verhindern oder zumindest herabsetzen.

Besonders geplagt von der Angst vor Grenzen sind freilich Erwachsene, die ganz überwältigt sind von dem Wunder, ein eigenes Kind zu haben, und erfüllt sind von der Idee, ihm möglichst viel Freiheit und Liebe zu bieten. Dabei kann es immer wieder passieren, daß sie die Anlässe nicht richtig beurteilen, zu denen sie ihre Kinder mitnehmen, und auch nicht die Situationen, in denen sie ihnen Freiheit gewähren. Ein Beispiel dafür ist der Wunsch junger Eltern, ihre Babys und Kleinkinder überallhin mitzunehmen, auch wenn das weder für sie selbst noch für die Kinder oder für andere Beteiligte angemessen ist: zu Vorträgen und Seminaren über Kindererziehung, Elternabenden, auf lange Fahrten oder Museumsbesuche oder was immer Erwachsene zur Bereicherung ihres eigenen Lebens brauchen.

Einmal waren wir eingeladen, einen Vortrag vor einem großen Publikum zu halten. Vor dem Beginn des abendlichen Vortrags kletterte ein zweijähriges Mädchen auf das Podium und rannte fröhlich darauf herum. Dabei entdeckte es, als es so hoch wie möglich sprang, die erstaunliche Resonanz des Holzbodens; dann wieder war es fasziniert von den interessierten Gesichtern der unzähligen Menschen (einige winkten ihr sogar zu), und gerade vor Beginn des Vortrags erfand es ein atemberaubendes Spiel mit der Verlängerungsschnur, die zum Mikrofon führte. Als der Vortrag begann, war weit und breit kein Erwachsener zu sehen, der sich als Elternteil dieses abenteuerlichen Kindes zu erkennen gegeben und es vom Podium genommen hätte. Sollte ich mit dem Kind ums Mikrofon kämpfen? Oder gar meinen Ruf als Vertreter einer freien Erziehung schädigen, indem ich darum bat, „doch bitte mal dieses Kind hier wegzunehmen"? Schließlich zog ich mich aus der Affaire, indem ich den Vortrag mit den Worten begann: „Als wir als Eltern anfingen, uns für respektvolle Erziehung zu interessieren, waren wir gerade so hilflos wie die Mutter dieses Kindes. Wir hatten keine Ahnung vom Grenzensetzen." Es dauerte zum Glück keine Minute, da stand eine junge Frau aus dem Saal auf und holte das Kind ...

Eine weitere Szene kommt mir in Erinnerung, die diese Schwierigkeit illustriert. Es war an einem Sonntag vormittag. Ich hatte auf dem Markt in Tumbaco Früchte eingekauft und sie gerade sorgfältig in unserem dreistöckigen Obstkorb eingeordnet, damit sie die ganze Woche halten. Da schaute eine Mutter mit ihrem eineinhalbjährigen Sohn bei mir auf ein Schwätzchen herein. Während sie mit mir zu reden versuchte, machte sich das Kind über die Früchte her und begann Mangos, Orangen, Kaktusfrüchte und Mandarinen kreuz und quer durch die Küche zu werfen. Da für gewöhnlich in Gegenwart der eigenen Mutter andere Erwachsene wenig bedeuten, wartete ich eine Weile gespannt, wie sie die Situation einschätzen würde. Zu meinem Schrecken schaute sie ihrem Sohn gebannt zu, scheinbar belustigt über seine spontane Tätigkeit, und zeigte keine Absicht, ihm Einhalt zu gebieten. So blieb mir nichts anderes übrig, als selbst die nötige Grenze zu setzen und dann meine Besucherin zu bitten, mir beim Einsammeln und Waschen der Früchte zu helfen.

Eine besondere Variante von „Grenz-Syndromen" haben wir zuweilen bei Familien erlebt, die aus einem Kulturkreis mit anderen Sitten und Bräuchen in ein Land wie Ecuador kommen. In einem „Entwicklungsland" werden viele Anordnungen weniger genau eingehalten, die Kontrollen sind weniger effizient, und es gibt in mancher Beziehung mehr Lücken für persönliche Freiheit als in stark industrialisierten Ländern, die allerdings oft mit großem persönlichen Risiko verbunden sind. Mit Bestürzung sehen wir, wie Eltern, die in ihrem Heimatland brav ihre Kinder auf dem Rücksitz anschnallen, die Kinder hier in ihrem Freiheitstaumel draußen auf dem Trittbrett oder auf dem Dach des Autos mitfahren lassen und selbst mit ihrem Kleinkind auf dem Schoß am Lenkrad sitzen ... In anderen Situationen allerdings, in denen hier im Gastland strengere Sitten herrschen, bestehen manche auf ihre eigenen Gewohnheiten: Gegen lokale Bräuche lassen sie vielleicht ihre Kinder im Supermarkt barfuß oder bei einer Einladung zum Mittagessen nackt herumlaufen.

Diese – zugegeben besonderen – Fälle beleuchten ein interessantes Phänomen: Wenn Grenzen dazu dienen, persönliche Freiheit einzuschränken, bewirken sie statt echtem Respekt und gesundem Menschenverstand eine Gegenreaktion, die leicht in Verwilderung ausartet. Ein unterschwelliges Gefühl von Widerwillen und Schmerz schleicht sich in alle Situationen ein, die irgendwie an frühere Erlebnisse erinnern, wie die Erinnerung an zu kleine und zu enge Schuhe, die uns als Kinder, während des Krieges, schmerzhafte Blasen und verkrümmte Zehen verursacht haben. Wenn jemand so voller unbewußter Ablehnung gegen jegliche Begrenzungen erwachsen wird, bleiben ihm frustrierende Erlebnisse, Kulturschock und sogar Gefahren nicht erspart. Andere Wege öffnen sich dagegen, wenn man sich ernstlich an die Arbeit macht, Freiheit und Grenzen in Beziehung zur jeweiligen Umgebung zu bringen, auch wenn man sich dabei mit den eigenen Unsicherheiten konfrontiert sieht.

Wir saßen einmal mit Bekannten rund um einen niedrigen Klubtisch, auf dem Getränke, Eßwaren, Geschirr, ein Aschenbecher und eine Blumenvase standen. Eine Frau hatte ihren etwa zweijährigen Jungen mitgebracht, den all diese Gegenstände ungemein interessierten. Er konnte stehend gut auf den Tisch fassen und folgte nun seinem natürlichen Trieb, eine Sache nach der anderen erforschen zu wollen. Während die Mutter eifrig weiter am Gespräch teilnahm, hatte sie Geistesgegenwart genug, den jeweiligen Gegenstand jedesmal, wenn das Kind sich ihm näherte, noch im letzten Moment wegzuziehen und am anderen Ende des Tisches in Sicherheit zu bringen. Anfangs war der Junge von diesem Spiel fasziniert. Er rannte unentwegt von einer Seite zur anderen, versuchte immer wieder, einer Sache habhaft zu werden, doch die Mutter war immer schneller. Schließlich endete die Szene mit dem Protestgeschrei des Kindes und entsprechend schlechter Laune der Mutter, die sich um ein interessantes Gespräch betrogen fühlte.

In vielen Elterngesprächen zeigt sich auch eine große Unsicherheit, welche Grenzen in welchem Alter angemessen sind. Nach einem Vortrag fragte mich ein Ehepaar: „Glauben Sie, daß man schon einem Kind unter drei Jahren Grenzen setzen sollte?" Sofort erinnerte ich mich an ein neunjähriges Mädchen im Pesta. In den Kindergarten war sie gekommen, ohne eine Ahnung von Grenzen zu haben, und brauchte ständig einen Erwachsenen, um die schlimmsten Folgen ihrer Verwirrung und Aggressionslust zu verhindern. Schon damals verstand die Mutter überhaupt nicht, wozu Grenzen gut sein sollten. Inzwischen ist Paulina in der Primaria, und wir Betreuer bemerkten mit Sorge, daß sie sich für jeden Nachmittag Freundinnen einlud, um mit ihnen die Einkaufszentren von Quito zu durchstreifen, sich in Spielotheken zu vergnügen und sich dabei mit Süßigkeiten vollzustopfen. Auch fand die Mutter nichts Außergewöhnliches daran, daß Paulina mindestens zweimal in der Woche Feste feierte und bis spät abends tanzte. Sie interpretierte all das als „Eigeninitiative, Reife und Selbständigkeit", während es jedoch für uns auffällig war, daß Paulina niemals irgend etwas konzentriert alleine tat. Die Mutter war andererseits überzeugt, richtige Grenzen zu setzen, wenn sie ihrer Tochter verbot, ihre teuren Kleider beim Spielen schmutzig zu machen.

Es ist nicht verwunderlich, daß Eltern, die schon im Umgang mit ihren kleinen Kindern Grenzen zu spät oder gar nicht erkennen und setzen, in der Pubertät damit überhaupt nicht mehr zu Rande kommen. „Darf mein Fünfzehnjähriger das Auto fahren?"; „Bin ich altmodisch, wenn ich es nicht in Ordnung finde, daß meine Tochter an jedem Wochenende die Nächte durchfeiert und dann den ganzen nächsten Tag im Bett liegt?"; „Was tu ich, wenn mein zwölfjähriges Kind darauf besteht, in ein großes Jazzkonzert zu gehen, und ich weiß, daß dort mit Drogen gehandelt wird und die Leute sich so betrinken, daß sie mit den leeren Flaschen herumwerfen?" – Das sind „heiße" Gesprächsthemen für Eltern von Jugendlichen, und es ist ein Beweis, wie schwierig es für Erwachsene sein kann, Freiheit und Grenzen auf eine Weise in Bezug zu setzen, daß es echten Lebensprozessen dienlich ist.

Leben heißt begrenzt sein

Daß Grenzen die Kreativität eines Menschen einschränken, ist nur einer der Vorwürfe, die uns von grenzgeschädigten Erwachsenen gemacht werden. Ein anderer Zweifel, an dem selbst manche Eltern zu knabbern haben, die schon jahrelang ihre Kinder in den Pesta schicken, ist die Frage, ob das Setzen von Grenzen nicht dasselbe ist wie Konditionierung – ein Begriff, der im Rahmen einer freien Schule zu den Schimpfworten gehört.

Auf den ersten Blick könnte man tatsächlich zu solch einem Schluß kommen, denn oft hören wir von „Pesta-Kindern", daß sie viel „pflegeleichter" seien als andere, bei denen doch (in Ecuador) im Schulzeugnis „Disziplin" und „Benehmen" vor allen anderen Fächern bewertet wird. Ein neuer Pesta-Vater gestand letzte Woche an einem Elternabend, daß einer der Gründe für seinen Entschluß, seine beiden Kinder zu uns zu bringen, der war, daß er bei den Kindern seiner Freunde, die sie wiederholt zu sich einluden, einen auffallenden Unterschied wahrnahm: Kinder aus dem Pesta akzeptierten Grenzen ohne Widerstand, für die anderen dagegen waren sie unweigerlicher Grund zum Protestieren.

Also doch eine effizientere Art und Weise, Kinder an die gegebenen Umstände anzupassen? Hier eine weitere Szene, die diese Zusammenhänge vielleicht ein wenig deutlicher werden läßt: Als im Jahr 1995 Ecuador und Peru einen Grenzkonflikt austrugen und alle Medien vom Kriegsgeschehen überflutet waren, brachten viele Kinder dieses Übermaß an Eindrücken und Emotionen mit in die vorbereitete Umgebung, mit dem Resultat, daß tage- und wochenlang Dutzende von Sechs- bis Sechzehnjährigen im Schulwäldchen Krieg spielten. Die Schulschreinerei wurde praktisch in eine „Waffenfabrik" verwandelt, aus Holzresten aller Formen und Größen entstanden Gewehre und Pistolen. Sie wurden mit den schreiendsten Farben bemalt und von Tag zu Tag mit neuen Details ausgestattet.

Unten im Wäldchen wurden zwei „Gefangenenlager" aus alten Brettern, Eukalyptuszweigen, Reifen, Kartons und Wellblech gebaut. In langen Verhandlungen wurden die gegnerischen Parteien so eingeteilt, daß Kleine und Große möglichst gleichmäßig auf die Lager verteilt waren. Spielregeln wurden ausgehandelt, und dann vibrierte das Gelände von Schreien und imaginären Schüssen, kleine Mädchen nahmen große Jungen gefangen, weiße Fahnen wurden für Friedensverhandlungen gebraucht, und immer wieder tobte der „Krieg" durchs unwegsame Gelände. Mitten in diesem Trubel, umgeben von einer für mich unsichtbaren Grenze, arbeiteten drei etwa achtjährige Mädchen an ihrem Haus. Zuerst errichteten sie Wände aus Ziegelsteinen, die sie sorgfältig mit Schlamm verkitteten. Dann suchten sie sich im Gelände geeignete Hölzer, Zweige und Schilf für das Dach. Sie bemalten die Wände in freundlichen Farben, stellten Schilder mit ihren Namen auf und gingen dann dazu über, Gardinen aus altem Stoff aufzuhängen, Blümchen rund ums Haus zu pflanzen und den Eingang zu fegen. Das Ganze war der Inbegriff von Frieden und bürgerlichem Wohlstand! Wie aber war es möglich, daß von seiten der Kinder, die Krieg spielten, kein einziger Friedensbruch in dem Bereich dieser Mädchen verübt wurde? Kein einziger Versuch, sie zu stören, zu belästigen oder zu verscheuchen?

Es gibt keine andere Erklärung für dieses Phänomen, als daß alle Kinder seit langem am eigenen Leib erlebt hatten, daß Grenzen zum Leben gehören, daß sie dafür da sind, das Leben und Treiben jedes einzelnen und jeder Gruppe zu schützen, und zwar in einer vorbereiteten Umgebung, in der Kinder und Erwachsene ihren *echten* Bedürfnissen entsprechend handeln und Entscheidungen treffen können.

In den folgenden Kapiteln werde ich versuchen, die Problematik der Grenzen aus verschiedenen Blickwinkeln weiter zu beleuchten. Doch alle Beschreibungen blieben konfus, könnten wir uns nicht grundsätzlich zu der Wahrnehmung und Annahme durchringen, daß Leben, organisches Leben, nun einmal begrenzt ist. Wann immer wir in den unzähligen verschiedenen Situationen nicht klar sehen, wann immer wir uns zum Beispiel im Lehrerteam oder bei der Analyse häuslicher Schwierigkeiten nicht einigen können, greifen wir auf das ursprüngliche Bild allen organischen Lebens zurück.

Wir versuchen, uns möglichst plastisch vorzustellen, wie schon von der Urzelle her jeder Organismus sich durch eine halbdurchlässige Membrane von seiner Umwelt abgrenzt. Wie drinnen im Organismus eine höchst komplexe Struktur seine Wirklichkeit und spezielle Charakteristik bestimmt und – im Vergleich zu dieser inneren Struktur – draußen Chaos ist. Sehr hilfreich ist uns Hoimar von Ditfurths Darstellung, die er in seinem Buch *Der Geist fiel nicht vom Himmel* gibt, wie nämlich von dieser organischen Struktur von Anfang an alle Manifestationen lebendiger Intelligenz hervorgebracht werden, denn von innen her unterschied schon die Urzelle, was draußen für ihr Überleben und ihre Weiterentwicklung geeignet war und was nicht. Sie bewertete bereits, was sie draußen wahrnahm, und wählte dann, was sie hereinließ und was sie wieder ausschied.

Was wäre also ein Organismus, ganz gleich wie einfach oder hochentwickelt er sein mag, ohne diese Membrane, die ihn gegen die Umwelt abgrenzt und durch die, von innen her geleitet, erst jegliche Lebensmanifestation, jede Interaktion mit der Umwelt möglich wird und ihren Sinn bekommt? In diesem Bild wird deutlich, daß die Behauptung „Leben heißt begrenzt sein" nichts mit Konditionierung zu tun hat, keine Beschränkung in negativem Sinn, sondern Bedingung des Lebens schlechthin ist. Erst durch diese „Begrenzung" entsteht die Dynamik, die wir *Entwicklung* nennen können, die Unterscheidung zwischen Außen und Innen, Entwicklungsprozesse, Erkennen und Verstehen, Transformation und Wachstum beinhaltet. Und nur aus der Sicherheit dieser Membrane heraus kann ein einzelner Organismus mit anderen Organismen zu echter Kooperation gelangen, denn ohne sie würde das Zusammentreffen von Organismen ein Einander-Auffressen oder Ineinanderfließen.

Dieses Bild von der Membrane lädt uns zu verschiedenen Betrachtungen ein, die immer wieder bestätigen, daß Lebensprozesse mit Begrenzungen und Abgrenzungen eng verbunden sind. So finden wir in der hierarchischen Ordnung des Kosmos auf der Makro-Ebene Begrenzungen und Membranen zwischen Galaxien und Supergalaxien. Wir sehen die gleiche Ordnung in den Konstellationen von Planetensystemen mit ihren Sonnen wie in jedem Planetensystem in bezug auf das Weltall, das es umgibt. Mit Recht sorgen wir uns, weil die Membrane der Erde, die unser organisches Leben ermöglicht, an manchen Stellen Löcher aufweist.

Die gleiche Abschirmung durch Membranen finden wir in allen organischen und anorganischen Strukturen, die uns bekannt sind. Unser eigener Körper ist durch die Haut nach außen hin geschützt, während sich jedes Organ durch seine eigene Membrane vom Rest des Körpers abgrenzt und innerhalb jeden Organs und jeder Körperstruktur jede Zelle durch ihre Zellwand, jedes Molekül von anderen Molekülen, jedes Atom von anderen Atomen. So erfüllt in sich jeder Teil seine eigenen Funktionen und damit sich selbst und arbeitet doch zusammen mit all den anderen Wirklichkeiten, so wie die russischen Püppchen, die sich gegenseitig enthalten, wobei doch jede ihre eigene Struktur behält.

Vielleicht scheint es für manchen ein zu großer Sprung zu sein von diesem grundsätzlichen Verständnis von Lebensprozessen bis hin in all die kleinen Situationen, die wir unaufhörlich in unseren zwischenmenschlichen Beziehungen – und besonders in unserem Zusammenleben mit Kindern – erleben. Und doch ist es diese wohltuende Überzeugung, daß Leben Begrenzung beinhaltet, die uns hilft, Grenzen auf ruhige, feste, nicht manipulative und nicht direktive Weise zu setzen und uns selbst von solchen Grenzen nicht verletzt zu fühlen. Dieses Bild können wir immer weiter ausmalen und gelangen dabei zu wichtigen Einsichten, die unser Verhalten – zum Beispiel im Umgang mit Kindern – notwendigerweise verändern.

Maria Montessori gebrauchte den Begriff vom „geistigen Embryo", mit dem sie aufzeigt, daß jedes Menschenkind eine lange Entwicklungszeit im geschützten Umfeld braucht, damit seine lebenswichtigen Strukturen voll ausreifen können. Gleichzeitig sprach sie von „sensiblen Perioden", die eine gewisse Verwandtschaft zu Piagets Entwicklungsphasen aufzeigen. Diese Phasen wiederum haben einen engen Bezug zu inzwischen besser bekannten neurologischen Entwicklungsphasen: dem Ausreifen des Stammhirns während der Schwangerschaft, des limbischen Systems während der ersten sieben oder acht Lebensjahre und des Großhirns in den folgenden sieben oder acht Jahren.

Analog zu allen anderen organischen Wirklichkeiten sind offenbar auch diese neurologischen Strukturen mit dem Ausreifen ihrer entsprechenden Membranen verbunden. Mit anderen Worten: Jeder von uns braucht zu einem gesunden Leben nicht nur eine heile äußere Haut, sondern auch eine heile emotionale und kognitive Membrane. Diese Erkenntnis wird uns immer wieder von Nutzen sein, wenn wir später verschiedenste Situationen der Interaktion, besonders zwischen Erwachsenen und Kindern, näher betrachten. Für den Moment möchte ich nur erwähnen, wie wichtig es während der Entwicklungsjahre ist, diese vorläufig noch zarten und leicht verletzlichen Strukturen zu achten und zu schützen. Das ist sicher nicht leicht, weil sie für unser normales Auge unsichtbar sind. Wenn es uns jedoch gelingt, ein klareres Gespür für diese Strukturen zu entwickeln, eröffnen sich neue Möglichkeiten für befriedigendere Beziehungen.

Was es für einen Organismus bedeutet, wenn seine Membrane strapaziert ist oder sogar Löcher aufweist, können wir nachvollziehen, wenn wir an unsere eigene Haut denken.

Schon kleine Wunden sind schmerzlich und brauchen ihre Zeit zum Heilen. Daß es heute gerade in den technisch hoch entwickelten Ländern immer mehr Menschen mit chronischen Hautproblemen gibt, wirft unbequeme Fragen über die Qualität der Umwelt auf, in der moderne Menschen zu leben haben. Und schließlich wissen wir auch, wie schwerwiegend die Folgen für die Integrität eines Organismus sind, wenn seine Grenze zwischen Außen und Innen mit Gewalt durchstoßen wird.

Ebenso verheerende Folgen für die Gesundheit eines Menschen hat es aber, wenn von klein auf seine emotionale Membrane verletzt wird. Wie kann das geschehen? Nehmen wir ein paar Szenen unter die Lupe, die zu unserem Alltag gehören:

Ein kleines Kind fällt beim Laufen auf die Straße und fängt laut zu weinen an. Welche Reaktion kann es von seinem Betreuer erwarten? Welche davon durchbricht seine emotionale Membrane und welche respektiert sie?

- „Komm, steh auf! Hör auf zu weinen – ist doch nichts passiert!“
- „Kannst du nicht besser aufpassen? Das nächste Mal sieh dich besser vor!“
- Der Betreuer nimmt das Kind auf den Arm: „Laß mal sehen, was dir passiert ist. Heile, heile, Segen. Ist schon wieder gut. Schau doch mal den Jungen da, wie der da drüben Ball spielt!“
- Der Betreuer läßt das Kind am Boden, setzt sich dazu und berührt es, einesteils um sicher zu sein, daß es nicht ernstlich verletzt ist, andererseits, um das Kind in seiner mißlichen Situation nicht allein zu lassen: „Du bist gefallen. Das tut weh. Ich bin bei dir!“

Hier ein anderes Beispiel aus dem weiten Repertoire des kindlichen Alltags: Ein Junge beklagt sich über einen Besuch, der den ganzen Nachmittag geblieben ist und ihn irgendwie gestört hat. Welche Kommentare kann er von seinen Eltern zu seiner Klage erwarten?

- „Sei doch nicht immer so eigensinnig. Wenn Besuch kommt, freut man sich doch!"
- „Wenn ich du wäre, würde ich mich über andere Leute nicht ärgern. Stell dir vor, du kommst zu Leuten und sie sind nicht freundlich mit dir!"
- „Du mußt doch allmählich lernen, mit anderen Leuten zu fühlen. Die Nachbarin ist doch so einsam. Kannst du nicht ein bißchen lieb zu ihr sein? Ist es nicht schön, daß sie dir immer etwas mitbringt?"
- „Ja, das ist unangenehm, wenn Besuch kommt, der einen stört. Wir haben manchmal auch unsere Probleme damit. Leider konnten wir heute nichts dagegen tun."

Vielleicht genügen diese kurzen Szenen, um anzudeuten, wie unbewußt in unserer Kultur mit der emotionalen Membrane umgegangen wird. Sobald wir anfangen, aufmerksam in die alltäglichsten zwischenmenschlichen Beziehungen hineinzuhorchen, sind wir überrascht, wie emsig in die Privatsphäre der Empfindungen eingedrungen wird. Es ist kein Wunder, daß Menschen, die so aufgewachsen sind, später das Bedürfnis haben, sich gefühlsmäßig abzukapseln. Und es erstaunt auch nicht, daß immer mehr Menschen früher oder später durch allerlei Methoden und Selbsterfahrungserlebnisse den Weg zurück zu einem höchst persönlichen Fühlen suchen. Doch da ihre Membrane nicht mehr voll intakt ist, kann es leicht geschehen, daß sie dabei auch Dinge in sich aufnehmen, die gar nicht zu ihnen gehören.

Eine besondere Problematik hat eine Mutter, deren eigene emotionale Membrane von klein auf von außen her manipuliert worden ist. Die Verantwortung und enge Verbindung zu ihrem Kind, das zwar von ihrem physischen Körper entbunden, aber emotional noch weitgehend von ihr abhängig ist, kann nun für sie eine große Konfusion zur folge haben. Wenn ihre eigene Membrane nicht stabil ist, wie kann sie unterscheiden, was sie selbst und was das Kind fühlt? Vielleicht ist ihre emotionale Membrane so weit ausgedehnt, daß ihr Kind darin enthalten ist. Wie kann sich das Kind unter solchen Umständen allmählich emotional abnabeln? Wie kann die Mutter merken, wenn sie emotional in das Kind eindringt oder wenn das Kind in ihrem Bereich herumspukt?

Diese Betrachtungen treffen auch auf die kognitive Membrane zu, die unser eigenes Denken und Urteilen von dem unserer Umwelt abgrenzt. Wer könnte schon von sich behaupten, daß er klar unterscheiden kann zwischen seinen eigenen Gedanken und denen, die von außen in ihn eingedrungen sind? Gerade in unser Zeit, in der kognitive Förderung so groß geschrieben ist, gehört es zur Pädagogik und zur Verantwortung der Erwachsenen für ihren Nachwuchs, diese dritte Membrane so früh wie möglich von außen her zu bearbeiten.

Sicher ist, daß alle drei Membranen, die zu einem gesunden menschlichen Leben notwendig sind, etwas mit dem Erlebnis von Grenzen zu tun haben. Welche Grenzen auch immer in der Außenwelt vorkommen, heranwachsende Menschen können nur dann kreativ mit ihnen umgehen, wenn sie auch erlebt haben, daß die Umwelt ihre eigenen inneren Membranen respektiert hat.

Wir sind zu der Überzeugung gekommen, daß niemand sich schlecht benimmt, wenn er sich gut fühlt. Sich schlecht benehmen heißt, Grenzen entweder nicht wahrzunehmen oder sie zu mißachten. Wenn wir daran denken, wie sehr wir uns beeinträchtigt fühlen, wenn irgend etwas mit unserer Haut nicht stimmt, können wir daraus leicht den Schluß ziehen, daß wir uns gereizt fühlen, leichtes Mißbehagen bis zu akutem Schmerz spüren, wenn unsere emotionale und kognitive Membrane angestoßen, irritiert, durchstoßen oder übermäßig ausgedehnt ist.

Diese Betrachtung führt uns zurück zu der Frage, ob die äußeren Grenzen ebenfalls zum Leben gehören oder ob ihre wichtigste Eigenschaft ist, uns einzuengen oder uns das Leben zu vermiesen. Vorhin war davon die Rede, daß alle uns bekannten Wirklichkeiten ihre spezifischen Grenzen haben und daß sie sich nach oben und nach unten in der Ordnung der „hierarchischen Struktur" gegen andere Wirklichkeiten abgrenzen. Es wird sogar angenommen, daß selbst das Universum in all seiner „Unendlichkeit" begrenzt ist.

Wir brauchen uns also nicht zu entschuldigen, wenn wir davon ausgehen, daß es auch in der äußeren Wirklichkeit für uns Grenzen geben muß, damit wir uns „in Ordnung" fühlen. So fühlen wir uns zum Beispiel nicht durch die Wände unseres Hauses beeinträchtigt; vielmehr sind sie es, die uns ein Gefühl von Sicherheit und Geborgenheit geben. Und wenn wir uns auf Kinder wirklich einlassen und ihre Bedürfnisse wahrnehmen, entdecken wir bald, daß sie klare Begrenzungen zum Wohlfühlen brauchen. Allerdings müssen sich die Proportionen dieser Grenzen in direktem Bezug zu den Transformationen, die jeder wachsende Organismus durchmacht, verändern, damit sie nicht als Zwangsjacke empfunden werden.

In der Natur finden wir dieses Grundprinzip in den physikalischen Gesetzen wieder. Sie sind zuverlässig und ermöglichen auf diese Weise ein dynamisches Zusammenspiel von Kräften und Gegenkräften, das unendliche Variablen erlaubt. Sie sind zwar in der Gestalt von „morphogenetischen Feldern"* nicht so starr und unveränderlich, wie allgemein angenommen wurde; wir können uns jedoch auf sie verlassen. Zwar leisten sie unseren Ideen und Wünschen auch Widerstand, gerade so, wie die Schwerkraft, die uns nicht frei herumhüpfen, -schweben und -fliegen läßt. Doch durch eben diesen Widerstand wird unsere Struktur bestimmt und gekräftigt, die uns zu erdgebundenen Lebewesen macht. Die Schwerkraft läßt uns zwar immer wieder schmerzlich erleben, was es heißt, ihre Gesetzmäßigkeit nicht ernst zu nehmen, doch gleichzeitig schärft sie unseren Verstand, weil sie uns zum Experimentieren und dazu einlädt, Mittel und Lösungen zu finden, um

*Dieser Begriff stammt von Rupert Sheldrake. (Anm. d. Herausg.)

zum Beispiel schließlich doch noch zum Fliegen zu kommen, nachdem man sich durch das Zusammenwirken der verschiedenen Gesetzmäßigkeiten, die das Fliegen ermöglichen, gearbeitet hat.

Wir kommen also zu dem Resultat, daß Grenzen keineswegs die Kreativität einschränken, sondern sie erst erwecken. Das erinnert mich an die Geschichte von zwei chinesischen Familien, die gerne wollten, daß ihre Tochter und ihr Sohn einmal heiraten. Sie zogen eine zwei Meter hohe Mauer zwischen ihren Grundstücken auf. Die Kinder, durch diese Mauer getrennt, wuchsen mit dem immer stärker werdenden Wunsch heran, diese Mauer zu erklimmen und zu erforschen, was es auf der andern Seite gab. Sie heirateten, als sie dieses Hindernis überwunden hatten.

Ein zweiter Schluß ist, daß wir uns ohne klare Grenzen nicht nur grenzenlos unsicher fühlen würden, sondern auch grenzenlos unwissend, wie die Wirklichkeit tatsächlich beschaffen ist. Und das gilt nicht nur für die physischen Grenzen der äußeren Wirklichkeit, sondern auch für die komplexen Grenzen und Regeln, die im sozialen Zusammenleben jeder Kultur gelten und wirksam sind. Der Unterschied ist nur, daß diese sozialen Regeln und Abmachungen von Kultur zu Kultur variieren, trotzdem sind sie nicht weniger wirksam. Wenn wir also von einer Kultur in eine andere wechseln, müssen wir mit einem Kulturschock rechnen. Das heißt vor allem, daß wir uns in einer anderen Kultur schlecht zurechtfinden, daß wir uns unsicher fühlen, weil wir die Reaktionen anderer auf unser Verhalten nicht einschätzen können.

Eine Art „Kulturschock" erleben auch kleine Kinder, die in eine Gesellschaft hineingeboren werden, denn sie kennen die komplizierten Regeln des Zusammenlebens noch nicht. Wir tun ihnen also nichts Böses, sondern erleichtern ihnen die Orientierung im Wirrwarr der Ereignisse, wenn wir ihnen auch im sozialen Bereich klare Grenzen setzen, die – so wie im physikalischen Bereich – im Lauf ihres Entwicklungsprozesses immer weiter gesteckt werden.

Hier ein paar Beispiele für Grenzen, die in unserer vorbereiteten Umgebung für Drei- bis Fünfjährige gelten:

- Wir lassen nicht zu, daß kleine oder große Leute sich physisch oder verbal verletzen oder Material absichtlich zerstören.
- Material jeder Art wird nach Gebrauch an seinen Platz zurückgebracht.
- Material, das von jemand anders benutzt wird, darf nicht weggenommen und nur mit gegenseitigem Einverständnis mit benutzt werden.
- Abfall kommt in den Abfallkorb.
- Im Innern des Hauses darf man nicht herumrennen, springen oder schreien.
- Gegessen wird nur in den dafür vorgesehenen Bereichen (zu jeder gewünschten Zeit).
- Niemand darf auf Tischen sitzen oder herumsteigen.
- Wer zu den freiwilligen Gruppenaktivitäten kommt (alle sind freiwillig), darf sie nicht stören.
- Man darf niemanden zu einem Spiel zwingen, das er nicht möchte.
- Wir lassen Kinder nicht völlig nackt herumlaufen (wir leben in einer lateinamerikanischen Kultur!).
- Kindergartenkinder lassen wir nicht in die Primaria (außer unter gewissen Umständen ausnahmsweise mit einem Erwachsenen).
- Am Mittag müssen alle nach Hause fahren oder gehen.

Das ist eine ganz schön lange Liste für diese Altersgruppe. Doch bei näherer Betrachtung fällt auf, daß die meisten dieser Regeln dazu dienen, jedem einzelnen Schutz zu bieten und die Umgebung entspannt zu halten, so daß sie für das Wohlergehen aller geeignet ist. Jedes Kind macht immer wieder die Erfahrung, daß diese Regeln nicht nur zutreffen, wenn es sie einhalten muß, sondern daß sie ihm selbst auch nützen und ihm Sicherheit bieten.

Sind Grenzen instruktiv?

Grenzen gehören zum Leben. Was hat diese Erkenntnis nun aber für konkrete Folgen im Umgang mit Kindern? Da Grenzen auch immer schmerzlich sind, muß ich ihnen ihre Notwendigkeit dann wortreich erklären, damit sie einsehen, warum ich sie setze? Sind sie vielleicht sogar eine willkommene Gelegenheit, Kinder über die Wirklichkeit aufzuklären?

Wenn ich herumschaue und -höre, wie in unserer Gesellschaft – besonders in Grenzsituationen – miteinander umgegangen wird, erinnert mich das, was ich da zu hören bekomme, nicht selten an eine theoretische Erörterung. So kann es sehr interessant sein, anderen Menschen und uns selbst zuzuhören, wie wir zu Kindern sprechen:

Ein Kind – sagen wir es ist zwei Jahre alt und voll in seiner sensomotorischen Entwicklung – ist von einem CD-Gerät mit all seinen Knöpfen zum Drehen, seinen Lichtern, die aufblinken, und den tollen Geräuschen, die der Apparat zustande bringt, total fasziniert.

Aber es ist ein teurer Apparat. Es wurde lange gespart, um ihn anzuschaffen und die Eltern wollen nicht, daß er kaputt gemacht wird. So gibt sich der Vater alle Mühe, dem Kind beizubringen, wie es mit dem Gerät umgehen soll: „Diesen Knopf nur bis hierhin, den da darfst du gar nicht drücken. Diese Taste drückst du so und so, die andere ist für dies oder das. Denk auch daran, daß wir zu laute Musik nicht gern haben. Sei bitte vorsichtig, sonst kann es kaputtgehen. . ."

Oder eine alltägliche Straßenszene. Wieder ein Vorschulkind. Wir wollen natürlich nicht, daß es im Verkehr unter die Räder kommt. Die Eltern machen Verkehrsschulung mit ihm: „So, jetzt bleib zuerst einmal am Straßenrand stehen. Jetzt schau zuerst nach links, dann nach rechts. Wenn nichts kommt, geh schnell rüber. Paß aber ganz gut auf. Wenn du nicht aufpaßt, kommt ein Auto und macht bum, und dann bist du tot, und dann weinen Papa und Mama, weil sie kein Kind mehr haben. Und das wäre doch traurig. Also paß gut auf. Und schau zuerst nach links und dann nach rechts . . ."

Einmal waren wir Zeugen einer Auseinandersetzung zwischen einem vierjährigen Mädchen und ihrem besonders um Verständnis und Harmonie bemühten Vater. Der Vater wollte in wenigen Minuten mit uns zu einem Seminar fahren, das im Kindergarten stattfand:

„Papi, wohin fährst du?"

„Zum Haus, wo auch dein Kindergarten ist." Der Vater versucht, Verständnis zu erlangen.

„Au fein, da komm ich mit!"

„Es tut mir furchtbar leid, aber heute kannst du nicht mitkommen." Der Vater wird nervös und weiß nicht recht, was er mit den ihn umschlingenden Armen der Tochter anfangen soll.

„Warum?"

„Heute haben wir ein Seminar." Er versucht, sich loszumachen.

„Was ist ein Seminar?"

„Da sind ganz viele Erwachsene." Er kann sich nicht losmachen und umarmt das Kind doch wieder.

„Kenn ich da welche?" Sie setzt sich auf den Schoß des Vaters.

„Ja, ja, da ist auch deine Kindergartentante und . . ."

„Prima, dann komm ich mit, die mag ich nämlich!"

„Aber stell dir doch vor: Die sitzen da alle und reden die ganze Zeit!"

„Och, das macht nichts. Da höre ich einfach zu." Rutscht vom Schoß, um ihre Jacke zu holen.

„Aber da kannst du doch gar nichts verstehen. Das wird dir doch nur langweilig."

„Nee, ich kann doch was zum Spielen mitnehmen. Wart mal, gleich hol ich mir was."

„Nun hör doch mal richtig zu. Das Seminar dauert doch drei Stunden. Das hältst du doch nicht so lange aus."

„Papi, wie lange sind drei Stunden?"

Er kriegt es nun wirklich mit der Angst zu tun, denn es ist allerhöchste Zeit. Trotzdem kann man eine solche Frage nicht unbeantwortet lassen: „Drei Stunden? Jetzt schau mal her: Wenn der große Zeiger hier steht und der kleine dort und sie drehen sich so ... und dann so ... dann sind drei Stunden vorbei."

„Na siehst du, Papi, das geht doch ganz schnell. Gehen wir jetzt?"

Der Papa, in höchster Not, sagt zu seiner Frau: „Lenk doch das Kind schnell mal ab, damit wir hier wegkommen. Ich glaube, wir sind schon zu spät!"

Zur Abwechslung eine Szene mit einem Kind, das über sieben Jahre alt ist. Es will – sagen wir – im Wohnzimmer herumtoben (kein Wunder, wenn es den ganzen Morgen in der Schule still sitzen mußte). Das bedeutet leider Streß für die Mutter und weckt das Baby auf.

Die Mutter: „Ich habe dir doch schon hundertmal gesagt, daß du keinen Krach machen sollst, wenn das Baby schläft. Glaubst du nicht, daß es besser wäre, deine Hausaufgaben zu machen? Dann könntest du später spielen gehen. – Nein? Du hast keine Lust? Na, dann hol dir doch den Malkasten. Du könntest doch ein schönes Bild malen. – Nein? Na, dann eben nicht. Aber du könntest doch Lego spielen. Oder hast du nicht Lust, ein Bilderbuch anzuschauen? Oder vielleicht Mikado? Oder, oder ..."

Diese Beispiele illustrieren, wie Erwachsene, die nicht wagen, einfach notwendige Grenzen zu setzen, zu Strategien greifen, durch die das Grenzerlebnis irgendwie verwischt, scheinbar annehmbarer oder in eine Lektion verwandelt wird. Was immer den Erwachsenen zu solchem Verhalten motiviert, seine Grundhaltung in all diesen Situationen würde sicher anders sein, wäre er voll davon überzeugt, daß Grenzen zum Leben gehören und daß darum gerade Kinder, die den echten Lebensprozessen noch nah sind, mit klaren Grenzen besser fertig werden als mit all unseren Ausflüchten und Erklärungen – die letztlich ihre emotionale und kognitive Membrane strapazieren und auf lange Sicht ein latentes und unerklärliches Unbehagen im Organismus erzeugen. Denn das Grenzerlebnis ist für das Kind immer auch schmerzhaft und durch wortreiche Erklärungen fühlt sich das Kind in seinem Ärger oder in seinem Schmerz nicht gesehen und unverstanden. Seine wirklichen Gefühle, und damit es selbst, scheinen offensichtlich nicht in Ordnung zu sein, wenn der Erwachsene darauf beharrt, daß es doch „einsichtig" sein soll. Dieser Schmerz des Sich-nicht-gesehen-fühlens ist jedoch weit schwerer zu verarbeiten, als der konkrete Schmerz einer Grenzerfahrung.

Andererseits begegnen wir auch Menschen, die sich Grenzen ausdenken, weil sie überzeugt sind, daß sie einen positiven Einfluß auf die Entwicklung haben. Unsere ganze pädagogische Tradition ist voll von solchen Inszenierungen. Generation um Generation wurde durch willkürliche Einschränkungen einer Autorität untertan gemacht und wuchs in dem Glauben auf, daß nur so eine „gute Erziehung" und effiziente Vorbereitung auf das *wirkliche* Leben erreicht werden könne.

Menschen mit einer solchen Mentalität können dazu neigen, Grenzen bewußt in eine sonst lebensfreundliche Landschaft einzubauen. Warum tun sie das?

Ein geschiedener Mann und eine geschiedene Frau, beide mit Kindern in der Pubertät, taten sich zu einer neuen Familie zusammen. Die Frau entdeckte mit Schrecken, daß der dreizehnjährige Sohn ihres Mannes nach Jahren übermäßiger Freiheit (und Vereinsamung) viel zu wenig Grenzen erlebt hatte. Sie war – mit Recht – davon überzeugt, daß Grenzen notwendig sind. Also erfand sie welche, damit der Junge Verantwortung lerne.

Sie hatten eine gut funktionierende Waschmaschine. Doch damit der Junge den Ernst des Lebens erfahre, verlangte sie von ihm, daß er seine Wäsche von Hand wasche. Das ganze Haus wurde von einer Putzfrau gepflegt, aber der Junge sollte sein Zimmer selbst putzen. Es dauerte nicht lange, bis dieser

Junge nicht nur gegen diese Erziehungsmaßnahmen, sondern gegen alle und alles Krieg führte.

Das ist ein ziemlich krasses, nicht erfundenes Beispiel aus unseren Elterngesprächen. Es zeigt uns das Gegenteil von „Grenzen, die zum Leben gehören". Wenn also Grenzen nicht wirklich notwendig sind und nur aufgestellt werden, um gewisse Resultate zu erzielen oder ein Kind zum Gehorsam zu erziehen, hören sie auf, wirkliche Grenzen zu sein. Sie sind dann Absurditäten und nicht dazu geeignet, die Intelligenz unseres Gegenübers zu achten beziehungsweise ihm Gelegenheit zu geben, seine Intelligenz auf positive Art zu nutzen. Wir können noch weiter gehen: Jedes „Um-zu-Verhalten", das aus dem Wunsch entsteht, bei einem anderen Menschen ganz bestimmte Resultate zu erzielen, wirkt über kurz oder lang zerstörerisch, weil es echte Lebensprozesse nicht respektiert.

Trotzdem reagieren nicht alle Kinder oder Jugendliche sauer auf Erwachsene, die mit Grenzen auf eine instruktive Weise umgehen. Im Gegenteil: Wenn wir all dieses Erklären und Aushandeln mit anderen brutalen Erziehungsmethoden vergleichen, sind solche Grenzen offenbar ein großer Fortschritt auf dem Weg zu gegenseitigem Respekt. Viele Familien sind ganz gut darauf eingespielt, daß jede Grenze entweder von kindlichen Warum-Fragen oder von freiwilligen Erklärungen der Erwachsenen begleitet ist. Für viele bedeutet diese Art der Verständigung die Erinnerung an Zuwendung, so, wie sie sie als Kinder erlebt haben. Wenn man vorschlägt, Grenzen ohne lange Diskussionen einfach in den Raum zu stellen, bleiben daher Proteste nicht aus.

Die Gründe für dieses Phänomen sind sicher vielschichtig. Ich glaube aber, daß sie einen gemeinsamen Ursprung haben, nämlich den, daß Liebe notwendig zum Überleben ist und vor allem Kinder in ihrer Liebesbedürftigkeit so abhängig von uns sind, daß jegliche Zuwendung von uns – sei sie geeignet oder nicht – von größter Wichtigkeit für sie ist. Betrachten wir nun das Szenario unserer Zivilisation: Erwachsene, die viel mit dem Kopf arbeiten. Erwachsene, die viel unterwegs sind und deren

Kinder selten an ihrem Arbeitsleben direkt teilnehmen können. Erwachsene, denen es durch äußere Umstände und innere Zustände schwerfällt, Kindern genug geeignete nicht-verbale Zuwendung zu geben, die notwendig wäre, um ihr Liebesbedürfnis zu befriedigen. In dieser Notlage bieten Grenzsituationen willkommene Gelegenheiten, Aufmerksamkeit zu erwecken.

Dabei wird das Miteinander-Reden, das vorrangig in Begleitung gemeinsamen Tuns (oder beim Geschichtenerzählen) vorkommen sollte, nun zum Angelpunkt für Zuwendung, und Kinder ergattern sich die Aufmerksamkeit ihrer Eltern dort, wo die Eltern zu erreichen sind, nämlich durch geschicktes Fragen, das den Kopf anspricht. In einer Umwelt, wo das ruhige Beieinandersein und Miteinandertun so erschwert ist, erhöht diese Strategie ihre Chancen, sich der Liebe der Erwachsenen zu versichern. Im Fall von unangenehmen Grenzen hat sie noch den Vorteil, daß eine geschickte Diskussion Erwachsene an die Grenzen ihrer Logik oder Geduld bringen kann. Statt dann bei einer Grenze zu bleiben, verkehren sich die Situationen schließlich in gegenseitige Manipulationen.

Bei einem Elternabend verteidigte ein Vater, selbst erfolgreicher Geschäftsmann und Politiker, diesen Zustand: „Aber was wollt ihr denn? Wie soll man denn heutzutage Erfolg haben, wenn man nicht früh das Manipulieren übt? Das ganze Wirtschaftsleben funktioniert doch durch diese Kunst! Ich jedenfalls freue mich, wenn mein Sohn so lange auf mich einredet, bis er mich herumkriegt. Da sehe ich gleich, daß er sich einmal durchsetzen wird!"

Das ist natürlich ein berechtigter Einwand, wenn man dazu beitragen möchte, daß unsere Gesellschaft sich immer weiter in die gleiche Richtung entwickelt wie bisher. Wenn wir allerdings von einer anderen Weise des Zusammenlebens träumen, bleibt uns nichts anderes übrig, als neue Wege zu suchen, um eine solche Vision zu verwirklichen.

Als wir unsere Arbeit mit Kindern begannen, hatten wir nur eine vage Idee von den Merkmalen, die auf dem Weg zu dieser „Vision" stehen würden. Aber über die Jahre wurden wir immer wieder darin bestärkt, daß es darauf ankommt, Wachstum und Entwicklung im Vertrauen auf Lebensprozesse geschehen zu lassen und sie nicht vorherzubestimmen. Damit haben wir uns entschieden, durch nichtdirektive Beziehungen gerade dem jungen Organismus, dessen Strukturen sich innerhalb seiner lebensbewahrenden Membranen erst aufbauen, seine eigene, von innen her motivierte und gesteuerte Interaktion zu ermöglichen.

Grenzen gehören sowohl zur inneren Wirklichkeit jedes Organismus wie zur Realität der Außenwelt, mit der er sich auseinandersetzt. Welche Erfahrung von Interaktion hat aber in Wirklichkeit ein Organismus, der seine Grenzerlebnisse mit Erklärungen, Rechtfertigungen oder Anweisungen für rechtes Handeln koppelt? Angenommen das Kind sei gerade offen, um all diese Worte in sich aufzunehmen und sie zu verarbeiten. In diesem Fall erlebt es statt einer Grenze, die ihm hilfreich sein könnte, mit Grenzen umgehen zu lernen, einen erneuten Beweis, daß andere für es denken und fühlen und es am gescheitesten ist, auf sie zu hören und ihre Lösungen zu akzeptieren, wenn es Schwierigkeiten vermeiden will.

Da aber Grenzerlebnisse, wie gesagt, in der Regel schmerzlich sind, ist es unwahrscheinlich, daß der kindliche Organismus gerade jetzt bereit ist, sich in die Standpunkte anderer Personen hineinzudenken. Wenn wir Zahnschmerzen haben, ist unser Denkvermögen ja auch eingeschränkt! Statt vieler Worte bräuchte ein Kind gerade jetzt einen Erwachsenen, der seinen Schmerz annimmt, es nicht ablenken oder belehren will, es weinen oder protestieren läßt, ohne ihm seine Gefühle und Gedanken auszureden. Immer wieder haben wir erlebt, daß Kinder, die voll von altem Schmerz, unbewältigten Gefühlen und unverdauten Erfahrungen sind, im Moment einer Grenze zu einer Entladung und Erleichterung kommen können. Das setzt allerdings voraus, daß wir wegen solch eines Ausbruchs die Grenze nicht aufheben und gleichzeitig ohne Gegenargumente und Überredungen die Gefühle des Kindes annehmen.

Schauen wir uns aus dieser Perspektive noch einmal die Geschichte des vierjährigen Kindes an, das mit seinem Vater zu dem Seminar gehen wollte: Da springt uns ins Auge, daß das Töchterchen eigentlich kein Interesse am Seminar hat, sondern einfach traurig ist, weil sein Papi weggeht. Wie hätte der Vater dieser Wirklichkeit seiner Tochter gerecht werden, und wie hätte die Grenze in diesem Sinn gesetzt werden können?

Oder die leidige Straßenszene: Wichtig ist, daß das Kind die Straße zunächst einmal als klare Grenze in seiner spontanen Interaktion mit der Umwelt erfährt. Darum braucht es von klein auf viele konkrete Situationen, in denen wir uns zwischen das Kind und die Straße stellen und sagen: „Nur bis hierher“, wir nehmen es entweder auf den Arm oder an die Hand und begleiten dabei jede unserer Handlungen mit wenigen Worten: „Jetzt schaue ich links. Da kommt ein Auto. Ich warte, bis kein Auto mehr kommt. Jetzt schaue ich rechts. Da kommt kein Auto. Jetzt können wir hinübergehen.“ Wenn das Kind von klein auf mit Erwachsenen gelebt hat, die alle wichtigen Handlungen einfach und klar mit Worten begleiten, braucht es später keine Instruktionen mehr. Es genügt, daß wir die Hand des Kindes allmählich weniger fest halten, uns dann vielleicht nur noch zur Sicherheit mit den Fingerspitzen berühren. Durch diesen Kontakt spürt das Kind unsere gespannte Aufmerksamkeit, unsere Sorge um unsere und seine Sicherheit und macht sie zu seiner eigenen!

Sehen wir uns schließlich noch die bereits erwähnte Wohnzimmerszene an: Die Umstände sind so mißlich, wie sie nur sein können, denn die Umgebung ist für die Bedürfnisse dieses Siebenjährigen nicht geeignet. Und das Baby schläft! Könnte sich die Mutter in all ihrem Streß wenigstens etwas Zeit nehmen, um ihr Kind erst einmal bei sich „ankommen“ zu lassen? Eine Ruhepause einlegen, am Boden hocken, ihm zeigen, daß sie froh ist, daß es wieder da ist? Aus dieser Haltung heraus könnte sie ihm die unvermeidliche Grenze setzen, daß es im Wohnzimmer nicht herumtoben darf. So hätte das Kind dann vielleicht genügend Zutrauen zu ihr, seinen Schulfrust loszuwerden oder ihr zu sagen, was es wirklich spielen will! Damit sparte sie sich jedenfalls ihm all die Aktivitäten anzubieten, von denen unter den momentanen Umständen ohnehin keine recht sein kann. Grenzen, die eine den Bedürfnissen entsprechende Umgebung einschließen, verschaffen Sicherheit und ein Gefühl von Zuhausesein und damit eine sichere Basis, um dann auszuziehen, neuartige Erfahrungen und weitere Horizonte zu suchen, die wiederum ihre eigenen Grenzen mit sich bringen.

Die grundlegende Empfindung des Sich-heimisch-Fühlens entsteht in der Kindheit durch das Erleben, darauf vertrauen zu können, daß Bedürfnisse erfüllt werden und man sich auf die Erwachsenen und gewisse Grundregeln verlassen kann. Solche Zuverlässigkeit erfahren wir zum Beispiel durch rhythmische Zeitabläufe: den Wechsel von Tag und Nacht, der Jahreszeiten und der Gestirne, die ihre Bahnen zusammen mit der Erde ziehen. Diese Regelmäßigkeiten und Gesetzmäßigkeiten sind gleichzeitig fest und zuverlässig und trotzdem so reich an Variablen, daß das Wiederkehren der Ereignisse nicht zur Langeweile, sondern vielmehr zur Gewißheit führt, daß „die Dinge in Ordnung sind". So ist auch das Erleben von verläßlichen Strukturen und Abläufen notwendig, um dem heranwachsenden Organismus Geborgenheit zu garantieren. Die Tatsache etwa, daß Mahlzeiten ihren festen Platz im Tagesablauf haben, bedeutet für manche ein Opfer an individueller Freiheit. Trotzdem reagieren Kinder (und nicht nur sie) mit Störungen verschiedenster Art, wenn es solche verläßlichen Stützpunkte im Ablauf der Stunden nicht gibt. All dies sind Grenzen, aber wenn sie auf geeignete Weise und in einem lebensfreundlichen Rahmen gesetzt werden, dienen sie zur Orientierung und geben uns die Fähigkeit, unsere Kräfte einzuschätzen.

Gerade weil in unserer Gesellschaft auf das Individuum so viele äußere Einflüsse, Belehrungen und Manipulierungen einströmen, scheint es mir wichtig, auf diese neutrale Qualität und die feine Differenzierung der Grenzen hinzuweisen: daß Grenzen zwar zur Selbstorientierung und dadurch für eine entspannte Atmosphäre wichtig, aber doch nicht an sich „instruktiv" sind. Das gleiche gilt für die Konsequenzen, die aus dem Nichtbeachten von Grenzen erwachsen. Natürlich herrscht auf diesem Gebiet große Unsicherheit, so daß es durch mangelnde Klarheit der Erwachsenen für Kinder oft nicht möglich ist, aus dem Erleben von Grenzen und entsprechenden Konsequenzen ein Verständnis darüber aufzubauen, wie die Dinge eigentlich zusammenhängen.

Da ist zum Beispiel der kleine Junge, der seinen Saft mutwillig ausgeschüttet hat. Ihm zu verbieten, am Nachmittag auf den Spielplatz zu gehen, ist sicherlich keine Reaktion, die dazu geeignet ist, daß das Kind aus den Folgen seines Tuns lernen kann, sondern schlicht eine Strafe, die Gehorsam bewirken soll.

Vor kurzem berichtete mir eine Mutter mit deutlichem Stolz, daß sie ihrer Tochter „glückliche Gesichter" in ein eigens dafür gekauftes Heft male, wann immer sie ihr Bett selbst gemacht und ähnliche von ihr gewünschte Arbeiten verrichtet habe. Wenn immer das nicht geschehen sei, gäbe es „traurige Gesichter". Am Monatsende werde dann „abgerechnet" und je nach der Anzahl der Gesichter ein Geschenk gekauft oder eine Strafe verhängt. Auf mein zweifelndes Gesicht hin verteidigte sie sich sofort: Wie anders solle man Kinder an Grenzen und Regeln gewöhnen? Schließlich wollten wir doch nicht mehr zurück zur Körperstrafe! Und das ständige Schimpfen und Ermahnen habe ja auch keine Wirkung.

Wenn die Sprache auf Grenzen, Regeln, Strafen und Belohnungen kommt, zeigen sich oft die erstaunlichsten Verwirrungen selbst bei solchen Erwachsenen, die auf anderen Gebieten logisch und klar denken. In Situationen des täglichen Lebens, in denen sie kindliches Denken und Fühlen einbeziehen müßten, fällt es ihnen dagegen schwer, Ursache und Wirkung in einen lebendigen Zusammenhang zu bringen. Ein (in seinem Beruf sehr erfolgreicher) Vater argumentierte etwa so: „Die Kinder müssen doch lernen, ihre Konflikte selbst auszutragen", als die Nachbarin sich beklagte, daß sein fünfjähriger Sohn in seinem Haus mit dem Taschenmesser auf ihre vierjährige Tochter losgegangen sei. Bei einer anderen Gelegenheit schlug er sein Kind mit einem Gürtel, weil es an den Knöpfen des Radios gedreht hatte und gab der Nachbarin die Lektion: „Wenn man diesen Rangen nicht rechtzeitig beibringt, fremdes Eigentum zu respektieren, werden sie noch zu Kriminellen!"

Erwachsene brauchen offenbar – so wie ihre Kinder – viele Erfahrungen im täglichen Umgang miteinander, um mit der Zeit passende Grenzen und logische Konsequenzen herauszuspüren. Für viele ist es neu, daß man bereits damit anfangen müßte, wenn die Kinder noch so klein sind, daß „sie doch noch gar nichts verstehen". In dieser Zeit sind die Grenzüberschreitungen der Kinder noch so geringfügig, daß wir ihnen wenig Bedeutung beimessen. Sicher würden wir ein Kind wegen solcher Bagatellen auch nicht „strafen", sondern müßten es eine kleine logische Konsequenz erleben lassen. Doch unsere unbewußten Reaktionen oder unsere Bequemlichkeit sind uns dabei oft im Wege.

- Ein Kind, das gerade laufen lernt, kommt auf einem seiner Ausflüge an einen kleinen Hügel, den es nicht einschätzen kann und fällt hin. Der Betreuer nimmt es sofort hoch und bringt es zurück. Welche Erfahrungen und Konsequenzen speichern sich bei diesem Vorgang in seinem Organismus?
- Ein Kind, das selbst aufwischt, was es ausgeschüttet hat, braucht länger dazu als wir. Das ist lästig. Trotzdem ist es nötig, daß wir es dabei so begleiten, daß es sich beschützt und angenommen fühlt und seine Aktivität und deren Konsequenz ohne Streß erleben kann.
- Ein Kind bummelt und spielt herum und wird nicht zur rechten Zeit fertig für den Kindergarten. Statt es hundertmal zu drängeln, lassen wir es erleben, daß es jetzt eben zu Hause bleiben muß. Dabei müssen wir vielleicht unseren Morgen neu planen.
- Wir haben die Regel aufgestellt, daß nur die Wäsche gewaschen wird, die vom Kind in den entsprechenden Korb geworfen wurde. Statt herumzumeckern und dann doch selbst die Wäsche einzusammeln, lassen wir sie wirklich liegen, wo sie ist. Unweigerlich kommt der Tag, an dem unser Kind

die saubere Wäsche nicht findet, die es anziehen will. Es ist nun unsere Aufgabe, sein Protestgeschrei ohne weise Gegenreden auszuhalten ...

- Im Pesta hatten wir ein kleines Mädchen, das so voller unverdauter Erlebnisse war, daß es die Regel, andere Kinder nicht zu schlagen, immer wieder durchbrach. Die Konsequenz in einem solchen Fall, sieht in etwas so aus: „Ich kann dich nicht allein mit anderen Kindern spielen lassen. Heute mußt du den Rest des Vormittags bei mir bleiben.“ Das bedeutet, daß auch ich eng mit diesem anspruchsvollen Kind zusammensein und mich auf seine Bedürfnisse einstellen mußte!

Damit diese logischen Konsequenzen nicht respektierter Grenzen und Regeln auf neutrale Weise „für sich selbst sprechen“, ist es wichtig, daß wir sie nicht durch Belehrungen und Ermahnungen verwässern oder belasten. So hat das Kind die Chance, seine eigenen Gefühle voll auszudrücken und seine eigenen Gedanken zu entwickeln. Vielleicht „lernt das Kind etwas daraus“, vielleicht auch nicht. Es ist nicht unsere Verantwortung, das zu lenken. Unsere Aufgabe ist es, das Kind in dieser schwierigen Lebenssituation zu begleiten.

Ich gebe zu, daß das Setzen von Grenzen ohne all die gewohnten Zutaten „gegen die Kultur“ und gegen die Gewohnheit ist und uns darum immer wieder schwerfallen wird. Vielleicht ist es mir nun gelungen klarzustellen, daß es keineswegs bedeutet, man solle nun einfach brüsk, abweisend oder unfreundlich sein, wenn man Grenzen vertritt, ohne sie oder sich selbst zu rechtfertigen oder an das Verständnis des anderen zu appellieren. Eine wirkliche Sicherheit entsteht jedenfalls erst, wenn wir allmählich einsehen, daß Grenzen tatsächlich zum Leben gehören und darum vom Organismus ertragen werden können, auch wenn sie schmerzlich sind, daß dagegen instruktive Beziehungen ungeeignet und für wirkliche Entwicklungsprozesse hinderlich sind.

Freiheit und Grenzen

„Also gut, wenn Grenzen nun einmal notwendig sind, dann sag uns doch einfach, welche Grenzen man grundsätzlich ziehen sollte, in welchem Alter, auf welche Weise und was die Folgen wären, wenn sie nicht eingehalten werden." Eine solche Bitte – offen oder versteckt – kommt immer wieder von Eltern, die ihren Kindern ein Leben mit möglichst viel Freiheit ermöglichen möchten, aber sich dabei wie in einer Art Niemandsland vorkommen. Denn wer hat schon genug Erfahrung mit der vielgepriesenen Freiheit! Meist haben wir als Kinder nur in Ausnahmesituationen mit ihr Bekanntschaft gemacht: Wenn wir „hinaus zum Spielen" durften, nachdem die Hausaufgaben erledigt waren. Oder am Anfang der großen Ferien, als uns die Welt weit und offen erschien; oder als junge Menschen, wenn wir uns eigene Freiräume schaffen konnten, und später als Erwachsene vielleicht für ein Stündchen am Abend, wenn die Kinder endlich eingeschlafen waren, im Urlaub oder am Tag der Pensionierung...

Wer kennt schon das Gefühl von Freiheit im Alltag, Freiheit in der Arbeit oder auch in der Kinderbetreuung und in allen Tätigkeiten, die zum „normalen Leben" gehören? Es ist wirklich nicht verwunderlich, daß die Vorstellung von einer „freien Schule" bei vielen Leuten Widerstand weckt, bei manchen vielleicht ein wehmütiges Gefühl, so, als hörte man von einer paradiesischen Insel, die nicht zugänglich oder erschwinglich ist. Ganz gleich, ob die Reaktion abwehrend oder wohlwollend ist, löst der Begriff „Freiheit" nicht selten ein Bild von „Unbegrenztheit" aus, das uns gleichzeitig anzieht und Angst einflößt. Dieses Wort beschwört ein ganzes Panorama von Unwillkürlichkeiten herauf und stachelt zugleich zum Protestieren auf: „Da macht jeder, was er will, das kann doch nicht gutgehen ...“

Trotzdem gehört der Wunsch nach Freiheit zu den wichtigsten menschlichen Triebkräften überhaupt. Die Geschichte ist voll von Ereignissen, die nur durch diese Sehnsucht zu verstehen sind. Aber die große Vision fällt von jeher der harten Wirklichkeit eines Alltags zum Opfer, in dem andere Prioritäten gesetzt sind. So kommt es, daß aus Mangel an Erfahrung das Verständnis von Freiheit nur mühsam wächst, dagegen gedeiht der Glaube an eine Freiheit, die man sich mit Geld kaufen könnte. Darum erscheint es ratsam, den Wunsch nach Freiheit aufzuschieben, bis man sie sich leisten kann. Auch Kinder werden immer früher auf dieses Gleis geschoben. Ihre natürlichen Freiräume werden zusehends eingeschränkt, dafür werden sie in allem gefördert, das „später einmal nützlich werden kann“. Nützlich zum Vorankommen, das heißt zum Geld-Verdienen, mit dem man sich dann vielleicht ein Stück Freiheit erwerben kann.

Das Kritische ist, daß jegliches Verständnis, also auch das Verständnis von Freiheit, nur durch Interaktion in konkreten Situationen reifen kann. Ohne Interaktion bleibt „Freiheit“ ein vages Wort, eine wohlklingende Dichtung. Wir können dieses Wort deklamieren und Freude an seinem Klang und den erhabenen Gefühlen haben, die es in uns weckt. Doch zu einem Begriff wird es erst, wenn Erlebnisse in den verschiedensten Situationen und mit unzähligen Varianten sich mit ihm verbinden. Und da „Leben begrenzt ist“, können wir erst dann, wenn wir Freiheit mannigfach erleben, auch ihre vielschichtigen Beziehungen zu Grenzen entdecken und nachvollziehen.

Freiheit steht auf dem Banner jedes modernen Staates, ist wohltönend in Nationalhymnen und klingt erhaben in öffentlichen Reden. Aber in Wirklichkeit bleibt sie ein leerer Begriff, es sei denn, jeder einzelne schafft in seinem eigenen privaten Lebenskreis – wenn auch mit winzigen Schritten – eine neue Kultur der Freiheit. Das erfordert eine aufmerksame

Tätigkeit, die *gegenwärtig*, also nicht aufgeschoben ist, und damit müßte man schon bei ganz kleinen Kindern beginnen. Denn gerade bei ihnen erleben wir am deutlichsten den scheinbaren Widerspruch zwischen Utopie und Wirklichkeit, Potential und Erfüllung. Wie kein anderes Lebewesen sind kleine Kinder abhängig von Pflege und Zuwendung und sind begrenzt in ihren Möglichkeiten. So ist zum Beispiel ihre Bewegungsfreiheit ungeheuer eingeschränkt, und es scheint auf den ersten Blick fast unglaublich zu sein, daß ausgerechnet diese Wesen, die über lange Zeit unfähiger und ungeschickter sind als jedes Jungtier, zu einem Leben in Freiheit bestimmt sein sollen!

Doch können Erwachsene, die in der Interaktion mit ihrem Säugling gelernt haben, das fast unsichtbare Zusammenspiel von Autonomie und Abhängigkeit zu beachten und zu respektieren, erstaunliche Entdeckungen über die Zusammenhänge von Freiheit und Grenzen machen. Es besteht kein Zweifel, daß ein Baby keine endlose Weite, sondern einen begrenzten und geschützten Raum braucht, damit es sich wohlfühlt. Und erst, wenn diese Grundlage gewährt ist, kann es anfangen, diesen Raum für die Entwicklung seiner Selbständigkeit zu nutzen. Es ist offensichtlich, daß ein Baby dann, wenn es die Sicherheit der Nahrung hat oder sein erster Hunger gestillt ist, beginnt, diese lebensnotwendige Interaktion spielerisch zu verändern. Das gleiche gilt für das Bedürfnis nach einer geeigneten und geschützten Umgebung, die erlaubt, eigene Bewegungen und Handlungen in winzig kleinen Schritten selbst zu entwickeln. Und durch ebendiese Interaktion ist es dem Kind möglich, allmählich weniger abhängig und ein klein wenig freier von äußeren Bedingungen zu werden. Damit verschieben sich die Grenzen fast unmerklich.

Nicht selten sind wir Zeuge, daß Erwachsene in ihrem Drang nach Freiheit – zum Beispiel Freiheit von altmodischen Gebräuchen und Beziehungen und Freiheit für ihre Kinder – dieses zarte Gleichgewicht zwischen dem Grundbedürfnis nach einer abgegrenzten, sicheren Grundlage, die der Reife des Kindes entspricht, nicht gewährleisten. So finden sie es ganz in Ordnung, ihr Kleinkind selbst dann überallhin mitzunehmen, wenn es vermeidbar wäre: in den Straßenlärm, zum Supermarkt oder zu Massenveranstaltungen. Babys bekommen dabei zwar unter Umständen eine Menge Körperkontakt, aber nur selten die ungeteilte Aufmerksamkeit ihrer Betreuer. Ihr kleiner Körper entbehrt in solchen Situationen meist der notwendigen festen Unterlage, die sie zum Aufbau ihrer eigenen freien Bewegung brauchen, und die Sinne werden einer Vielzahl von Eindrücken ausgesetzt, die den jungen Organismus überfordern. Viele solche ungeeignete Erlebnisse drohen in den Organismus einzudringen, erschweren seine von innen geordnete Interaktion und zwingen ihn, Schutzmechanismen gegen die Umwelt aufzubauen. Beides schränkt das Erleben von Freiheit ein, so, wie sie der gegenwärtigen Reife des Kindes entsprechen würde.

Grenzen sind also unerläßlich, damit es überhaupt zu freiem Handeln kommen kann. Sie sind die notwendigen Anhaltspunkte, an denen sich jeder Organismus, der durch seine eigenen Membranen lebensfähig ist, auch in der Außenwelt orientieren kann, vergleichbar mit den Konturen eines Puzzles, ohne die es unmöglich wäre, Teilchen für Teilchen zu einem sinnvollen Bild zusammenzusetzen. Beeindruckend in dieser Interaktion ist das feine Wechselspiel von Begrenzungen der inneren und äußeren Wirklichkeiten, das an die berühmte Lithographie *Zeichnen* von M. C. Escher erinnert, wo eine linke und eine rechte Hand sich gegenseitig zeichnen. In diesem Zusammenspiel formen und stärken sich die Strukturen des Organismus, angefangen vom Muskeltonus bis zur Fähigkeit, Freud und Leid zu erleben und lebensnah zu denken.

Man kann deutlich sehen, wie unausgebildete oder geschwächte Strukturen den Organismus in seiner Freiheit beeinträchtigen und abhängig machen. Wenn zum Beispiel die Muskeln dem Körper nicht zur selbständigen Fortbewegung dienen, ist er notgedrungen auf Mobilisierung durch äußere

Kräfte angewiesen. Wo die emotionale Reifung noch nicht fortgeschritten ist, ist der Organismus zwischen Abhängigkeit und Abwehr hin- und hergerissen und hat wenig Möglichkeit, in sich selbst zufrieden zu sein und doch Gemeinschaft zu pflegen, die nicht seine Eigenständigkeit schmälert.

Ähnlich ergeht es jedem, der nicht geübt hat, Verständnis aus der eigenen Erfahrung zu schöpfen, seine eigenen Fragen zu stellen und darauf zu vertrauen, daß die Antworten von innen her kommen oder doch, obwohl von außen kommend, zu seiner eigenen Denkstruktur passen. Eigenes Erleben, das heißt Aufbau der eigenen sensomotorischen Interaktion mit der Umwelt, eigene Gefühle und Gedanken sind also die Grundbedingungen für das Erleben von Freiheit.

Kinder, die in den ersten Lebensjahren nicht genug Gelegenheit hatten, ihre persönliche Interaktion mit der Umwelt aufzubauen, fühlen sich in einer vorbereiteten Umgebung, in der Freiheit gewährt wird, unglücklich, verloren und alles andere als frei. Die Reaktionen mögen unterschiedlich sein: Abhängigkeit von einem Erwachsenen oder anderen Kindern, Abwehr oder Unfähigkeit, sich auf Neues einzulassen – Verhaltensmuster dieser Art sind häufig die Folge eines Mangels an persönlicher Freiheit. Das trifft auch zu, wenn Kinder „so frei sind“, die Freiheit anderer zu beeinträchtigen! Kinder (und natürlich auch Erwachsene), die uns Sorgen oder Beschwerden bereiten, leiden im Grunde an Unfreiheit. Ein typisches Merkmal ist, daß sie „sich Freiheiten nehmen“, die ihnen nicht zustehen; daß sie Grenzen anderer übertreten oder ihre eigenen Grenzen mißachten.

Im täglichen Umgang mit Kindern in einer Umgebung, die frei von Forderungen und autoritärer Disziplin ist, können wir solche persönlichen Unfreiheiten relativ leicht erkennen. Ich sehe da eine kleine Gruppe acht- bis neunjähriger Mädchen vor mir, die uns zur Zeit in fast allen Lehrergesprächen beschäftigt. Diese Mädchen hängen zusammen wie Kletten. Keines von ihnen ist fähig, für sich allein zu sein oder sich in Ruhe einer individuellen Aktivität hinzugeben und aus ihr

Befriedigung zu schöpfen. Sobald sie am Morgen ankommen, agieren sie in allem zusammen und stören sich doch gegenseitig in ihren Aktivitäten. Dabei gibt es immer wieder Streit; löst sich aber eines der Mädchen für kurze Zeit von der Gruppe, wird das von den anderen nicht geduldet. Ein zehnjähriges Mädchen, das sich durchgerungen hatte, nicht mehr mitzumachen, war total unglücklich und kam lieber nicht in die Schule, als in der gleichen Umgebung, die reich an Angeboten und anderen Kindern ist, seine Selbständigkeit zu suchen.

In Familiengesprächen versuchen wir, den Ursprung solcher Unfreiheit zu entdecken, um zusammen mit den Eltern neue Ansatzpunkte für das Zusammenleben zu finden. Für gewöhnlich sind die Gründe nicht eindeutig, sondern bestehen aus verschiedensten Elementen. Diese Mischung kann sich zusammensetzen aus dem Einmischen der Eltern von klein auf, einem Mangel an Gegenwärtigkeit der Erwachsenen, unzureichender vorbereiteter Umgebung für Entwicklungsprozesse, Unstimmigkeiten oder Trennung der Eltern, Einmischen anderer Personen in Familienangelegenheiten, großem Einfluß der modernen Kommunikationsmittel und zu engen, zu weiten oder auf ungeeignete Art gesetzten Grenzen. All diese Elemente sind allgemeine Erscheinungen einer Kultur, die immer noch an der langen Geschichte ihres respektlosen Umgangs mit Kindern kränkelt.

In diesen Tagen besuchte uns eine junge Familie aus Guayaquil, die uns voller Stolz ihr zweijähriges Kind vorstellte. Damit wir es auch entsprechend bewunderten, wurde das kleine Mädchen ständig mit Aufforderungen traktiert:

„Sag doch mal, wie heißt dein Papi? Wie bitte? Ich verstehe dich aber gar nicht! Ja, jetzt hört man dich."

„Ach, sing uns doch mal das Lied von den Küken. Aber schön laut! Nein, so laut auch wieder nicht!"

„Willst du etwas von diesen Nudeln? Also, wenn du nichts ißt, wirst du ganz häßlich."

„Du liebe Güte, jetzt hat sie die Bonbons entdeckt. Nein, davon darfst du nichts nehmen." Sie nimmt doch einen. „Na

gut, nur diesen einen." Der Vater wickelt den Bonbon aus dem Papier und steckt ihn in den Mund seiner Tochter.
„Wissen Sie, dieses Kind macht uns noch ganz krank. Seit es krabbeln kann, haben wir keine ruhige Minute." Es folgt die Beschreibung aller Heldentaten, die eindeutig auf eine nicht vorbereitete Umgebung hinweisen. Das Mädchen macht sich inzwischen über den Rest der Bonbons her, aber die Eltern merken es nicht, weil sie ihrem Herzen Luft machen. Die Bonbonpapiere landen unter dem Tisch.
„Also jetzt ist es aber genug!" Die Mutter reißt ihr den letzten Bonbon aus dem Mund.
„Schäm dich, was sollen denn die netten Leute von dir denken? Ich habe dir doch gesagt, nur den einen Bonbon!" Dabei lachen die Eltern mit unverhohlenem Stolz, weil das Kind scheinbar schlauer ist als sie.

Die Mutter: „Also, das Kind hat diese Unart von ihrem Vater geerbt. Wenn ich ihn nicht geheiratet hätte, würde er sich heute noch mit Süßigkeiten vollstopfen."

In diesem Stil ging es weiter, bis das Unbehagen des Kindes in Stampfen und Weinen endete und die Eltern veranlaßte, den Besuch abzukürzen. Diese kleine Szene ließ uns wieder einmal bewußt werden, daß unser Vorhaben, mit Kindern auf eine liebe- und respektvolle Art umzugehen und gleichzeitig klare Grenzen nicht zu scheuen, sich inmitten eines Umfelds abspielt, in welchem eine solche Art des Miteinanderseins oft fremdartig wirkt.

Da die Beziehung zwischen Freiheit und Grenzen im allgemeinen Kulturbereich entweder als Widerspruch gesehen wird oder so verwischt ist, daß uns nützliche Anhaltspunkte für die Praxis fehlen, wollen wir versuchen, uns an dieses Problem von verschiedenen Seiten aus heranzutasten:

Da ist zum Beispiel die Geschichte von den sibirischen Gänsen, die Hoimar von Ditfurth erzählt, um einen wichtigen Schritt der Evolution von kompletter Abhängigkeit an starre Verhaltensmuster hin zu wachsender Freiheit zu illustrieren. Diese Gänse sind Zugvögel, die jährlich zu einer ganz bestimmten Zeit des Jahres, wenn nämlich eine ganz bestimmte Proportion in der Länge von Tag und Nacht eintritt, ihren langen Flug in den Süden antreten. Doch durch eine ökologische Zerstörung ihres gewohnten Habitat geschah es, daß diese Vögel sich etwa einhundertundsechzig Kilometer weiter südlich ansiedelten. Auf diesem Breitengrad ist das Verhältnis zwischen Tag und Nacht um vierzehn Tage nach vorne verlagert. Zu dieser Zeit sind die Küken, die im Lauf des Sommers auf die Welt kamen, aber noch nicht flugbereit. Doch der „Befehl" zur Migration, das heißt das für diese Art seit langem gültige fest eingespeicherte Programm, ist trotz dieser äußeren Veränderungen geblieben. Die Gänse fliegen also nach ihrem starren Programm „genau zur richtigen Zeit" los; merken, daß die Küken nicht mitkommen; gehen dann mit ihren Jungen zu Fuß weiter und fallen damit der Erschöpfung und den Raubtieren zum Opfer. Nach zwei Wochen haben dann die Jungvögel, die nach diesem tödlichen Rennen übrigblieben, die nötigen Federn, und der klägliche Rest der Gänse setzt nun den Flug fort.

Ditfurth zeigt an diesem Beispiel, wie gefährlich starre Muster unter veränderten Umständen für das Überleben und die Entwicklung sein können, auch wenn sie durch eine lange Evolution bestens erprobt sind. Er berichtet weiter, wie aus diesem Dilemma die Notwendigkeit für eine flexiblere innere Struktur erwuchs – einer neurologischen Struktur, die keine starren Vorprägungen enthält und durch die das Individuum die Möglichkeit hat, aus eigenen Erfahrungen zu lernen – Umstände und Zusammenhänge zu erwägen, Entscheidungen zu treffen und ständig aus ihnen zu lernen. Diese neuen Struktur ist der „Neokortex" oder das Großhirn, das beim Menschen zu unermeßlicher Entwicklung gekommen ist. Das Großhirn, deren unendlich komplexe Funktionen letztendlich innere Freiheit erst möglich machen, hat jedoch seine Basis in den „alten Strukturen" mit ihren seit Millionen von Jahren festen Regelkreisen.

Hier erkennen wir einen wichtigen Aspekt der „Grenzen

der Freiheit", denn in den alten Strukturen ist sozusagen die Weisheit und Erfahrung der menschlichen Evolution verankert. So kann sich ein Mensch zwar entscheiden, weder zu essen noch zu trinken, doch nach einer gewissen Zeit führt diese Entscheidung zu seinem Tod, da sie gegen die Grundgesetze des organischen Lebens verstößt. Es gibt im Zusammenspiel zwischen „alten" und „neuen" neurologischen Strukturen also eine Vielzahl von Schwellen – Zusammenhänge zwischen physischen, emotionalen und gedanklichen Wirklichkeiten, die sich gegenseitig beeinflussen.

Beim Heranwachsen eines Kindes wird dieses Problem der Schwellen besonders auffällig: Je kleiner das Kind, um so mehr ist es der Unausweichlichkeit seiner instinktiven Bedürfnisse unterworfen. Ziehen Erwachsene diese Gesetzmäßigkeiten und *Muß-Bedürfnisse* nicht in Betracht und geben sie ihnen nicht die nötige Aufmerksamkeit, beschwören sie Schwierigkeiten und negative Folgen verschiedenster Art herauf. Diese Muß-Bedürfnisse unterliegen ihrerseits einer strengen hierarchischen Ordnung. An erster Stelle und für das Überleben nowendig steht das Bedürfnis nach Liebe und Zuwendung, darauf folgen die Bedürfnisse nach Nahrung, Wärme, Sauberkeit und auf der anderen Seite das Bedürfnis nach von innen geleiteter Interaktion mit der Umwelt, durch die eine volle Entwicklung des menschlichen Potentials erst möglich wird.

Wenn wir noch einmal betrachten, wie ungeheuer abhängig das menschliche Kind für lange Zeit von Zuwendung und Pflege ist, entsteht vor unseren Augen das eigentliche Drama der Kindheit. Denn jedes Kind ist dazu bestimmt, seine Fähigkeit zu entwickeln, eigene Entscheidungen treffen zu können und zu einem Menschen im eigentlichen Sinn heranzuwachsen. Ist also ein kleines Kind „weniger Mensch" als ein Erwachsener, weil seine Strukturen zum selbständigen Handeln und Denken noch nicht ausgereift sind?

Diese Frage wird besonders bedenklich, wenn wir in Betracht ziehen, daß der innere Prozeß des Entscheidens ganz spezifische organische Fähigkeiten und neurologische Verbindungen voraussetzt. Seit einiger Zeit sind die bioelektrischen Zustände im Großhirn bekannt, die uns den Unterschied zwischen persönlichen Entscheidungen und von außen eingeleiteten Handlungen deutlich machen. Sie zeigten bei einer vom Organismus selbst entschiedenen Interaktion andere Messungen als bei einer von außen suggerierten oder bestimmten Handlung*. Andere Studien** deuten darauf hin, daß die eigentliche Entscheidung zum Handeln oder Nichthandeln im Herzen getroffen wird, während das Hirn die notwendigen Informationen organisiert, weiterleitet und dann den Vollzug der Handlung koordiniert.

Wie jede organische Funktion muß auch diese Fähigkeit, Entscheidungen zu treffen, einem inneren Plan entsprechend aufgebaut und gestärkt werden. Und wie bei allen Funktionen des Organismus ist die Entwicklung nur dann zufriedenstellend, wenn die Umstände den Prozeß begünstigen. Ist dies nicht der Fall, verkümmern selbst die besten Anlagen. Auch hier verblüfft uns wieder das Ineinandergreifen von inneren und äußeren Bedingungen. Der kleine Mensch braucht also günstige Umstände, um innerhalb seiner eigenen Grenzen Entscheidungen treffen zu können. Um diese Bedingung zu erfüllen, müssen die äußeren Umstände so beschaffen sein, daß sie das unentwegte Üben von kleinen Entscheidungen begünstigen. Wären jedoch die äußeren Umstände ohne Grenzen oder die verschiedenen möglichen Umstände für den jeweiligen Entwicklungsmoment zu komplex, gäbe es weder Sicherheit zum Handeln noch klare Anhaltspunkte zum Üben von Entscheidungen.

Gehen wir in dieser Reflexion zurück zu der Einsicht, daß Kinder dem Zwang instinktgesteuerter Überlebens- und Entwicklungsbedürfnisse noch unmittelbarer unterliegen als Erwachsene, deren Strukturen weniger zart und verletzlich sind und deren Denken und Willenskraft sich diesen biologischen Gesetzen teilweise entgegenstellen kann. Es handelt sich also

---

* Kornhuber, H.: *Mechanisms of Voluntary Movement*

** Lacey: *Conversations between the heart and the brain*

darum, mit diesen übermächtigen Bedürfnissen und inneren Zwängen des Kindes zu kooperieren. In anderen Worten: Die Freiheit, die ein Kind innerhalb notwendiger Grenzen erleben muß, um sich darin zu üben, Entscheidungen zu treffen, bezieht sich auf die Erfüllung seiner eigenen *authentischen* Bedürfnisse.

Das bedeutet, daß wir Erwachsene lernen müßten, zwischen authentischen und Ersatzbedürfnissen der Kinder zu unterscheiden. Denn bei Ersatzbedürfnissen ist es nicht nur erlaubt, sondern unter Umständen sogar unsere Pflicht, Grenzen zu setzen. Doch wie lernen wir, zwischen diesen beiden Kategorien zu unterscheiden? Auch hier sind wieder verschiedene Faktoren zu berücksichtigen: Was für eine Entwicklungsstufe ein echtes Bedürfnis ist, kann auf einer anderen ein Ersatzbedürfnis sein. Auf einer späteren Stufe gibt es immer wieder Momente der Restrukturierung alter unbefriedigender Erlebnisse, doch außerdem kann jedes authentische Bedürfnis durch verschiedene Umstände so verzerrt oder verschoben werden, daß es seinen eigentlichen Sinn verliert und nach Grenzen verlangt.

Darum versuchen wir erst einmal, die wichtigsten authentischen Bedürfnisse im Zusammenhang mit den Entwicklungsphasen in groben Zügen zu beschreiben. Dabei fällt uns auf, daß gewisse Grundbedürfnisse nicht auf eine bestimmte Phase beschränkt sind, sondern uns das ganze Leben begleiten. Trotzdem sind sie in den verschiedenen Phasen unterschiedlich wichtig, und ihre Erfüllung ist daher mehr oder weniger folgenschwer.

Am klarsten sehen wir dies bei den elementaren Bedürfnissen des Überlebens. Humberto Maturana stellt ihnen allen voran die „Liebe“, in seiner Sprache die Anerkennung des „legitimen anderen“ – nach seiner wissenschaftlichen Forschung handelt es sich bei der Liebe um die treibende Kraft der Evolution, die von Anfang an jegliches Leben überhaupt ermöglicht. Da Liebe so grundlegend zum Leben gehört und letztlich das Leben selbst ist, gibt sie uns den Schlüssel für unzählige Situationen, in denen irgendein anderes Bedürfnis ins Feld gerückt wird, um sie zu ersetzen, falls ein „Liebesdefizit" empfunden wird.

Nach Liebe und *echter* Zuwendung sehnt sich jeder Mensch sein ganzes Leben lang. Doch für ein Neugeborenes, das gerade in dieser Welt ankommt, nimmt dieses Bedürfnis einen so hohen Stellenwert ein und ist so unaufschiebbar, daß tatsächlich sein Überleben gefährdet ist, wenn Liebe fehlt, und im Zusammenhang mit diesem Bedürfnis werden von klein auf die wichtigsten Weichen für das Leben gestellt werden. Die anderen Überlebensbedürfnisse wie gesunde Luft, Nahrung und Wärme stehen erst an nächster Stelle. Doch auch bei ihnen wird die größere Dringlichkeit für einen Säugling oder ein kleines Kind im Vergleich zum Erwachsenen deutlich. Ein ausgereifter Organismus kann unter Umständen über längere Zeit fasten oder könnte schlechte Luft oder Temperaturschwankungen überstehen, die für ein kleines Kind fatale Folgen mit sich bringen würden. Auf den ersten Blick mag die Vorrangstellung der Liebe in dieser Rangliste übertrieben erscheinen. Doch Kinder belehren uns eines besseren. Wenn es ihnen an geeigneter Zuwendung fehlt, kann es soweit kommen, daß sie unbewußt andere Überlebensbdürfnisse aufs Spiel setzen: Manche halten den Atem an, bis sie blau anlaufen und ohnmächtig werden; andere verweigern die Nahrung oder werden ernstlich krank.

Hilfsorganisationen sind mit Recht um den Ernährungszustand und die Gesundheit der Kinder in armen Ländern und Slums der Großstädte besorgt. Doch brauchbare Ansätze für die Problematik geeigneter Zuwendung sind nicht nur in den Projekten für die Dritte Welt, sondern auch in den sonst hochentwickelten Ländern rar. Überhaupt wird diese Frage oft erst aufgeworfen, wenn Menschen Therapien brauchen, weil sie mit ihren emotionalen Problemen innerhalb ihres normalen sozialen Feldes nicht zurecht kommen.

Sicher ist, daß sich bei mangelnder Liebe und Zuwendung die Bedeutung und die Schwelle aller anderen Bedürfnisse verändert, gerade so, wie sich unser Zustand und Verhalten tiefgreifend ändert, wenn wir Mangel an den lebenswichtigen Elementen wie Luft, Wasser, Nahrung und geeigneter Temperatur leiden. Ohne diese Einsicht ist es unmöglich, jemals wirklich zwischen authentischen und Ersatzbedürfnissen unterscheiden und Grenzen auf geeignete Weise setzen zu können.

Wenn es ums Essen und Trinken geht, können wir vielleicht leichter echte und Ersatzbedürfnisse auseinanderhalten. Eine einigermaßen gesunde und ausreichende Kost ist Grundbedürfnis und sollte ohne Belehrungen und Manipulation zur Verfügung stehen. Wer ehrlich Hunger hat, dem schmeckt auch einfaches Essen. Nach einem langen Marsch oder einem guten Stück Arbeit kann ein Stück Brot mit einem Apfel besser munden als das teuerste Luxusessen. Alles, was über die Erfüllung eines echten Ernährungsbedürfnisses hinausgeht, gehört in die Kategorie der Dinge, denen man nicht nur Grenzen setzen darf, sondern gegebenenfalls sogar *muß*.

Dazu gehören all die wunderbaren Leckerbissen, Süßigkeiten und Genußmittel, auch wenn sie ihren Platz bei besonderen Gelegenheiten haben mögen. Doch wenn unser Wohlergehen von ihnen abhängig wird, ist offenbar irgend etwas aus dem Gleis gekommen. Erst wenn wir wagen, solchen andauernden Gelüsten und Zwängen Grenzen zu setzen, gibt es eine Chance, den Ursachen für diese Abweichungen auf die Schliche zu kommen.

Kürzlich beklagte sich ein junges Ehepaar, daß ihr sechsjähriger Sohn regelmäßig so lange tobe, bis die Eltern per Telefon eine ganz bestimmte Pizza bestellten, die in Quito mit dem Motorrad geliefert wird. Sie waren absolut ratlos, denn ihrer Meinung nach verweigere das Kind in dieser Stimmung jede andere Nahrung. Und schließlich seien sie als Eltern doch dafür verantwortlich, daß ihr Kind regelmäßige Mahlzeiten einnähme. Nicht immer sind die Wünsche von Kindern (oder Erwachsenen) so eindeutig verrückt, aber wie oft sehen wir Szenen, in denen Erwachsene durch schreiende, stampfende oder nörgelnde Kinder an die Grenzen ihrer Kraft und guten

Laune gebracht werden und schließlich um „des lieben Friedens" oder der mißbilligenden Zuschauer willen dann doch das Eis, die Süßigkeiten oder sonst irgendein Extra kaufen, das von ihnen erbettelt oder ertrotzt wird. Ich möchte damit nicht sagen, daß Kinder grundsätzlich keine Süßigkeiten oder außergewöhnliche Speisen bekommen sollten, aber ein gewisser Rahmen muß von den Eltern abgesteckt werden.

Beim Bedürfnis nach Liebe wird die Sache noch viel komplizierter. Denn von einer gesunden Nahrung mögen wir noch eine einigermaßen klare Vorstellung haben. Wer aber kann das in gleicher Weise von Liebe und geeigneter Zuwendung behaupten? Aus diesem Grund werde ich diesem Thema ein eigenes Kapitel widmen. Sicher ist jedenfalls, daß Liebe als die Urkraft des Lebens nicht begrenzt sein kann, daß sie immer zur Verfügung stehen, immer das Bedürfnis nach Liebe zuallererst erfüllt sein muß. Nur in der Liebe können wir wachsen und laufen nicht Gefahr, zuviel zu geben oder zu bekommen.

Doch ist es wichtig zu erkennen, daß diese grenzenlose, unbedingte und bedingungslose Liebe Grundlage des Lebens ist und auf alle Wachstums- und Entwicklungsprozesse einwirkt. Echte Entwicklungsprozesse bedürfen einer Liebe, die Lebensprozesse respektiert und daher keine „Affenliebe" sein kann, keine Liebe, die wir mit Verwöhnen oder mit dem Vermeiden von Schwierigkeiten verwechseln dürfen. Aus dieser Unterscheidung – Liebe zu Lebensprozessen statt „unbegrenzte Liebe zum Kind" – klären sich dann auch die Grenzen, die in verschiedensten Lebenssituationen nötig werden können.

Authentische Bedürfnisse sind also nicht nur solche, die zum Überleben eines Organismus gehören, sondern gleichermaßen all diejenigen, die Entwicklung und Wachstumsprozesse des Organismus begleiten. Hier handelt es sich um die Interaktion des Organismus mit seiner Umwelt im weiteren Sinn, nicht nur, was Nahrungsaufnahme und alle Stoffwechselfunktionen betrifft, sondern die Ausbildung der Motorik, der Sinne und all jener komplexen Fähigkeiten, die das menschliche Potential ausmachen.

Diese Bedürfnisse sind von einem eigenen, dem Organismus innewohnenden Plan gesteuert. In den ersten Lebensjahren liegt ihr Schwergewicht auf einer sensomotorischen Interaktion, die dem Kind die Qualität der Umwelt faßbar und erlebbar macht, gleichzeitig aber im Bereich der sozialen menschlichen Kommunikation geschehen muß, damit der junge Organismus sein menschliches Potential verwirklichen kann. Um das siebente Jahr verlagert sich das Schwergewicht dieser sensomotorischen und sprachlichen Interaktion auf das Erforschen der Gesetzmäßigkeiten und Regelmäßigkeiten, die in der erlebten Umwelt gelten. Dadurch erfüllt sich allmählich das Bedürfnis nach Verständnis für quantitative und logische Beziehungen und Verhältnisse, die in konkreten und sozialen Umständen erfahrbar sind, zusammen mit der Fähigkeit des Symbolisierens und der inneren Vorstellung.

Wenn dieser innere Plan für eine konkrete Interaktion mit der Umwelt erfüllt ist, setzt ein authentisches Bedürfnis nach Abstraktion und formalem Denken ein, das es dem jungen Menschen ermöglicht, einer neuen Neigung nachzugeben, nämlich der Frage: „Wer bin *ich* in dieser Welt?" Diese Fragestellung führt ihn immer weiter in die Dimension der Reflexion und Selbstreflexion hinein.

Alle diese Bedürfnisse werden von einem unwiderstehlichen Wachstums- und Entwicklungsplan angetrieben und geordnet. Es sollte uns also nicht wundern, daß wir Erwachsene unweigerlich mit diesen Bedürfnissen in Konflikt geraten, es sei denn, wir bereiten geeignete Umstände vor, in denen der heranwachsende Mensch die Befriedigung seiner Bedürfnisse als grundsätzlich sichergestellt erlebt. Fehlt eine geeignete Umgebung, schafft das unzählige Probleme – doch empfindet jedes Kind es als Zeichen unserer Liebe, wenn es uns gelingt, Dinge und Situationen so zu arrangieren, daß sie mit seinen Bedürfnissen übereinstimmen.

Stellen wir uns ein Kind im vierzehnten oder fünfzehnten Lebensmonat vor, das sich aus diesem inneren Antrieb heraus mit der Welt auseinandersetzen muß. Solch ein Kind braucht

Wasser, Sand, Erde, Pflanzen, Tiere, Gelände mit Hindernissen, auch vielerlei Geräte und von Menschen gefertigte halbstrukturierte und strukturierte Materialien. In dieser natürlichen und kulturell angereicherten Umgebung muß dieses Kind sich auf verschiedenste Art bewegen, muß kriechen, laufen, rennen, klettern, springen, schwingen, sich drehen. Es muß klopfen und schlagen, drücken, werfen, tragen, wippen, schütteln, öffnen und schließen, mischen und rühren, schmieren und sortieren, stoßen und kreiseln, brechen und biegen, kippen und schaukeln, ziehen und stoßen.

Dabei braucht es die Freiheit zum Weinen und Lachen, zum Ausdrücken von Schmerz, Ärger und Freude, die Möglichkeit, zu hören und selbst zu sprechen, und die Sicherheit, daß es sein eigenes Denken gerade so entwickeln kann, wie es mit seiner Erfahrung übereinstimmt. Doch ebenso grundsätzlich wie all diese Manifestationen, die seinen gesamten Organismus aktivieren und allmählich reifen lassen, ist die Möglichkeit, sich fortwährend darin zu üben, Entscheidungen zu treffen.

Stellen wir uns ein neugeborenes Kind vor, dessen Bedürfnisse noch relativ „einfach" sind. Seine ersten Interaktionen mit der Außenwelt sind der menschlichen Art gemäß so vorgeschrieben, daß ihm kein Zweifel bleiben kann, was es zu tun hat: Die erste Phase seines Wachstums ist nun abgeschlossen, und sein Eintritt in die nächste ist gesichert. Damit das Neugeborene die Sicherheit erlangt, daß „alles stimmt", braucht es den Hautkontakt mit seiner Mutter, die das Kind „instinktiv" für gewöhnlich an die linke Brust legt. Dort hört das Kind ihren Herzschlag zusammen mit dem Klang ihrer Stimme und stellt so sein Gehör auf die Außenwelt ein. Es sieht ihr Gesicht aus einem vom inneren Programm vorgeschriebenen Winkel und einer bestimmten Entfernung und aktiviert damit seine Augen zusammen mit seiner Fähigkeit, auf andere Menschen einzugehen. Es riecht ihren Körper und aktiviert damit den Spürsinn, der am tiefgreifendsten Gefühle, Gedächtnis und die Fähigkeit, innere Verbindungen herzustellen, vereinigt. Wenn die Mutter das Kind zart streichelt, wird die Aktivierung seiner Haut bestätigt, die durch die starke Massage im Geburtskanal die Funktion dieser Membrane als Kontaktstelle mit der Außenwelt einleitete. Und durch die Berührung seiner Lippen mit ihrer Brust werden sein Saugreflex und sein Geschmacksinn voll erweckt und damit seine Lust, all das von außen in sich aufzunehmen, was in seine innere Struktur paßt, und sich dafür anzustrengen.*

An diesem „normalen" Vorgang sehen wir zwei Dinge: Erstens, daß durch den sogenannten Fortschritt unserer Zivilisation vielen Säuglingen bereits die Befriedigung dieser ersten authentischen Bedürfnisse versagt bleibt. Und zweitens, wie die Erwachsenen mit dem Baby eine Menge Dinge tun, die zwar gut gemeint sein mögen, aber nicht zu seiner inneren Struktur passen. Da kommen bald nach der Geburt die Besucher und heben das Neugeborene begeistert in die Höhe. Sie streicheln und küssen es, reden und lachen, wackeln mit Spielsachen vor seinen Augen herum. Wenn dies im Übermaß geschieht, wird seine Auseinandersetzung mit seinen authentischen Bedürfnissen schon früh verzerrt, und somit wird es ihm erschwert, ernsthaft mit sich selbst und seiner Umwelt umzugehen.

Sofort entstehen viele Bilder vor unseren Augen, wie Liebe zu Affenliebe werden kann. Wo die eindeutigen Zeichen von echter Zuwendung fehlen oder verwischt sind, stellen sich dann bald die ersten Anzeichen von Unsicherheit, Unzufriedenheit und gegenseitiger Manipulation ein. Aus diesen ersten Lebenserfahrungen entstehen schon früh viele Verwechslungen zwischen authentischen und Ersatzbedürfnissen, die früher oder später die Liebe versauern lassen und Beziehungen belasten.

Das wird besonders deutlich an dem authentischen Bedürfnis nach Nahrung. Das ist ein Überlebensbedürfnis und darum mit Angst gekoppelt. Das Kind hat Hunger: Es schreit nach der Milch, und dieser Schrei weckt in der Mutter die Angst, ob sie ihrem Kind gerecht wird. Oder das Kind will nicht essen, und die Mutter zittert um sein Leben. Zudem kann der Organismus die Nahrung nur dann richtig assimilieren, wenn die Um-

---

* Zum Thema Bonding siehe vor allem das Buch *Der nächste Schritt der Menschheit* von J.C. Pearce.

gebung *entspannt* ist. So häufen sich im Zusammenspiel vieler Faktoren einer modernen Umwelt die Erfahrungen, daß irgend etwas mit diesem natürlichen Vorgang der Nahrungsaufnahme nicht stimmt. Die Mutter versteht vielleicht das Weinen ihres Kindes nicht und steckt ihm erst einmal die Nahrungsquelle in den Mund. Oder sie ist beim Stillen „nicht ganz da", redet mit anderen Menschen, schaut in den Fernseher oder grübelt an einem Problem herum.

Mit dieser Unsicherheit, ob denn die Umwelt seine Bedürfnisse erfüllen kann, wächst ein Kind dann heran. Es ißt vielleicht zuviel oder zuwenig oder verlangt nach Dingen, die zwar eßbar sind, aber nicht mehr in die Kategorie der authentischen Bedürfnisse gehören – so wie der kleine Junge, der nur noch Pizza von einer bestimmten Pizzeria wollte, die speziell mit dem Motorrad geliefert wurde. Kein bißchen verwunderlich sind all die Spannungen am Tisch – „Nein, das will ich nicht. Koch mir was anderes"; „Nein, nicht den roten Saft, ich will den gelben" – und die Szenen im Supermarkt – „Ich will aber die Schokolade mit diesem Bild oder die Pommes mit der Sondereinlage." Quengeleien, Tränen, Schimpfen, nicht wissen, ob man nachgeben soll oder nicht – ewige Mißstimmung und dabei die Angst, man könnte dem Kind nicht gerecht werden.

Unlängst kam eine Mutter mit ihrem vierjährigen Sohn zu uns. Ich bot den beiden an, sich aus einer großen Obstschale zu bedienen. Der Kleine machte sich sofort über die Mandarinen her. Er aß eine, dann die nächste, dann die dritte und vierte. Ich freute mich an seinem guten Appetit, merkte aber, daß er die vierte Mandarine nur noch mit Mühe herunterbrachte. Trotzdem griff er sofort zur nächsten. Die Mutter war mitten in ihrem Gesprächsthema; der Junge schaute sie an, meinem Gefühl nach in der Hoffnung, ihre Aufmerksamkeit zu erhaschen. Die fünfte Mandarine war, so kam es mir vor, kein echtes Nahrungsbedürfnis mehr, sondern ein Druckmittel, wenigstens durch eine Grenze Zuwendung zu erlangen. Da die Mutter nicht auf ihn achtgab, blickte er zu mir und war erleichtert, als ich zu ihm sagte: „Nein, diese Mandarine ist nicht mehr für dich." Die Mutter war zuerst erschrocken über meine Hartherzigkeit, atmete aber auf, als sie sah, wie ihr Kind zufrieden lächelte.

Das „Versauern" der Liebe und der natürlichen Freude am Essen und Trinken hat aber noch eine andere, ungeheuer wichtige Seite. Die Bedürfnisse nach Zuwendung und Nahrung sind Überlebensbedürfnisse und daher besonders brisant. Das Kind ist vollkommen davon abhängig, daß diese Bedürfnisse von einem anderen Menschen erfüllt werden. Doch kein Mensch, auch kein Säugling, ist zufrieden mit dem Überleben. In jedem Organismus steckt das Bedürfnis nach Entwicklung, und dieses Bedürfnis bestimmt von innen her – und je nach seiner Art – die ihm entsprechende Interaktion mit der Umwelt. Durch diese Interaktion „macht sich der Organismus selbst"*. Er verwirklicht sein inneres Programm, indem er seine körperlichen, psychischen und geistigen Strukturen durch die Assimilation der Elemente aufbaut, die er aus seinem Umfeld herauszieht – wie eine Pflanze, die aus dem Erdreich, aus dem Wasser, der Luft und dem Licht der Sonne all das entnimmt und so verarbeitet, wie es ihrem Lebensplan entspricht. Ein junger Mensch, dem Liebe ohne Bedingungen und ein passendes Umfeld zur Verfügung stehen, koppelt sich an seine Umwelt ebenfalls an, ohne sich dabei selbst zu verlieren.

Zum Menschen heranreifen heißt aber – im gleichen Prozeß, in dem alle anderen Fähigkeiten sich heranbilden – lernen, Entscheidungen zu treffen. Die Art der möglichen Entscheidungen hängt vom Reifestadium des heranwachsenden Menschen ab, doch der Akt des Sich-Entschließens ist in seinem Kern der gleiche beim jungen wie beim reifen Menschen. Von ihm hängt ab, ob der menschliche Organismus sich auf jeder Entwicklungsstufe als erfüllt empfindet, denn er ist die Achse für die Erfüllung des inneren Programms, das nach einer möglichst reichen Vernetzung von motorischen und sinnlichen Fähigkeiten, von Gefühlen und kreativem Denkvermögen verlangt.

* Vergleiche Maturana

Ein Säugling kann, falls wir lernen, seine ihm eigene Ausdrucksweise wahrzunehmen, Entscheidungen treffen. So etwa, ob er gleich aufgehoben werden oder noch einen Augenblick warten möchte, ob er zuerst seine Milch und hinterher seinen Fruchtbrei genießen will oder umgekehrt, oder ob er das Badewasser eher etwas kühler oder etwas wärmer möchte. Womöglich sind das für einen Erwachsenen Bagatellen, die nicht einmal die Etikette „Entscheidungen“ verdienen. Doch in dieser Entwicklungsphase sind gerade diese „kleinen, unscheinbaren Dinge“ von Wichtigkeit. Sie fordern allerdings eine aufmerksame Gegenwärtigkeit des pflegenden Erwachsenen, denn gerade durch das ständige Üben in einer Vielzahl verschiedenster Situationen erlangt das Kind das Vertrauen, daß es Entscheidungen treffen kann. Dieses Vertrauen erhöht sein Lebensgefühl, gibt auch dem Erwachsenen Gelegenheit zum Lernen und Wachsen und bereitet den Boden für harmonische Beziehungen.

Hand in Hand mit dieser *respektvollen* Haltung in der Pflege des Kindes geht das Verständnis, daß sich das Kind Stück für Stück seine Selbständigkeit zusammen mit körperlichen und mentalen Strukturen aufbaut. Dazu gehört seine eigene Art und Weise der Fortbewegung, die vom Rucken und Schlängeln, vom Sich-auf-die-Seite-Drehen, vom allmählichen Aufsitzen, Krabbeln, Aufstehen, Gehen und Klettern bis zur Handhabung von Gegenständen und dem Sich-Zurechtfinden in vielerlei Situationen reicht. Diese Entwicklung verläuft beim menschlichen Kind nur dann glücklich, wenn es durch seine wachsenden Fertigkeiten allmählich für sich selbst sorgen kann und damit immer unabhängiger wird. Außerdem braucht das Kind gleichzeitig das Erleben von Zusammensein und Kooperation und die Freiheit, in seinen Handlungen zu experimentieren, die Dinge nicht nur auf eine bestimmte Weise zu tun, sondern immer neue Varianten auszuprobieren.*

Mit diesem Bedürfnis zum Handeln, zum Probieren und

* Zum diesem Thema siehe vor allem das Buch *Miteinander vertraut werden* von Emmi Pikler.

Variieren ist eng der Hunger nach sinnlichen Erfahrungen verbunden: Greifen und Anfassen mit dem Hunger nach Berührung; mit dem Hören der Hunger nach Tönen und Tonmischungen, Höhen und Tiefen, laut und leise; mit dem Riechen und Schmecken der Hunger nach immer neuen Nuancen, Gleichheiten und Gegensätzlichkeiten; mit dem Sehen der Hunger nach Licht und Schatten, nach Konturen, Farben und Zeichen. Kein Wunder, daß dem seßhaften Erwachsenen das Kind wie ein kleiner Wilder vorkommt, der seine Gewohnheiten und seine festen Pläne zusammen mit allem, das er berühren, begreifen und erfahren will, über den Haufen zu werfen droht. Kein Wunder, daß der Erwachsene das Tun des Kindes immer wieder stillzulegen oder wenigstens so zu kanalisieren versucht, daß es in sein Schema paßt.

In diesem beständigen Bemühen, das Kind in seinem Verlangen nach Erlebnissen einzudämmen oder zumindest anzuleiten oder umzuleiten, werden nicht nur ungeheure Kräfte – die des Kindes und des Erwachsenen – vergeudet. Wir beschwören damit auch Mißmut und Spannungen herauf, die uns das Zusammenleben mit Kindern schwermachen. Dabei entgeht uns zudem die Tatsache, daß das Kind in all seinem Drang zur Aktivität immer wieder von selbst Ruhe und Zurückgezogenheit sucht, doch in seinem eigenen Rhythmus und nicht gerade nach unserem Stundenplan.

Durch all unser Vorplanen, Lenken und Führen werden Kinder vieler sinnvoller Erfahrungen beraubt, während die Bedeutung einer sorgfältig vorbereiteten Umgebung, in der Kinder finden, was sie brauchen, unterschätzt wird. Auf der anderen Seite neigen Vertreter einer freien Erziehung eher dazu, alles zuzulassen, was das Kind in seinem Tatendrang tut oder in Besitz nimmt. Alles ist recht, wenn das Kind es nur will, und weder Erwachsene noch Kinder lernen, mit Grenzen umzugehen.

Beim Grenzensetzen haben wir es zumindest mit zwei Faktoren zu tun, die immer wieder ineinandergreifen und uns neue Rätsel aufgeben. Der eine ist die Differenzierung zwischen echtem und Ersatzbedürfnis, und der andere Faktor ist die Frage: „Das Bedürfnis des Kindes ist zwar echt, aber wie steht es damit in der momentanen Situation?"

Stellen wir uns noch einmal vor, was Kinder aus einem echten Entwicklungstrieb heraus alles unternehmen: klopfen und schlagen, drücken, biegen und schneiden, stoßen und werfen, schütteln und mischen, zupfen und zerren, zielen und treffen, Sachen hin- und hertragen, hinein- und hinaus-, hinunter- und hinauftragen, wippen, stampfen und buddeln, vergleichen und sortieren, rennen, springen und fallen, klettern, und schaukeln, sich selbst und Sachen auf den Kopf stellen, Dinge tauschen und sie wieder zurückhaben wollen, reden, singen, schreien, weinen oder ihrem Ärger Luft machen. Eine kleine Auswahl aus dieser Liste mag genügen, um gewisse Unterschiede aufzuzeigen.

- Klopfen und Schlagen muß an vielen Gegenständen und mit verschiedenen Instrumenten erlebt werden: Welche sind geeignet und welche nicht? Schlagen auf eine Wasseroberfläche ist herrlich, aber wenn es andere Leute bespritzt? Wie ist es damit, auf einen Teppich zu schlagen oder auf ein anderes Lebewesen, das Schmerz empfindet?
- Ein Kissen oder einen Teig drücken wäre geeignet, aber nicht eine reife Frucht, die das Kind gar nicht essen will. Eine Zeitung zerknittern, bringt keinen großen Schaden, doch die Seiten eines Buches, das viele Jahre halten kann, sind zu wertvoll dafür. Gemüse oder Papier schneiden sind wichtige motorische Erfahrungen, aber beim Kleid der Mama oder den Zöpfen der Schwester wäre dringend Einhalt zu gebieten.
- Gibt es genug Gelegenheiten und Gegenstände, an denen Kinder Schließen und Öffnen erleben können? Wenn ja, können wir es wagen, eine Grenze bei der Tür zu setzen, durch die Leute ein- und ausgehen müssen oder durch die der scheußliche Zugwind kommt, der mich belästigt.
- Stoßen und Werfen verlangt nach großen und kleinen,

schweren und leichten, runden und eckigen Gegenständen. Aber Messer, Werkzeuge, Teller oder Gläser haben spezifische Funktionen und bedeuten aktive Gefahr.

- In der vorbereiten Umgebung sollte es eine Vielzahl von Substanzen und Dingen geben, die sich ohne Gefahr oder großen Verlust zum Schütteln und Mischen gebrauchen lassen. In diesem Fall können wir bei dem Essen auf dem Tisch oder bei teuren Toilettenartikeln ohne schlechtes Gewissen eine Grenze setzen!
- Dinge aller Art herumtragen und zwar nicht nur auf ebenem Boden, sondern über Hindernisse aller Art, auch erfahren, wie eine Tasse zerschellt oder der Saft ausgeschüttet wird, sind grundsätzlich Lernsituationen. Ein junges Kätzchen oder das Baby herumschleppen, um an diesen Lebewesen den eigenen Tatendrang zu erproben, ist dagegen nicht geeignet.
- Welche Gegenstände können wir zur Verfügung stellen, um an ihnen Zupfen und Zerren auszukosten? Vielleicht einen ausgefransten Stoff oder eine alte Strickerei? Suchen wir nach solchen Alternativen, dann ist die neue Tischdecke oder die Perlenkette der Tante vor diesen emsigen Händen sicher!
- Haben wir Bretter, Rollen, alte Autoreifen, einen Keller oder Dachboden, vielleicht sogar ein Stückchen nicht kultivierten Garten zur Verfügung? Dann können Kinder nicht nur mit gekauften Spielsachen experimentieren, sondern auch im Schlamm stampfen und im Sand buddeln, und wir können getrost darauf bestehen, daß sie im Wohnzimmer nicht laut trampeln oder in der Blumenerde graben.
- Sammlungen von Knöpfen, Stoff-, Garn- und Wollresten, Behälter aller Art, Garnrollen, Steine, Muscheln, Samen, Holzabfälle vom Schreiner, Blätter, Wurzeln und vieles andere – falls die Mutter Geduld aufbringt, auch die Wäsche der Familie, Töpfe, Besteck und Geschirr – geben Gelegenheit zum Vergleichen und Sortieren. So gelingt es, gewisse Zonen im Haus vor dem Zugriff des Kindes zu bewahren – etwa einen Schreibtisch, die Briefmarkensammlung des großen Bruders oder liebe Andenken anderer Familienmitglieder.

- Rennen, Springen, Klettern und Schaukeln ist natürlich in engen Stadtwohnungen besonders problematisch. So ein grundsätzliches Bedürfnis und kein Platz, um es zu erfüllen! In vielen Elterngesprächen hören wir die gleiche Klage: „Wie kann ich meinem Kind versagen, im Wohnzimmer Rollschuh zu fahren, wenn ich doch keine Zeit habe, mit ihm in den Stadtpark zu gehen? Und die Straße ist ohnehin zu gefährlich! Was bleibt mir anderes übrig, als das Kind vor den Fernseher zu setzen?"

Wir könnten uns auch nicht vorstellen, wie wir mit Grenzen in bezug auf all die grobmotorischen Bedürfnisse der Kinder umgehen würden, wenn nicht die Türen des Kindergartens und der Schule grundsätzlich offen wären. Die Regel ist darum eindeutig: Drinnen wird nicht gerannt, nicht gesprungen, herumgeboxt, nicht auf die Tische geklettert, auch nicht geschrien. Doch all diese Tätigkeiten sind draußen nicht nur möglich, sondern die Umgebung ist so vorbereitet, daß all diese Bedürfnisse umfassend befriedigt werden können. Nur eine Entscheidung muß gefällt werden: „Will ich drinnen bleiben, so kann ich all das nicht tun, allerdings bin ich jederzeit frei, hinauszugehen."

Einen besonderen Platz in der Liste echter Entwicklungsbedürfnisse hat die Lust am Reden und Zuhören. Jedes menschliche Kind kommt mit einer Sprachfähigkeit zur Welt, die durch das Teilhaben an einem linguistischen Bereich aktiviert wird. Selbst dann, wenn die Instrumente zum Hören und Reproduzieren einer phonetischen Sprache fehlen, sucht sich der wachsende Organismus Mittel und Wege, um dieses Grundbedürfnis an menschlicher Kommunikation teilzuhaben, zu befriedigen. Das eindrücklichste Beispiel für diesen Vorgang ist das Entstehen der „American Sign Language", einer eigenen Taubstummensprache (eine nicht über die Phonetik übersetzte Zeichensprache), wie sie von Oliver Sacks in seinem Buch *Stumme Stimmen* beschrieben und erläutert wurde.

Im Kapitel „Respekt" werde ich auf dieses wichtige Thema

noch einmal zurückkommen, denn ich glaube, daß wir im Umgang mit Kindern besonders mit unserer Sprache am leichtesten gegen den Respekt verstoßen, und doch ist es gerade die Sprache, die das Erleben zu einer spezifisch menschlichen Dimension erhebt. An dieser Stelle möchte ich nur andeuten, daß einem Kind, das Respekt für sein Hören und Reden erlebt, auch in gewissen Umständen in diesem authentischen Bedürfnis eine Grenze gesetzt werden kann. Immer wieder erleben wir gerade bei „alternativen" Eltern, daß sie sich ohne Murren von ihren Sprößlingen jederzeit durch Dazwischenreden und Fragen unterbrechen lassen. Das ist leicht nachzufühlen, denn viele Leute mußten als Kinder in Gegenwart von Erwachsenen grundsätzlich „den Mund halten" und wollen es jetzt mit ihren eigenen Kindern besser machen. Trotzdem kann das unentwegte Dazwischenreden von Kindern jegliche normale Beziehung in und außerhalb der Familie zermürben.

Schließlich möchte ich noch solche authentischen Bedürfnisse erwähnen, die direkter Ausdruck des Gefühlslebens jedes Menschen und besonders der Kinder sind. Es ist ein Bereich, der durch die zunehmende Wichtigkeit psychologischer Prozesse in unserer Zeit bekannt geworden ist. Trotzdem scheint noch immer große Verwirrung im Alltag zu herrschen.

Es ist inzwischen bekannt, daß echtes Weinen eine lösende Schutzfunktion hat. Tränen spülen Giftstoffe aus dem Körper und alle typischen Begleiterscheinungen des Weinens – wie die Massage von Organen und Muskeln und das Aufwallen des Blutes – befreien den gesamten Organismus von tiefliegenden Spannungen. Menschen, die weinen können, sind – nach der Statistik – gesünder, intelligenter und leben länger! Daraus folgt, daß wir ein Kind nicht vom Weinen ablenken sollten, sondern ihm alle Zuwendung und allen Beistand geben, damit es sein Weinen nicht herunterschlucken muß.

Andererseits haben viele Kinder von klein auf gelernt, Erwachsene mit ihrem Weinen zu manipulieren, es als eine Waffe zu gebrauchen, um etwas zu erreichen. Doch diese Strategie unterscheidet sich vom „echten Weinen" durch Klang und

Körpermerkmale (auch wenn manche Kinder auf Abruf Krokodilstränen hervorzaubern können!). Manipulatives Weinen ist eher ein Wimmern und Jammern und auf jeden Fall ein Zeichen, daß etwas in der Umgebung, was Zuwendung oder Grenzensetzen anbelangt, nicht mit den Bedürfnissen des Kindes übereinstimmt.

Dem Ausdruck von echtem Schmerz, der sich durch Weinen lösen kann, geht oft ein Ausbruch von Ärger oder Wut voran. Auch das scheint mir ein echtes Bedürfnis zu sein, und ich würde es einem Kind nicht versagen, mit Stampfen, Schreien oder Schimpfen seinem Herzen Luft zu machen. Doch auch hier gibt es feste Grenzen: So zum Beispiel, wenn das Stampfen ins Treten auf zerbrechliche Dinge oder empfindliche Schienbeine ausartet oder das Schreien und Schimpfen ins bewußte Beschimpfen anderer Menschen. So hat eine Mutter, die sich ihrer eigenen Schwierigkeiten bewußt ist und weiß, daß sie manches „falsch gemacht" hat, das Recht, zu bekunden, daß sie nicht „alte Hexe", „Zimtziege" oder „blöde Kuh" genannt werden will! Oft erleben wir, daß eben durch eine feste Grenze gerade in Wutsituationen Kinder erst lauter schreien und schließlich zum lösenden Weinen finden und damit den Zugang zur eigentlichen Ursache ihres Mißbehagens oder Schmerzes finden können.

Bei manchen Eltern und Kindern haben sich in der Verwirrung ungeklärter Beziehungen scheinbar unlösbare Verknotungen mit einem anderen echten Phänomen, nämlich der Angst, herausgebildet. Auch hier hat die Entwicklung der Psychologie wertvolle Dienste geleistet. Man weiß nun, daß Angst zum Leben gehört und nicht einfach wegerzogen oder wegerklärt werden kann. Einen Mitmenschen, sei es Kind oder Erwachsener, mitsamt seiner Angst akzeptieren, ihm erlauben, sie auszudrücken, und ihm durch liebevolle Gegenwart Beistand leisten, damit er allmählich mit seinen Ängsten umgehen kann, gehört zu den echten Errungenschaften einer liebevollen und respektvollen Beziehung. Aber durch die komplizierten Vernetzungen von Liebe, geeigneter Zuwendung, Respekt für den „legitimen anderen“, geeigneter Verbalisierung und Körpersprache entstehen gerade bei Eltern, die für den freien Ausdruck ihrer Kinder plädieren, Situationen, die auf einer anderen Ebene nach Grenzen verlangen. So beklagte sich eine Mutter, daß sie seit sieben Jahren abends nicht mehr aus dem Haus gekommen sei, weil ihr Kind Abend für Abend von Angstanfällen heimgesucht würde. Könnte sie es wohl wagen, hin und wieder auszugehen, fragte sie mich, und dabei ihrem Kind die Angst trotzdem zugestehen?

Nun möchte ich noch auf ein anderes Thema eingehen. Durch häufige Fragen und Gespräche wurde mir bewußt, daß offenbar besonders in den „fortschrittlichen“ Ländern die *Aggressivität* unter Kindern und in der Beziehung zur Umwelt und zu Erwachsenen ein ständig wachsendes Problem darstellt. In Kindergärten, Schulen, auf der Straße und auf Spielplätzen scheint dieser Umstand immer auffälliger und die Hilflosigkeit der Erwachsenen immer größer. Doch gerade bei frei denkenden Erwachsenen herrscht weitgehend die Meinung, daß Aggressionen zu den echten menschlichen Bedürfnissen gehören und darum nicht unterbunden werden sollten.

„Schlag doch zurück, wenn dich einer angreift!“ oder besser noch: „Schlag du zuerst!“ sind scheinbar nicht seltene Erziehungsmaximen, und gewisse Institute bieten Kindern sogar Kurse in professionellen Kampftechniken an. Aber auch das Fernsehen trägt dazu bei: Seine Kinderprogramme enthalten zu viele aggressive Szenen!

Gegen diese Tendenzen wehren sich wohl friedliebende Erwachsene, die Aggressionen nicht zu den echten menschlichen Bedürfnissen rechnen und darum Kinder bewußt zu friedlichen Menschen erziehen wollen. Sie tun ihr Möglichstes, Kriegsspiele und aggressive Handlungen zu unterbinden, oft mit dem Erfolg, daß sie eben hinter ihrem Rücken geschehen.

In unseren Reflexionen über unsere Erfahrungen mit Kindern und Eltern sind wir zu der Überzeugung gekommen, daß Aggressionen tatsächlich zu den echten menschlichen Bedürfnissen gehören, das aber unter ganz bestimmten Umständen: nämlich nur dann, wenn die Umgebung für den Organismus und seine Überlebens- und Wachstumsbedürfnisse feindlich ist. Darum wäre es unverantwortlich, einem Kind die Fähigkeit zur Selbstverteidigung wegzuerziehen. Doch selten geht man der Frage auf den Grund, was denn mit der Umgebung der Kinder nicht stimmt, wenn sie so aggressiv sein müssen?

Enthält die Umgebung die wichtigsten Elemente für ihre sensomotorischen Bedürfnisse? Sind die verantwortlichen Erwachsenen liebevoll und respektvoll? Sind die zwischenmenschlichen Beziehungen instruktiv, oder erlauben sie echte Lebensprozesse – die von innen nach außen stattfinden müssen, um ein Lebensgefühl des Erfülltseins und der Befriedigung zu erzeugen? Ist das Umfeld entspannt oder geladen mit aktiven Gefahren, mit Forderungen, Erwartungen und unklaren Grenzen?

Wenn wir ehrlich behaupten können, daß wir ständig an der rechten Qualität der Umgebung und der Beziehungen arbeiten, gehören Aggressionen nicht mehr zu den authentischen Bedürfnissen, und wir müssen ihnen darum Grenzen setzen. Doch dürfen wir Aggressionen nicht mit Konflikten gleichsetzen, die Kinder ohne Einmischung der Eltern, aber in sicherer Begleitung durchstehen müssen. Beschädigungen von Material oder Verletzungen durch Wort und Tat lassen wir allerdings nicht zu, denn sie sind in einer entspannten Umgebung kein echtes Bedürfnis, bringen vielmehr Spannungen in die Umgebung. Auf jeden Fall ist jegliche Behandlung von aggressivem Verhalten, sei sie auch noch so gut gemeint und ideal begleitet, nur eine Notlösung und ein Flickwerk, wenn die Umgebung nicht zugunsten echter Entwicklungsbedürfnisse verbessert wird.

Ein junger Europäer, der den Pesta besuchte, stellte mir unlängst die altbekannte Frage nach unserer Regel: „Nicht schlagen oder andere verletzen". Diese Grenze ging total gegen sein Verständnis von Freiheit und das Recht, persönlichen Gefühlen ungehindert Ausdruck zu geben. Wir waren gerade von über hundert Kindern umringt, die auf die Abfahrt mit dem Bus warteten. Ich stellte ihm darum die Gegenfrage: „Würdest du dich entspannt fühlen, wenn du jeden Augenblick erwarten müßtest, daß die Kinder dich schlagen, treten, anspucken oder dir eines über den Kopf ziehen könnten?"

Es ist unvermeidlich, daß wir uns auf unserem Weg, echte und unechte Bedürfnisse zu unterscheiden und sie in Beziehung zur Umgebung zu setzen, immer wieder verwirrt fühlen. Glauben wir, bei einem kleinen Kind endlich klar zu sehen, kommen uns doch wieder neue Zweifel, wenn es heranwächst. Seine immer häufigeren Kontakte mit der Welt außerhalb der Familie werden zu einer Konfrontation mit einer Zivilisation, die nicht von menschlichen Entwicklungsbedürfnissen, sondern von einer hochentwickelten Technologie geprägt ist. Diese Technologie ist in vielen Fällen respektlos der Natur gegenüber, auch der menschlichen Natur. Sie hat ihre eigene Dynamik, die nicht von menschlichen Werten geprägt ist, sondern vor allem wirtschaftlichen Interessen gehorcht.

Erst wenn wir beginnen, dieser technologischen und merkantilen, echten menschlichen Entwicklungsbedürfnissen oft feindlich gesinnten Umwelt eine „neue Kultur", das heißt eine Umgebung entgegenzustellen, die es dem jungen Organismus erlaubt, Gefühl und Verständnis für eine andere und reichere Art von Lebensqualität zu aktivieren, bekommen Grenzen einen neuen positiven Sinn.

Eltern, die kaum Zeit für ihre Kinder haben und aus Berufsgründen mitten in der Stadt wohnen wollen, bestanden darauf, daß das tägliche Herumlungern ihrer sieben- bis neunjährigen Kinder in Videotheken und Einkaufszentren von Quito ein authentisches Bedürfnis sein müsse, denn die Kinder hätten doch ein spontanes Interesse daran und organisierten sich hervorragend, um es zu erfüllen! Mit jedem Elternpaar hatten wir Gespräche, aber es war nicht einfach, ihnen aufzuzeigen, daß die Kinder zunehmend verwirrt, nervös und leicht beeinflußbar wurden, seitdem sie diese uneingeschränkte Freiheit genossen.

Die Sorgen um die Umgebung der Heranwachsenden fangen meist erst richtig an, wenn die Pubertät einsetzt. Bei Jugendlichen, die in ihrer Kindheit kaum eine geeignete Umgebung kannten und bei denen es mit dem Grenzensetzen von klein auf gehapert hat, kann diese Entwicklungsstufe zu einer wirklichen Krisenzeit werden. Denn wie bereits gesagt ist ihre Priorität, herauszufinden: „Wer bin *ich* in dieser Welt?" Wenn sie auf dieser Suche nicht ausreichend Erfahrungen in eigenständiger Tätigkeit gesammelt haben und so das Gefühl für echte menschliche Lebensqualität nicht verinnerlichen konnten, besteht tatsächlich die Gefahr, daß sie durch den Einfluß unserer heutigen Welt den Kontakt zu sich und ihren wirklichen Bedürfnissen verlieren und ihre weitere Entwicklung möglicherweise auf großen Umwegen verläuft.

Unsere Erfahrungen mit Jugendlichen, die wenigstens teilweise eine geeignete Umgebung erlebt hatten, die Lebensqualität und Erfüllung ihrer echten Bedürfnisse und geeignete Grenzen erfahren haben, zeigen dagegen ein neues Panorama: In ihren Kontakten mit der „großen, gefährlichen Welt" sind sie fähig zu unterscheiden, was zu ihnen paßt und was sie nur mitmachen, um das Treiben anderer Menschen kennenzulernen – was sie wirklich befriedigt und was sie leer und müde werden läßt. Heranwachsenden, die in diesem Zustand sind, brauchen wir nur noch ganz selten Grenzen zu setzen. Dabei erleben wir, daß diese Jugendlichen nun mit uns über die Gründe diskutieren wollen, aber nicht, um die Grenzen abzuschaffen, sondern um unsere Art zu denken besser zu verstehen.

Liebe

Echte und unechte, Lebens- und Entwicklungsbedürfnisse, die Verinnerlichung von Lebensqualität je nach Umgebung, dies alles spielt zusammen in dem Prozeß, durch den jeder Organismus auf vielen Umwegen von der Wiege bis zum Grab sich „selbst macht". Es ist jedenfalls nicht leicht, das eine vom anderen unterscheiden zu lernen, doch will ich wenigstens versuchen, einige wichtige Grundelemente aus verschiedenen Blickwinkeln zu beleuchten, denn würden wir aufhören, immer wieder über diese Zusammenhänge nachzudenken, liefen wir leicht Gefahr, im täglichen Zusammenleben mit Menschen (und besonders mit Kindern) in alte Gewohnheiten zurückzufallen und dem Druck allgemein akzeptierter Verhaltensmuster nachzugeben.

Da Liebe allererstes Lebens- und sogar Überlebensbedürfnis ist und somit all die anderen Bedürfnisse von ihrer Qualität beeinflußt werden, scheint es mir wichtig, diesen Grundaspekt des Lebens besonders zu betrachten:

- Ist Liebe eine erfahrbare Realität oder nur ein schwärmerischer, poetischer Ausdruck?
- Gibt es in unserer Kultur einen Unterschied zwischen Liebe und Sexualität?
- Was kann man im engen Zusammenleben mit dem christlichen Begriff von Liebe anfangen, und was bedeutet im alltäglichen Einerlei die Aufforderung: „Liebe deinen Nächsten wie dich selbst"?
- Wäre es nicht praktischer, altmodische Vorstellungen und Liebeserwartungen über Bord zu werfen und sich mit naheliegenden Dingen zufriedenzugeben, Gesundheit durch

Diät und Körperübungen anzustreben und sich um Erfolg, genügend Geld für einen gewissen Komfort, interessante Bekanntschaften, Unterhaltungen, Ferien oder Hobbys zu kümmern?

Wenn wir ernstlich daran interessiert sind, einer anderen Lebensqualität auf die Spur zu kommen, wird es notwendig, das Phänomen „Liebe" zu klären. Als Ausgangspunkt scheint mir Humberto Maturanas und Francesco Varelas Aussage im letzten Kapitel ihres Buches *Der Baum der Erkenntnis* sehr hilfreich. Seite um Seite beschreiben sie auf neuartige Weise die Geschichte der Evolution des Lebens auf der Erde und kommen dann zu dem Schluß: „Die Kraft, die diesen ganzen Prozeß möglich macht, ist die Liebe." An anderen Stellen setzen sie Liebe gleich mit dem Begriff „die Annahme des legitimen anderen". Liebe ist für sie bereits die treibende Kraft, wenn ein Molekül sich zu einem anderen gesellt, um miteinander in einer neuen gemeinsamen Struktur zu kooperieren, ohne daß jedoch eines von ihnen seine Eigenart aufgibt. Das gleiche Prinzip gilt, wenn Zellen, jede mit ihrer eigenen Struktur und ihrem eigenen Kern, sich zu einem Gewebe oder einem Organ zusammenschließen, wenn Gewebe und Organe, jedes in seiner spezifischen Funktion und auf seine besondere Art und Weise, in einem Körper gemeinsam wirken.

In *Liebe und Spiel* beschreibt Maturana den Unterschied zwischen zwei grundsätzlich verschiedenen Kulturansätzen: Auf der einen Seite eine Kultur, in der Besitz, Kontrolle, Wettstreit, Kampf gegen alles, was anders ist, Mangel an Vertrauen in das Leben und Tendenz zur Dominanz die Oberhand haben. Und auf der anderen Seite eine Kultur, in der die „Annahme des anderen", das Vertrauen in Lebensprozesse und Kooperation die Beziehungen zwischen den Menschen charakterisieren.

Die Kultur, in der wir uns entwickelt haben und die uns noch immer umgibt, hat eine starke Tendenz zur Kontrolle und dazu, daß der eine über den anderen zu bestimmen versucht. Kein Wunder also, daß auch das Erlebnis von Lieben und Geliebt-Werden von dieser Tendenz gefärbt ist. Besitzen, möglichst mehr haben als andere und Streit um Rechte und Privilegien bestimmen weitgehend das öffentliche und private Leben. In diesem allgemeinen Klima werden auch „liebevolle" Beziehungen leicht in Besitzen, Kontrollieren, Manipulieren oder Eindringen in den anderen verwandelt. So „überschütten wir einander mit Liebe", oder wir „hängen aneinander". Oder es kann geschehen, daß wir in der unbewußten Annahme, daß intime Beziehungen alles aushalten, unsere Frustration in einer Weise aneinander auslassen, wie wir es bei uns weniger nahe stehenden Menschen nicht wagen würden.

All diese Reaktionen belasten ausgerechnet den privaten Bereich, in dem doch die Chance bestünde, eine neue Kultur inmitten einer Umwelt von Gewinnsucht, Rechtsstreitigkeiten und Dominanz des Stärkeren über den Schwächeren zu schaffen: in der Intimsphäre zwischen Partnern, zwischen Eltern und ihren Kindern – also zwischen Schlafzimmer, Wohnzimmer, Küche und Bad. Maturana geht soweit, in *Liebe und Spiel* zu behaupten, daß die Zukunft positiv beeinflußt würde, wenn Kinder wenigstens zu Hause in einer Atmosphäre gegenseitiger Akzeptanz aufwachsen könnten.

Der erste Schritt dorthin scheint denkbar einfach: nämlich dankbar anzunehmen, daß kein Wesen – auch wir selbst nicht in unseren traurigsten Momenten – ohne das Vorhandensein von Liebe lebendig wäre. Das bewahrt uns vielleicht auch vor dem Lebensschmerz, daß „niemand uns wirklich liebt". Da wir aber durch jegliche Interaktion mit der Umwelt uns selbst und unser Umfeld verwandeln, gehen wir einen Schritt weiter und versuchen zu verstehen, wie durch den Einfluß von Liebe Wachstums- und Entwicklungsprozesse möglich werden. Solch ein Verständnis ist besonders bedeutungsvoll, da menschliche Kinder besonders entwicklungsfähig und daher unvorstellbar liebesbedürftig sind, und aus diesem Grund alles daran setzen, etwas von der Liebe zu ergattern, auch wenn dies auf Umwegen oder Schleichwegen geschieht.

Liebe als *Ur*-Lebenskraft sollte selbstverständlich vorhanden, aber auch konkret als „Liebe ohne Bedingungen" erfahrbar sein. So, wie die Sonne „über Gerechte und Ungerechte scheint", braucht jeder Mensch, und in besonderer Weise jedes Kind, die Sicherheit, daß er in jedem Fall geliebt wird:

- auch wenn das Kind nicht die Eigenschaften hat, die seine Eltern sich gewünscht hätten,
- auch wenn es seinen eigenen Rhythmus im Handeln und Denken hat,
- auch wenn es aus unerklärlichen Gründen Dinge tut, die gegen unsere Sitten und Werte verstoßen,
- auch wenn es anscheinend ohne Grund weint.

Leider beeinträchtigt nicht selten die geheime oder offene Angst vieler Eltern, ihr Kind könnte irgendwie „nicht genügen", oder es sei in Gefahr, im Leben nicht voranzukommen, schon von klein auf diese Grundbedingung der selbstverständlichen „Annahme des legitimen anderen", durch die ein Kind in einem Klima des Vertrauens in Lebensprozesse aufwachsen würde und ihm und uns viele Spannungen erspart werden könnten.

Am krassesten zeigt sich diese Problematik im Schicksal der vielen Kinder, die – vielleicht schon vom Mutterleib her – verstoßen, irgendwo liegengelassen oder weggegeben und von barmherzigen Menschen oder dem Jugendamt „aufgelesen" werden. Nachforschungen haben gezeigt, daß Kinder mit solch einer traurigen Geschichte nur dann Chancen für ein einigermaßen „normales" Leben haben, wenn ihnen während ihrer Kindheit wenigstens ein erwachsener Mensch für mindestens zwei bis drei Jahre echte Zuwendung gegeben hat und ihnen gleichzeitig die Möglichkeit ließ, selbständige Erfahrungen zu machen. Da solch ein Prozeß in einem Heim für Kinder mit „hohem Risiko" besonders schwierig ist, hat sich das Emmi Pikler Institut in Budapest seit über fünfzig Jahren intensiv mit der Aufgabe beschäftigt, trotz aller Hindernisse und innerhalb begrenzter Möglichkeiten die Zuwendung so zu gestalten, daß sie dem wirklichen Bedürfnis der Kinder entspricht und darum echten Entwicklungsprozessen dient.

In unserem „Jahrhundert des Kindes" gibt es auf der Erde unzählige Fälle, wo Kinder, ohne die Grundbedingungen für das Vertrauen ins Leben auf die Welt kommen und aufwachsen. Außer den heimatlosen und verlassenen Kindern sind wir immer wieder betroffen, wie viele Kinder zwar Eltern haben, die einigermaßen für sie sorgen, die sogar wie Löwen kämpfen würden, wollte jemand ihnen ihre Kinder wegnehmen, die es aber ganz normal finden, ihre Kinder zu mißhandeln oder sie mit Liebesentzug zu bestrafen, falls sie irgend etwas tun, das ihnen nicht gefällt.

Vor einigen Jahren machten wir unseren Familienurlaub auf einem Holzfloß. Wir trieben auf einem Fluß durch das Küstengebiet von Ecuador in gut einer Woche langsam zur Hafenstadt Guayaquil. Der Fluß windet sich durch die entlegensten Gebiete des Landes und bedeutet für unzählige kleine Siedlungen oder vereinzelte Hütten noch immer die einzige Verkehrsverbindung. Bambushäuser mit Blätterdächern stehen, umgeben von kleinen Plantagen und Urwaldresten, unweit des Flusses. Zwischen Haus und Fluß besteht reger Verkehr: Wasser für die Küche wird in Krügen und Eimern geschleppt; Wäsche wird direkt im Fluß gewaschen, und Kinder und Erwachsene tummeln sich im Wasser und finden Kühlung in der tropischen Hitze. Eine idyllische Situation also, weit vom Streß und den unmenschlichen Lebensbedingungen moderner Großstädte. Und doch: Weit über den Fluß schallte bis zu unserem langsam dahingleitenden Floß immer und überall das laute Schimpfen der Eltern. Oft hörte man, wie verzweifelt schreiende Kinder von ihren Eltern brutal geschlagen wurden oder wie sich Kinder gegenseitig bekämpften und verletzten und dazu noch von Erwachsenen aufgemuntert wurden.

Aber nicht nur im Zustand der „Unterentwicklung" oder in den Slums der Millionenstädte müssen sich Kinder vor der Aggressivität ihrer Eltern fürchten. Selbst in netten kleinen

Städten, in denen Blumenbeete im Vorgarten hingebungsvoll gepflegt werden und der Rasen in den Parks so hoch geschätzt wird, daß sein „Betreten verboten“ ist, war ich oft bestürzt von der leicht entzündbaren Wut gegen Kinder, die es wagten, auf der Straße zu spielen, die von ihrer Mutter geschüttelt wurden, weil sie in der Öffentlichkeit weinten, oder für irgendein kindliches Vergehen Ohrfeigen und böse Worte ernteten. Im Schreck solcher Erlebnisse kamen mir immer wieder die „Wolfskinder“ in den Sinn, die unter Tieren aufwuchsen und ihre menschlichen Qualitäten niemals entwickeln konnten!

Vor Zuständen grober Grausamkeiten sind wir fassungs- und hilflos. Doch das Problem von Liebe und Zuwendung zieht sich durch alle Strukturen und Beziehungen hindurch, selbst dort, wo die Familien intakt, der Umgangston freundlich und die Kultur gehoben ist. Setzen wir uns zum Beispiel für eine Stunde in ein Restaurant, in dem wohlsituierte, ordentliche und kinderliebende Familien am Sonntag zu Mittag essen. Die Erwachsenen unterhalten sich über die Köpfe der Kinder hinweg oder reden auf sie ein; die Kinder, schon nach kurzer Zeit in dieser Umgebung frustriert oder gelangweilt, suchen nach Beschäftigung und werden zu gutem Benehmen angehalten. Doch da die Eltern sich nun einmal auf ihre Weise erholen wollen, werden sie auf die Kinder erst aufmerksam, wenn etwas nicht stimmt, und die Stimmung wird immer gespannter, bis bei irgend jemandem der Geduldsfaden reißt oder die Familie endlich erleichtert oder verdrossen das Restaurant verläßt.

Oder sehen wir uns eine typische häusliche Szene an: Das Kind kommt schlammtriefend und höchst befriedigt vom Spielen herein. Es wird von der Mutter mit Vorsicht, leichter Verzweiflung oder offenem Ärger empfangen und hastig vom Dreck befreit. Erst wenn es wieder „stubenrein“ ist, bekommt es Signale von freundlicher Zuwendung. Das gleiche Kind, jetzt frisch gebadet, versucht, die Aufmerksamkeit seines Vaters zu ergattern, der, müde von der Arbeit, auf dem Sofa liegt und die Zeitung liest. Was kann es da tun, ohne in Schwierigkeiten zu geraten? Liebe und Zuwendung braucht das Kind, aber hier muß es erst einmal brauchbare Strategien entwikkeln. Dank seiner Intelligenz findet es Lösungen. So schlüpft es vielleicht vorsichtig und ohne die Zeitung zu zerknittern, auf ein freies Plätzchen neben dem Vater und fragt interessiert: „Papi, was steht hier geschrieben?" Und bei so viel Wissensliebe kann der Vater nicht anders, als dem Kind auch mit Liebe entgegenzukommen. Mit großer Geduld bringt er ihm das Lesen bei, und das Kind bekommt seine Portion Zuwendung, selbst wenn sie nicht „bedingungslos", sondern durch einen Trick erkauft ist.

Die Strategien, wie Zuwendung ergattert wird, sind vielgestaltig. Je nach den Umständen und der Eigenart der Erwachsenen oder der Kinder dienen vielleicht Klavierspielen, Sprachgewandtheit oder Intelligent- oder Lieb- und Hilfreich-Sein diesem Zweck. Besonders kleine, auf Harmonie angewiesene Mädchen finden viele Möglichkeiten, sich den Erwartungen und Wünschen der Erwachsenen so anzupassen, daß sie damit Zuneigung und Aufmerksamkeit ernten. Scheinbar sind kleine Jungen im großen und ganzen weniger abhängig von harmonischen Umständen und verfallen eher in Verhaltensweisen, die durch „schlechtes Benehmen" oder das Hervorrufen von Gefahren die Aufmerksamkeit der Erwachsenen auf den Plan rufen. Im allgemeinen ist es selten, daß das Kind, wenn es Aufmerksamkeit braucht, sofort Erfolg hat. Nehmen wir an, ein Kind schaut zu seiner Mutter hin. Diesse schaut jedoch unbewußt lieber weg, denn sie ist jetzt beschäftigt. Das Kind ruft leise: „Mama!", und die Mutter redet weiter mit der Nachbarin. Das Rufen wird lauter und lauter und endet in Geschrei, Weinen, Trampeln oder dem Umstürzen eines Stuhls. Die Mutter beklagt sich entrüstet: „Kannst du nicht warten? Du siehst doch, daß ich mich noch unterhalte. Mußt du immer alles mit Weinen und Schreien erreichen?"

Inmitten einer Kulturszene, in der unbewußtes Verhalten bis hin zur Grobheit, Aggression und Gemeinheit keineswegs eine seltene Ausnahme ist, wächst aber auch der Wunsch, das Bedürfnis nach Liebe so gut wie möglich zu erfüllen und sich für ein besseres Lebensgefühl einzusetzen. Doch in diesem Neuland gibt es nun wieder neue Fragen und Unsicherheiten. Das einzige, das wir bestimmt wissen, ist, daß wir Kinder nicht mehr als minderwertige Wesen behandeln wollen, und so suchen wir einen Ausweg aus den Zwängen der Unterdrückung oder Verwahrlosung, Anpassung, Konditionierung und Domestizierung, die über Jahrhunderte die Pädagogik beeinflußt haben.

Doch selbst beim besten Willen haben es Erwachsene heute auch nicht gerade leicht, ihren Traum von einer liebevollen Beziehung zum Kind zu verwirklichen. Viele Mütter müssen oder wollen arbeiten – sei es aus finanziellen Gründen oder weil sie nach einer langen Ausbildung ihre Chancen nicht verpassen möchten, vielleicht im Berufsleben Erfüllung suchen oder auch finden. In den „fortschrittlichen Ländern" werden ihnen die Kindersorgen teilweise abgenommen: Es gibt Ganztagsbetreuungen, Frühförderungen, psychologische Hilfen und Therapien aller Art, die versprechen, das Defizit an Zuwendung und geeigneten Lebensumständen für Kinder wettzumachen.

Bei manchen Eltern bleibt trotzdem ein nagendes Gefühl, daß sie nicht genügend für ihre Kinder da sind. Und in dieses Vakuum an Zuwendung und geeigneter Umgebung fließen oft unbemerkt Liebesbezeugungen ein, die trotz der besten Absichten dem echten Bedürfnis nie ganz entsprechen. Das mögen Geschenke oder Leckerbissen sein, die das Kind über die Abwesenheit der Eltern ein wenig hinwegtrösten können. Oder Eltern finden, es sei nur recht und billig, daß das Kind am Abend lange mit ihnen aufbleibt, Fernsehen schaut oder ins Kino mitgehen darf. Bei manchen äußert sich das „schlechte Gewissen" in vielen Liebesbeteuerungen, Küssen und Umarmungen oder in Einander-Umschlingen, wie es frisch Verliebte oft tun. In all diesen Situationen fällt es den Eltern besonders schwer, Kindern Grenzen zu setzen, ihnen etwas abzuschlagen oder sie Schwierigkeiten eigenständig überwinden zu lassen. Die Kinder könnten an unserer Liebe zweifeln und: Wenn ich doch so lange weg war, warum sollte ich jetzt nicht etwas für mein Kind tun, wenn es mich darum bittet?

Wir sehen also, wie auch für die Erwachsenen die Umstände oft schwierig sind und daß es persönlicher Entscheidungen bedarf, um Kindern die Erfahrung von Liebe und Zuwendung zusammen mit einer geeigneten Umgebung zu ermöglichen. Auch wenn man sich ernstlich auf diesen Prozeß einläßt, trifft man schnell auf seine eigenen Grenzen, auf Unklarheiten und alte Gewohnheiten und fragt sich immer wieder, wie sich das Ideal von wahrer Liebe zum Kind denn mit Grenzen verträgt.

Können liebende Erwachsene jederzeit ganz für ihr Kind dasein, alles andere dieser Priorität unterstellen, eigene Bedürfnisse hintanstellen, sobald das Kind Aufmerksamkeit verlangt? Sollten Kinder nun alles tun und lassen können, alles bekommen, worauf sie Lust haben, sich an nichts anpassen, überall dabeisein und ihren Bedürfnissen freien Lauf lassen, damit ihnen niemals ein Zweifel kommt, ob sie für uns das Wichtigste und Beste auf der Erde sind?

Sobald wir uns davon überzeugt haben, daß Freiheit und Selbständigkeit sich nicht entwickeln können, wenn ein Kind sich unserer Liebe nicht gewiß ist und wir dafür verantwortlich sind, dieses Bedürfnis zu erfüllen, bleiben Zweifel und Verwirrung nicht aus. Dabei werden Mütter besonders schnell verunsichert. Wie können sie „fest bleiben“, wenn sie doch die Wünsche, Leiden und Probleme wie *in sich mitfühlen*, als wären sie ihre eigenen? Diese häufige Erfahrung lädt zu einer weiteren Reflexion ein:

Wir sind davon ausgegangen, daß Liebe und Lebensprozesse eng zusammenhängen, daß Lebensprozesse durch Membranen geschützt ablaufen und dabei jeder Organismus von innen nach außen seinen durch die eigene Struktur bedingten Bedürfnissen entsprechend mit der Außenwelt interagiert. Der Organismus des Kindes reift während der Schwangerschaft innerhalb der mütterlichen Membrane und ist Teil ihres Stoffwechsels. Bei der Geburt verläßt das Kind diese physische Membrane, muß aber erst allmählich aus der Gefühls- und Gedankenwelt seiner Mutter hinausreifen. Sagen wir, diese beiden Membranen seien bei ihr durch ihre eigenen Kindheitserfahrungen nicht ganz intakt. Vielleicht sind sie durchlöchert, eingedellt oder weit in die Umwelt hinaus ausgeweitet, so daß sie nicht ganz sicher ist, was sie selbst fühlt, und was das Kind.

Der notwendige Prozeß, das Kind langsam und sicher aus ihrer schützenden Membrane hinauszulassen, wird dadurch erschwert oder unmöglich gemacht. Statt den Willen und die Gefühle ihres Kindes dort wahrzunehmen, wo sie hingehören, nämlich als Ausdruck eines anderen Organismus, fühlt sich die Mutter ständig im Zwiespalt, denn die Gefühle des Kindes erscheinen ganz vermischt mit ihren eigenen Regungen. Sie fühlt sich hin- und hergerissen, gibt einmal nach, versperrt sich ein anderes Mal gegen das Eindringen fremder Emotionen und findet es schwer, ihren „Nächsten zu lieben wie sich selbst“. Das logische Ergebnis ist gegenseitige Manipulation und die Frustration, es niemals allen recht machen zu können.

Liebe ist also nur dann klar erfahrbar, wenn die Organismen der Liebenden nicht „ineinanderfließen“ oder „ineinander aufgehen“, sondern jeder seine eigenen Membranen und Grenzen deutlich empfindet und in diesem Zustand des *Bei-Sich-Seins* dem anderen Signale gibt, daß er wahrgenommen, angenommen und geliebt ist. Da Kinder – je jünger sie sind, desto intensiver – sich in der biologischen Entwicklung befinden, sind diese Signale einem von der Art her vorgeprägten Plan unterworfen. Wir können ihnen also nicht „irgendwie“ unsere Liebe bezeugen, sondern müssen notwendigerweise den biologischen Wahrnehmungsgesetzen Folge leisten, damit Kinder mit unserer Zuwendung wirklich etwas anfangen können.

Ich habe an einer anderen Stelle kurz umrissen, wie das Neugeborene seine Sinne nach einem festen „Schema“ auf seine neue Umwelt umstellt. Wenn alle Signale stimmen, wird die Produktion der für die Geburt notwendigen Streßhormone abgestellt; es tritt ein Zustand von Entspannung ein. Das Kind erfährt, daß alles in Ordnung ist und daß es vom Leben getragen ist. Doch diese erste Aktivierung der Sinne muß nun immer wieder neu bestätigt werden. Immer wieder braucht das Kind den Anblick des Gesichtes der Mutter, die sanfte Berührung ihrer Hände, ihre Zu-Neigung, das heißt ein ruhiges Sich-ihm-Nähern, die Beugung ihres Körpers, das Neigen ihres Kopfes, ihre leise Stimme, die jede Bewegung und Handlung begleitet. Wenn all diese Ereignisse sich zuverlässig wiederholen, wächst das Vertrauen des Kindes, daß alles gut ist, daß es um Liebe und Zuwendung nicht kämpfen, daß es nichts dafür tun muß. Gleichzeitig stärkt sich das Gefühl im Erwachsenen, daß er fähig ist, das Kind kompetent zu betreuen.

Tatsächlich sehen diese ersten Begegnungen zwischen Erwachsenen und Kindern oft ganz anders aus. Im Überschwang der Liebe unternehmen Erwachsene häufig Dinge, die nicht in das Entwicklungsprogramm des Kindes passen. Vielleicht wird es ständig hochgenommen, herumgereicht, geherzt und geküßt, mit überschwenglichen Worten und Geräuschen überschüttet. Womöglich versucht man, es mit guter Musik aus der Stereo-Anlage zu erfreuen oder es sogar mit einem Fernsehprogramm zu unterhalten. Mechanische Spielsachen werden vielleicht über seinen Augen angebracht, damit das Kind etwas Interessantes zu sehen und zu hören hat.

Wenn das Kind heranwächst, bedeutet Zuwendung immer noch etwas ganz Spezifisches. Damit es über unsere guten Absichten nicht in Zweifel gerät müssen wir uns ihm voll und ganz – das heißt, mit unserem Körper, dem Kopf, den Augen, Gefühlen und Gedanken zuwenden. Wenn unsere Körper sich direkt berühren, muß dies ebenfalls ein respektvoller Kontakt sein, der seinen wirklichen Bedürfnissen entspricht, nicht eine Handhabung des kindlichen Körpers, eine Überwältigung oder das Verabreichen von Streicheleinheiten.

Erwachsene, die es eilig haben und dazu neigen, eher vom

Kopf her an die Dinge herangehen als mit einer Wahrnehmung ihres ganzen Körpers und ihrer Gefühle, erliegen oft der Versuchung, sich Kindern auf die ihnen bequemste Weise zuzuwenden. Sie sprechen sie aus großer Entfernung, von oben herab an, oder reden vielleicht eindringlich und mit echtem Interesse mit ihnen, doch in ihrer eigenen logisch-kausalen Weise. Wenn sie dann merken, daß irgend etwas nicht ganz stimmt, werden sie um so eindringlicher mit ihrer Stimme oder immer belehrender in ihren Worten.

Damit ein Kind wirklich im Vertrauen aufwächst, daß es geliebt wird, müßten wir Erwachsene uns auch für die ihm eigene Art interessieren, wie es uns und unsere Zuwendung erlebt – d.h., daß wir versuchen, uns und unser Verhalten aus den Augen des Kindes zu sehen. Wenn wir dies tun, werden wir erleben, daß unsere Liebesbezeugungen durch die Gesetzmäßigkeiten der Lebensprozesse begrenzt sind! Ohne diesen wichtigen Aspekt führen uns unsere besten Absichten, dem Kind Liebe zu geben, bald ins Absurde. Wenn wir diese Gesetzmäßigkeiten nicht beachten und uns der Qualität unserer Zuwendung nicht bewußt sind, hätte es selbst dann nie die Gewißheit wirklicher Zuwendung und wäre nie zufrieden, wenn wir ununterbrochen beim Kind bleiben könnten.

Unsere Zuwendung ist notwendigerweise immer wieder zeitlich begrenzt. Selbst wenn wir nicht außer Haus arbeiten gehen, brauchen wir Zeit für verschiedene Dinge: für den Haushalt, für andere Familienmitglieder, Nachbarn oder Freunde, schließlich auch für uns selbst. Viele Eltern beklagen sich, daß ihre Kinder sie ausgerechnet dann beanspruchen, wenn sie ihnen keine Aufmerksamkeit schenken können: wenn das Essen auf dem Herd steht, das Telefon klingelt, jemand zu Besuch kommt oder sie auf der Toilette sind. Solch ein Verhaltensmuster ist ein Alarmzeichen: Hat das Kind die Erfahrung, daß der Erwachsene ihm regelmäßige Zuwendung gibt, ohne daß das Kind darum betteln muß? Ist er bei der Pflege des Kindes wirklich ganz da, nicht nur halb, mit abgewendetem Gesicht, mit Worten und Gedanken irgendwo anders?

Jeder Mensch, und ganz besonders jedes Kind, braucht konkrete Erlebnisse, die ihm beweisen, daß er wahrgenommen und wichtig genommen wird. Aus diesen wiederkehrenden, sich stets aufs neue bestätigenden Erfahrungen erwächst dann ein vertrauensvolles Gefühl, das erst die Grundlage für Selbständigkeit und die Lust am Erforschen der Welt bietet. In diesem Zustand kommt das Kind nicht jeden Augenblick zurück, um sich zu vergewissern, daß es nicht verlassen ist. Für zunehmend längere Perioden geht es seinen eigenen Unternehmungen nach und gibt damit auch seinen Betreuern Freiheit, ihre eigenen Dinge zu erledigen. Hin und wieder wird der Erwachsene freiwillig seine eigene Beschäftigung unterbrechen und sich für das Tun des Kindes interessieren, ohne es jedoch dabei zu unterbrechen oder anzuleiten. Gerade diese Momente der Zuwendung, wenn das Kind den Erwachsenen eigentlich nicht braucht und nicht einmal sein Bedürfnis nach ihm kundgetan hat, geben die deutlichsten Beweise einer bedingungslosen Liebe.

Ich glaube, es ist nun nicht mehr schwer nachzuvollziehen, daß ein Kind, das sich dieser grundsätzlichen Liebe und Annahme sicher ist, auch akzeptieren kann, daß wir ihm in manchen Situationen Grenzen in der Zuwendung setzen. Das kann zum Beispiel geschehen, wenn wir einen Raum oder das Haus verlassen, ohne das Kind mitnehmen zu können. Oder wenn wir ungestört mit jemandem reden wollen, eine Arbeit beenden müssen, uns selbst eine Ruhepause gönnen. Doch wichtig ist, daß wir im Moment des Grenzensetzens wenigstens für einen kurzen Moment geeignete Zuwendung geben. Ich bin zum Beispiel in einer Besprechung, und mein Kind ruft mich. Statt einfach nebenher zu sagen, daß ich jetzt besetzt bin, würde ich mein Gespräch einen Augenblick unterbrechen, mich dem Kind zuwenden, direkten Kontakt mit ihm aufnehmen und dann erst sagen, daß ich jetzt nicht mit ihm sein kann.

Wenn wir für mehrere Kinder verantwortlich sind, sei es in der Familie oder in einer Gruppe, ist dieses Vorgehen besonders entlastend. Bei Geschwistern, ganz besonders bei Zwillingen, kann es dazu kommen, daß keines der Kinder genug Erlebnisse *ausschließlicher* Zuwendung bekommt. Das führt wiederum zu einem Teufelskreis: Aus seinem Gefühl mangelnder Zuwendung heraus mischt sich ein Kind ein, sobald das andere die Aufmerksamkeit hat, bis die Mutter schließlich verzweifelt nach Hilfe verlangt, um nicht aus der Haut zu fahren. Immer wenn wir es gewagt haben, einem Kind, das nach unserer Aufmerksamkeit verlangte, während wir gerade bei einem anderen Kind waren, durch klare Signale und Worte feste Grenzen zu setzen, haben sich die Situationen nach kurzer Zeit deutlich entspannt. Denn das Kind, das diese Grenze an sich erlebt, macht bei der nächsten Gelegenheit die Erfahrung, daß es selbst ausschließliche Zuwendung bekommt, während sein „Rivale" warten muß. So beruhigen sich allmählich die Gemüter, und das ständige Dazwischenfahren und Nach-Aufmerksamkeit-Heischen verschwindet.

Daraus wird deutlich, daß gerade das Setzen von Grenzen, wenn es mit wirklicher Zuwendung geschieht, besondere Situationen erlaubt, in denen Kinder nicht etwa Zurückweisung und Ärger, sondern Liebe erfahren. Wenn ich nicht zulassen will, daß mein Kind am Plattenspieler herumspielt, entscheide ich mich für den kurzen und direkten Weg der Grenzsetzung. Ich versuche nicht erst, so zu tun, als ob ich es nicht bemerkte, und erst zu reagieren, wenn es mir zuviel wird. Ich bitte nicht um Schonung und Verständnis für mein Eigentum und schimpfe auch nicht mit dem Kind wegen seiner Unart. Statt dessen stelle ich mich als lebendige Grenze zwischen mein wertvolles Gerät und mein Kind. Mit eindeutiger Körperhaltung, Blick und festen Worten sage ich ihm, daß ich es nicht mit dieser Sache spielen lasse. Nur in sehr seltenen Fällen mag es notwendig sein, das Kind physisch vom Gerät fernzuhalten.

Statt eines Verbotes, das man je nach Laune befolgen oder irgendwie umgehen könnte, sieht sich das Kind einem Menschen gegenüber, der das Kind nicht tun läßt, was es möchte, es dabei nicht als Person ablehnt, sondern sich mit den Signalen einer ihm schon bekannten *liebenden Gegenwart* zwischen das Kind und „dieses Ding, das ich nicht haben kann" stellt.

Trotzdem hören Grenzen nicht auf, schmerzlich zu sein. Niemand rennt gegen eine Wand an, ohne daß es ihm weh tut. Besonders Kinder mit altem, vielleicht durch eine schwierige Geburt, durch Krankheiten, ungeeignete Umgebung oder Behandlung verursachtem Schmerz stoßen durch Grenzerlebnisse schnell an schmerzliche Gefühle und machen sich vielleicht erst einmal durch Toben oder Schimpfen Luft. Wenn die Grenze trotzdem fest bleibt und der Erwachsene die Gefühle des Kindes nicht wegerklärt oder unterdrückt, kann es dank seiner Sicherheit-spendenden Gegenwart zum herzzerbrechenden Weinen kommen, das alte Spannungen auflöst.

Mit zunehmender Erfahrung lernen wir, die Signale, die wir geben, anhand der Reaktionen des Kindes seinen wirklichen Bedürfnissen anzupassen. Dabei wird unser Körperkontakt wie von selbst respektvoller, unsere Haltung und Stimme natürlicher und unser ganzes Auftreten gelassener. Das heißt jedoch nicht, daß wir nicht auch wirklichen Ärger ausdrükken dürften, wenn das Verhalten eines Kindes uns an einer schwachen Stelle getroffen hat.

Damit unsere Gegenwärtigkeit im Grenzensetzen wirklich einen Sinn macht, sollten wir immer auch die Qualität der vorbereiteten Umgebung im Auge behalten. Denn wie sollen Kinder wirklich erfahren, daß wir sie lieben, wenn sie in der Umgebung nicht finden, was zu ihren *echten* Bedürfnissen paßt?

Beim Ausdruck „Gegenwärtigkeit" will ich ein wenig verweilen, denn er ruft vielleicht wieder neue Zweifel hervor. Doch ohne immer neue Zweifel gäbe es bei uns Erwachsenen keinen Bedarf an neuem Verständnis und auch keinen Entwicklungsprozeß. Manche unserer Eltern kommen bei ihrem Versuch, ihre gewohnte Direktivität abzubauen, leicht in die Versuchung, ihre Kinder sich selbst zu überlassen. Kinder, die den Vormittag in einer freien Schule verbringen, viele Spiele und Beschäftigungen erfinden und sich gerne Freunde einladen, können tatsächlich den Anschein erwecken, daß die Erwachsenen in all diesem Treiben überflüssig sind. Das geht manchmal so weit, daß Kinder sogar mit Begeisterung zusammen kochen und essen und oft stundenlang kein Verlangen nach erwachsener Gesellschaft zu haben scheinen.

Im Lauf der Zeit bemerkten wir an Kindern, die regelmäßig für längere Zeit allein unter sich waren, gewisse Dinge, die uns beunruhigten. Sie traten häufig als „Horde" auf, die deutliche Zeichen von Hierarchien aufwies mit „Anführern", Fußvolk und auffallenden gegenseitigen Abhängigkeiten. Die einzelnen Kinder beschäftigten sich kaum allein und fühlten sich als Einzelpersonen offenbar nicht wohl in ihrer Haut. Den Erwachsenen gegenüber waren diese „Hordenkinder" eher verschlossen. Sie vermieden so weit wie möglich Kontakte mit ihnen und suchten Zuwendung und Sicherheit fast ausschließlich in ihrer Gruppe. Solches Verhalten verhinderte weitgehend, daß Kinder von Erwachsenen Neues abschauten, so, wie es in jedem natürlichen Zusammenleben von Alten und Jungen geschieht. Sie interessierten sich nur selten für ihre Gespräche, die im allgemeinen sonst gern von Kindern belauscht werden, stillten ihren Hunger nach neuen Ideen und Information aus den Medien oder dem Meinungsaustausch mit Gleichaltrigen.

Mit dieser Lösung, Kindern nicht in ihr Leben zu pfuschen, indem sie nur noch wenig mit ihnen zusammen sind, reduzieren Erwachsene freilich ihre Übung im Grenzensetzen auf ein absolutes Minimum. Das Defizit an Anwesenheit und Gegenwärtigkeit, das aus dieser Lösung entsteht, hat aber negative Folgen für beide, Erwachsene und Kinder. Denn jeder Entwicklungsprozeß braucht Wärme, Licht und Energie. Gerade so, wie alle Lebewesen von der Sonne abhängig sind, sind es alle Kinder von der liebenden Gegenwärtigkeit wenigstens eines Erwachsenen, der sie mit seiner Zuwendung erwärmt und „beleuchtet" und dabei selbst gestärkt wird.

Kinder, die genug Zuwendung bekommen, entfernen sich allmählich für längere Zeit und über größere Distanzen vom

Erwachsenen und tun immer größere Schritte in die Welt hinein. Doch dieser Drang zum Handeln empfängt seinen Antrieb aus dem inneren Entwicklungsplan, dem Kinder unbewußt folgen, wenn die Umstände es zulassen. Die körperliche Nähe und das interessierte Dabeisein des Erwachsenen wirken dabei wie eine Energiequelle, die das Kind aus einer gewissen Entfernung erwärmt. Gleichzeitig nimmt der Erwachsene in diesem Prozeß die Funktion eines Spiegels an, der dem Kind seine Handlungen und Haltungen zurückwirft. Denn dem Kind, dessen Fähigkeit zur Selbstreflexion noch nicht ausgereift ist, stellt sich dabei unbewußt die Frage: „Was sieht der Erwachsene, wenn er mir zuschaut?“

So erfüllt sich durch die liebevolle und respektvolle Präsenz eines Erwachsenen für das Kind ein Bedürfnis nach menschlicher Vollständigkeit. Seine eigene Situation wird reflektiert und beleuchtet, wobei wiederum der Erwachsene lernen kann, Grenzen zu respektieren: wie nah er herankommen kann, wie genau er hinschauen, wann er schweigen sollte, und wann er das Geschehen mit Worten reflektieren darf. Weder für das Kind noch für den Erwachsenen wäre ein solcher Kontakt angenehm, wenn er nicht von der Liebe, das heißt der Annahme des anderen, getragen würde. Der Ausgangspunkt, daß wir ohne Liebe überhaupt nicht am Leben wären, wird erweitert und erfährt viele Bestätigungen. Mit jeder solchen Erfahrung wächst die Gewißheit, daß Liebe konkret erfahrbar ist und selbst die alltäglichsten Situationen erwärmen und erhellen kann.

Respekt

Liebe, sei sie auch noch so tief empfunden und selbstlos, kann versauern, wenn es an dem nötigen Respekt fehlt. Das trifft natürlich für jede liebevolle Beziehung zu, doch im Umgang mit Kindern ist es besonders wichtig, diese Zusammenhänge zu erkennen und zu verstehen. Um Liebe und Zuwendung zu bekommen, opfern sie notfalls ihre Freiheit. Die einzige Möglichkeit, das zu verhindern ist Liebe, die gleichzeitig mit Respekt gekoppelt ist.

Liebe ist allgegenwärtig, wo Leben ist. Sie wirkt innen und außen, durchdringt alles, verbindet alles, durchstrahlt, erwärmt und trägt alles. Doch Respekt verhindert, daß sie zum Besitzen, zum Kontrollieren und zum Manipulieren mißbraucht wird. Respekt heißt, daß die Wahrnehmungen, Bewertungen und die Entscheidungsprozesse des „legitimen anderen" nicht durchkreuzt oder umgeleitet werden, daß wir die Membranen des anderen nicht durchstoßen, daß seine Interaktion von innen nach außen und seine eigenen Entwicklungsprozesse nicht gestört werden.

Respekt vor dem Kind also. Doch tun wir uns nicht besonders schwer, jemandem Grenzen zu setzen, den wir respektieren? Besteht nicht die Gefahr, daß wir dem Kind als „Respektsperson" alles erlauben, ihm in allem zu Diensten sind, ihm trotz aller Zweifel alles geben, was es verlangt?

Um diesem Dilemma zu entkommen, ziehen wir es vor, statt von „Respekt vor dem Kind" von „Respekt vor Lebensprozessen" zu sprechen. Das zwingt uns, Lebensprozesse überhaupt und dann in jedem spezifischen Fall immer wieder neu für uns zu klären und damit Liebe in Beziehung zu Respekt und Verständnis zu setzen. Denn schließlich nehmen nicht nur Kinder, sondern auch wir selbst teil an Lebensprozessen. Grenzen und Respekt heißt also keine starre Haltung, sondern beinhaltet eine dynamische Interaktion, ein Zusammenwirken in konkreten Situationen, das immer aus verschiedenen Blickwinkeln erlebt wird: Erwachsene müssen Grenzen setzen, wenn sie mit dem Lebensprozeß eines Kindes kooperieren wollen, und erfahren dabei, wie man diese auf eine Art und Weise setzt, daß jeder seinen eigenen Entwicklungsweg gehen kann.

Der Respekt vor Lebensprozessen wird also zur Grundlage für unsere Liebe zum Kind. Er läßt uns stutzen, wenn wir uns selbst zuhören, wie wir von „meinem" Kind oder von „meinem" Liebling reden. Was heißt „mein"? Und entspricht unser konkretes Verhalten dem Kind gegenüber diesen Worten? Sind sie vielleicht ein Ersatz oder Ausgleich für ungenügende Gegenwart oder taktloses Verhalten? Oder gar ein Ausdruck der Inbesitznahme des anderen Menschen?

Lauschen wir einmal aufmerksam, in welchen Klangfarben wir mit Kindern reden, ohne uns viel dabei zu denken: Sie reichen vom unnatürlichen Säuseln bis zum barschen Ton, vom Sprechen über ihre Köpfe hinweg bis zum Sich-lustig-Machen – in Varianten aller Art, die im Umgang mit anderen Erwachsenen (scheinbar außer alten oder kranken Leuten, die oft auch wie Kinder behandelt werden) lächerlich oder gemein wären.

Nicht viel besser steht es oft mit dem Körperkontakt. Daß Kinder diesen Kontakt brauchen und meist suchen, wird kaum noch bezweifelt und oft setzen sie alles daran, sich körperliche Zuwendung zu verschaffen. Bekommen sie sie nicht freiwillig, kann es sein, daß sie sich an jemanden „hängen oder kleben", daß sie schwach oder krank werden oder sich gar Schläge einhandeln. All diese Verhaltensweisen beinhalten Grenzüberschreitungen, die auch das Wohlergehen anderer Menschen (etwa der Eltern) beeinträchtigen. Wir finden auf die Dauer keinen Ausweg aus dem Teufelskreis gegenseitiger Belästigungen, es sei denn, wir lernten, Körperkontakt und damit Liebe freiwillig und auf respektvolle Art zu geben.

Nach einem Dokumentarfilm über die Arbeit im Emmi Pikler Institut in Budapest fragte eine junge Frau besorgt: „In keiner Szene habe ich gesehen, daß eine Betreuerin ein Kind küßt! Wie sollen diese Kinder denn merken, daß sie geliebt werden, wenn sie nicht geküßt und gestreichelt werden?" Offenbar hatte diese Frau selbst Liebe in diesen, für ganz besondere Momente geeigneten Zuwendungen erlebt, aber nicht in den alltäglichen Handlungen der Pflege. Denn sonst hätte sie entdeckt, daß selbst die unscheinbarste Berührung in den notwendigen und alltäglichen Pflegesituationen, jeder Blick, jede Körperhaltung und die Art, Kinder anzusprechen in diesem Film von *liebevollem Respekt* charakterisiert waren.

Ein Kind umarmen, streicheln und küssen sind sicher wunderschöne Zeichen von Liebe und Zuwendung. Doch bin ich sicher, daß sie seltener, behutsamer und damit um so kostbarer würden, wären wir in unserer normalen Interaktion mit dem Kind *gegenwärtiger*, also liebe- und respektvoller. Solche Begrenzung im intimen Kontakt würde mehr als wettgemacht durch eine andere Qualität der Berührung. Wir wären es gewohnt, die fast unmerklichen Zeichen des Kindes wahrzunehmen, die aus seinem Bedürfnis nach Liebe stammen.

Ähnlich steht es mit unserer oft unbewußten Art, auf Kinder zuzugehen, sie zum Beispiel anzusprechen, ohne mit ihnen Kontakt auf der nichtverbalen Ebene aufgenommen zu haben. Gerade Kinder nutzen noch all ihre Sinne, um mit der Außenwelt Kontakt aufzunehmen. Sie orientieren sich an unserer Körperhaltung, unserem Blick, dem Ausdruck unseres Gesichtes, unserem Geruch, den Geräuschen, die wir verursachen. Geben wir ihnen nicht genügend Zeit, all diese Wahrnehmungen zu registrieren und reden einfach auf sie ein, dann verstoßen wir gegen den Respekt vor ihrer eigenen Art der Wahrnehmung.

Der Wunsch, Respekt für Lebensprozesse zu üben, setzt uns Erwachsenen also ganz spezifische Grenzen. Nur wenn wir lernen, mit ihnen umzugehen, werden auch Kinder notwendige Grenzen ohne allzu große Schwierigkeiten akzeptieren. Wir müssen den ersten Schritt tun, der darin besteht, daß wir einen deutlichen Unterschied machen zwischen unserer Interaktion mit materiellen, also „unbeseelten" Gegenständen und lebendigen Organismen. Offensichtlich gehen wir mit einem Stein oder einem Apparat anders um als mit einer Pflanze oder einem Tier. Wir plazieren Dinge, wie es uns in den Sinn kommt, drücken bei einer Maschine auf einen Knopf oder Hebel, um damit etwas Bestimmtes zu bewirken. Doch im Umgang mit Pflanzen oder Tieren brauchen wir Einfühlungsvermögen, die Kenntnis ihrer Bedürfnisse und Geduld, denn sie haben Bedürfnisse, die ihrer inneren Struktur und ihrem eigenen Entwicklungsplan entsprechen.

Im Zeitalter rasanter technologischer Entwicklung wächst die Gefahr, lebende Organismen ähnlich zu behandeln wie unbelebte Gegenstände. Jerry Mander weist in seinem Buch *In the Absence of the Sacred* darauf hin, daß unsere westliche auf Nutzen und Ausnutzen ausgerichtete Zivilisation das Empfindungsvermögen und Verständnis für die Zusammenhänge der Natur verloren hat. Kein Wunder, daß wir ständig gegen Grenzen im Umgang mit der Natur verstoßen und selbst immer empfindlicher die Folgen von diesem Verhalten zu spüren bekommen! Vergiftete Nahrung, Luft, Erde und Wasser, neue Krankheiten und auf der psychischen Ebene zunehmende Schwierigkeiten, sich in dieser Welt zurechtzufinden, sind deutliche Merkmale unserer Lage.

Wir leben also in einem „morphogenetischen Feld"* mangelnden Respekts, von dem – wie eh und je – gerade Kinder besonders betroffen sind, die durch alle Entwicklungsjahre den Naturgesetzen streng unterworfen sind. Das heißt, daß sie besonders empfindlich sind, wenn wir sie statt als Subjekte als Objekte behandeln, doch gleichzeitig haben sie noch die Kraft, sich gegen solche Beleidigungen zu wehren und uns ohne Unterlaß Zeichen zu geben, wenn etwas in unserer Zuwendung nicht stimmt. Traurige, lustlose, an uns klebende, ängstliche, hyperaktive, aggressive, übergescheite und angespannte

* Dieser Begriff stammt von Rupert Sheldrake.

Kinder geben uns Alarmsignale. Wir können mit solchen Kindern zum Arzt gehen, sie psychologisch behandeln lassen; wir können sie mit Psychopharmaka oder Konditionierungen aller Art an unsere respektlose Gesellschaft anpassen, müssen dann aber früher oder später die Konsequenzen tragen.

Oder wir können uns entscheiden, Lebensprozesse zu respektieren und einen Lern- und Wachstumsprozeß zu befürworten, der Erwachsene und Kinder gleichermaßen einschließt. Inmitten einer respektlosen Umwelt kann jeder von uns im Umgang mit sich selbst und seinem „Nächsten" ein neues „morphogenetisches Feld" schaffen, statt sich dem Kraftfeld einer weitestgehend lebensfeindlichen Umwelt zu unterwerfen und ihrem Trend blind zu folgen. Da dieses Kraftfeld unsichtbar wirkt wie ein magnetisches Feld, benötigen wir einen hohen Grad an Gegenwärtigkeit und Aufmerksamkeit selbst in den unscheinbarsten Situationen – so, als müßten wir uns im Dunkeln orientieren. Der allgemeine Trend dessen, was „man normalerweise tut", ist charakterisiert durch Direktivität, das heißt das ständige Wirken von außen nach innen. Situationen werden „in die Hand genommen". Probleme werden gelöst, indem der von außen Wirkende seinen Willen mittels verschiedenster Techniken durchsetzt.

Darum erlangen pädagogische Methoden für den Umgang mit Kindern eine so große und ständig zunehmende Bedeutung. Je ernster die Aufgabe der Erziehung genommen wird, desto attraktiver werden die Methoden zur Stimulierung, Motivierung, zum Führen und Leiten. Und wenn zartes Vorgehen nutzlos erscheint, geht es ans Bohren, Überrumpeln oder notfalls Stillegen ungewünschter Ausgleichsfunktionen. Selbst die Kenntnis von inneren Vorgängen im menschlichen Organismus, neurologischen und sonstigen medizinischen Entdekkungen, werden – wie in der Kinesiologie oder bei NLP-Techniken – herangezogen, um dieses Vorgehen zu unterstützen und Erfolge zu garantieren. So verfeinert sich das System einer Didaktik, die von außen nach innen wirkt, Automatisierungen und Anpassung erzielt und konditioniert.

Was könnte uns helfen, diesem allgemeinen Netz zu entkommen? Offenbar müssen wir dem Einfluß dieses Kraftfeldes irgendwie Grenzen setzen, wenn wir neue, eigene Wege suchen wollen. Das heißt, daß wir dem Trägheitsgesetz, durch das wir immer wieder in den Strom des „Normalseins" gezogen werden, der uns dann unweigerlich mitreißt, etwas Eigenes entgegenstellen müßten. Dieses Eigene kann jedenfalls keine Idee sein, die wir von jemand anders übernehmen, sondern muß aus dem eigenen Tun und der daraus folgenden Erfahrung erst wachsen.

Der erste Anhaltspunkt für das eigene Tun kommt, falls wir uns entscheiden, Lebensprozesse zu respektieren, aus der einfachen, aber revolutionären Einsicht, daß jeder lebende Organismus in seiner Interaktion von innen nach außen einem inneren Plan folgt. Die grundsätzliche Annahme dieses lebendigen Prinzips ist das Seil, an dem wir uns halten, wenn unsere eigenen Gewohnheiten und der Einfluß der Umwelt uns mitzureißen drohen – wenn wir etwa „gewohnheitsgemäß" sagen: „Aber schau doch mal!", „Denk doch mal nach!", „Findest du nicht auch?", „Das wäre aber wichtig für dich!" Dieser sichere Anhaltspunkt ermöglicht es uns, daß wir in neue Richtungen schauen können und ausprobieren, auf welche Weise ein Kind Vertrauen gewinnt, und daß wir seinen eigenen Prozeß respektieren: Indem wir nicht in seine Wahrnehmung eindringen, es körperlich nicht hierhin und dorthin drehen, es nicht manipulieren wie ein Objekt, halb bei ihm und halb bei etwas oder jemand anders sind, es überreden, ausfragen, unterbrechen, vorgreifen oder die Probleme lösen, die innerhalb seiner Entwicklungsphase seine eigene Aufgabe wären, eröffnen wir auch uns neue Erfahrungsmöglichkeiten.

Ein lebender Organismus ist – in Maturanas Worten – ein sich selbst machender Organismus. Der menschliche Organismus enthält in sich als latente Möglichkeit die genetischen Programme aller Lebewesen überhaupt. Jede spontane, also nicht von außen eingeleitete Handlung aktiviert einen Aspekt aus diesem unaussprechlichen Reichtum. Schon der Säugling folgt in seiner Interaktion mit der Umwelt seiner eigenen Ordnung und seinem besonderen Rhythmus. Beobachtungen kleiner Kinder in ihrer spontanen Tätigkeit haben bestätigt, daß alle Phasen der Bewegungsentwicklung und Initiativen ihr eigenes Muster aufweisen: Ein gewisser Anteil grobmotorischer Bemühungen wechselt sich ab mit einem eigenen Maß feinmotorischer Übungen. Und das Entdecken von neuen Möglichkeiten der Interaktion wird abgelöst von der Wiederholung und Vertiefung bekannter Tätigkeiten.

All das spontane, aus eigener Initiative kommende, Tun kleiner Kinder, das von der Sicherheit getragen sein muß, daß sie als Person und in ihrer Tätigkeit angenommen sind, baut nach und nach die inneren höchst komplexen Strukturen auf. Zu diesem spontanen Tun gehört das Experimentieren mit den Grenzen: die Grenze zwischen Innen und Außen, so, wie sie intensiv vom Säugling erforscht wird, der schließlich erkennt, daß die Hände, die vor seinen Augen auftauchen und wieder verschwinden, Teil seines Körpers sind und seinem Willen gehorchen können. Mit zunehmender Motorik und Wahrnehmung wird dieses Experimentieren mit der Grenze zwischen Innen und Außen auf die Umwelt erweitert: Wie weit kann ich mich bewegen, wohin kann ich rollen, robben, krabbeln oder gehen, bevor ich mit etwas zusammenstoße; was kann ich mit den Händen greifen und was nicht, was kann ich beißen und was nicht ...

Durch dieses Zusammentreffen und Experimentieren mit dem eigenen Körper und der Umwelt bekommt das Kind Aufschlüsse über sich selbst und über das, was sich außerhalb seiner Haut darbietet. Das Kind übt sich im Fühlen und entwickelt damit seine Sinne. Es übt sich in der Wahrnehmung, Orientierung und Bewertung seiner Erlebnisse und schafft sich Zugang zu neuer innerer und äußerer Verarbeitung von Erlebnissen. Es paßt sich an die Umwelt an und nimmt sich seine Zeit, um all das zu assimilieren, was durch mannigfache Anpassungen in seinen Organismus eingedrungen ist. Aus dem Hin und Her, aus dieser Interaktion zwischen Innen und Außen, die beständig von innen her durch verschiedene Membranen reguliert wird, entsteht sein eigener Lebensraum und -rhythmus, das Erleben von Freiheit, die durch lebensbewahrende Grenzen ermöglicht wird.

Wenn Erwachsene lernen, diese von innen her geleitete Interaktion wahrzunehmen, zu respektieren und mit ihr zu kooperieren, statt sie umzuleiten, zu blockieren oder ihr entgegenzuarbeiten, werden sie auf vielerlei Art belohnt: Sie sparen unnötige Energie, sich gegen das Kind durchzusetzen, dem ja sein eigener Entwicklungsplan erstaunliche Kräfte verleiht. Ein in seinem inneren Programm respektierter Organismus dagegen strahlt vor Lebensfreude, ist interessiert, konzentriert, harmonisch und bereit, sich mit Grenzen auf konstruktive Weise auseinanderzusetzen. Er fühlt sich kompetent und voller Vertrauen, daß er Hindernisse überwinden wird und nimmt Unterstützung von außen nur dann in Anspruch, wenn er wirklich allein nicht weiter kann.

All diese spontane, vertrauensvolle, kraftvolle Interaktion in einer Umwelt, für deren Ansprüche sich durch eben dieses Tun und Erleben die Mittel und Instrumente erst ausbilden, wird von innen „angetrieben", ist also grundsätzlich impulsiv und daher schier unermüdlich und machtvoll. Mit dieser Energie kooperieren, eine geeignete Umgebung für sie bereitstellen, ihr mit Achtung und Interesse „beiwohnen" und sie als kreative Kraft hochschätzen sind Voraussetzungen dafür, daß die innere Motivation nicht geschwächt wird und dann mit Stimulierungen von außen ersetzt werden muß; daß sich der Organismus von innen nach außen formen und strukturieren kann und nicht von außen „gebildet" und „erzogen" werden muß.

Doch der innere Entwicklungsplan beinhaltet auch, daß dieses impulsive Handeln allmählich zu einem Tun wird, aus dem Reflexion und später Selbstreflexion erwächst; daß der Organismus sich nicht nur vertrauensvoll auf seine Welt einläßt, unentwegt auf sie einwirkt und sich ihr hingibt, sondern daß er auch immer wieder Abstand von ihr nimmt, sie von einer anderen Seite betrachtet, auf immer neue Weise zu ihr zurückkehrt und daraus neue Perspektiven, neue Bewertungen und Reflexionen entstehen.

Darum gehört das Erleben von Grenzen, wenn dadurch die spontane Aktivität nicht verhindert oder ersetzt wird, zu den authentischen Bedürfnissen. Grenzen sind nicht nur notwendig, damit Kinder mit den Realitäten der Umwelt Kontakt aufnehmen, sondern auch, damit sie in ihrem impulsiven, von innen her motivierten Handeln für kurze Zeit innehalten und neue Standpunkte und Möglichkeiten einbeziehen.

Hier ein paar Szenen aus unserem Alltag im Pesta, die dieses Innehalten, Abstandnehmen und Sich-neu-Orientieren deutlicher machen:

Unser Kindergarten, ein großer Rundbau aus Holz, und das umliegende Freigelände, sind durch einen symbolischen, lebenden Zaun vom restlichen Schulgelände getrennt. Dieser Zaun hört einige Meter vor dem Zugang zum Parkplatz auf, wo die Grenze zur Primaria nur noch durch eine Reihe von kleinen Steinen markiert ist, die inzwischen vom Rasen überwachsen und kaum noch zu erkennen sind. Trotz dieser offenen Situation besteht eine feste Grenze zwischen beiden Abteilungen. Die Kleinen dürfen nicht in die Primaria, und es genügt, hin und wieder einen Neuankömmling darauf hinzuweisen, daß „das da drüben" nicht zu ihrem Revier gehört. Da die vorbereitete Umgebung für die Drei- bis Sechsjährigen weitläufig und interessant genug ist, fällt es bis auf wenige Ausnahmen keinem Kind ein, das angrenzende Gelände zu betreten.

Primaria-Kinder dagegen dürfen sich auch im Kindergarten aufhalten. Für gewöhnlich sind es gerade Kinder mit „Nachholbedürfnissen" verschiedenster Art, die von diesem Angebot Gebrauch machen. Dabei mag es vorkommen, daß Kinder, die in ihren ersten Jahren keine klaren Grenzen kannten, im Kindergarten Grenzen verletzen, zum Beispiel im Inneren des Hauses oder auf dem Balkon herumrennen oder springen, in die Aktivitäten kleinerer Kinder eingreifen oder sie zu manipulieren suchen. Immer wieder brauchen sie die Aufmerksamkeit eines Erwachsenen, der in der jeweiligen Situation neu die Grenze setzt und solchen Kindern sogar zeitweilig den Zugang zum Kindergarten verwehrt, um zu verhindern, daß die kleineren Kinder zu kurz kommen oder die Umgebung für sie nicht mehr entspannt genug ist.

Nach einigen Absprachen zwischen den Betreuern im Kindergarten und in der Primaria kamen wir schließlich zu der Vereinbarung, daß Primaria-Kinder nicht mehr einfach so in den Kindergarten hineinstürmen dürfen. Heute fragen Primaria-Kinder erst eine Betreuerin am Eingang, ob es gerade passe, daß sie in den Kindergarten kommen, tragen ihren Besuch auf einer Liste ein und streichen ihren Namen durch, wenn sie den Kindergarten wieder verlassen. Dort dürfen sie dann alles tun, was sie interessiert, müssen aber den Kleinen den Vorgang im Benutzen von Materialien geben, dürfen sich nicht im Außengelände wild aufführen oder kleinere Kinder manipulieren, sie herumschleppen, herumkommandieren oder in anderer Weise in ihre Aktivitäten eingreifen.

Die Vorteile dieser speziellen Grenze wurden sehr bald deutlich. Obwohl die größeren Kinder den Kindergarten aus einem echtem Bedürfnis heraus aufsuchen, zwingt dieser kleine „Dienstweg" sie, Unterschiede zwischen ihrem Umgang mit kleineren und größeren Kindern zu machen. Gleichzeitig bedeutet diese Grenze eine Möglichkeit zur Entscheidung: Will ich mit den Kleinen sein, gibt es Einschränkungen für mich. Im Umgang mit Gleichaltrigen oder Größeren habe ich größere Freiheiten – die allerdings auf dieser Stufe dadurch gesteuert werden, daß die Regeln von den Kindern selbst gemacht werden und auch in einem langen stetigen Prozeß der Veränderung begriffen sind.

Unterschiede dieser Art erleben Kinder von klein auf, wenn ihre Eltern keine Angst vor Grenzen haben:

Wenn zum Beispiel ein Zweijähriger mit dem Essen zu sehr herummanscht. Obwohl Manschen ein echtes Entwicklungsbedürfnis ist, sagt die Mutter: „Nein, mit dem Essen nicht!“ und bleibt fest bei dieser Grenze. Doch dabei merkt sie, was das Kind außer dem Essen auch noch braucht, und bereitet in der Umgebung etwas vor, mit dem man manschen kann, so lange man will. So ermöglicht sie ein zweifaches Erlebnis von Respekt: einerseits für das Essen und andererseits für das Bedürfnis nach sensomotorischen Erlebnissen.

Ähnlich ist es mit der großen Vorliebe, die besonders kleine Kinder für das Spielen mit Wasser haben. Sollen wir es ihnen verbieten, weil sie dabei die Wasserleitung leerlaufen lassen und das Haus überschwemmen? Wenn wir ein großes Gefäß, einen Wassertisch oder sonst irgendeine wassersparende Installation zur Verfügung stellen, ist allen geholfen: Das kostbare Trinkwasser wird nicht vergeudet, doch das Kind erlebt viele Stunden intensiven und vertieften Spiels und das Experimentieren mit diesem wichtigen Element.

Zu Hause, im Kindergarten und in einer freien Schule, die nicht mit autoritären Strukturen arbeitet, springen diese Unterschiede im Zusammenhang mit vorbereiteter Umgebung, respektvollem Umgang und der Überzeugung, daß Grenzen zum Leben gehören, ins Auge. Das Kleinkind darf nicht mit Mutters Lippenstift herumschmieren, nicht die Wände bemalen, nicht auf dem Tisch herumtrampeln, nicht mit dem Kochlöffel auf dem Klavier herumhämmern, nicht gegen die Fensterscheiben schlagen, nicht im Wohnzimmer Fußball spielen ...

Doch wenn wir aufmerksam sind, welche Grundelemente diese Impulse enthalten – schmieren, malen, trampeln, hämmern, schlagen, Bewegungs- und Rollenspiele aller Art –, bereiten wir die Umgebung auf eine Weise vor, daß all dies und vieles andere nicht nur möglich, sondern willkommen ist. Erst dann können wir von „Grenzen mit Respekt“ sprechen.

Zu allen Grenzen gehören Unterschiede und Schwellen: zwischen dem, was zu Haus erlaubt ist, und dem, was bei anderen Gelegenheiten nicht erlaubt ist. So mag sich jedes Familienmitglied daheim selbstverständlich aus dem Kühlschrank bedienen, genießt aber solche Freiheit nicht außerhalb der

Familie. Wir legen uns ungeniert ins eigene Bett, aber nicht in fremde Betten. Wenn wir jede alltägliche Handlung unter die Lupe nehmen, entdecken wir, daß wir bewußt oder unbewußt ständig mit differenzierten Grenzen umgehen. Doch wie gelassen und selbstverständlich wir das tun und ob diese Grenzen unser Wohlbefinden beeinträchtigen, hängt davon ab, wie wir unsere Kindheit verbracht haben:

Waren Grenzen im Einklang mit einer geeigneten Umgebung für unsere Entwicklungsbedürfnisse, oder waren es Verbote, die uns das Leben versauerten? Wie wurden Grenzen gesetzt? Auf ruhige, selbstverständliche Weise und mit liebevoller Gegenwärtigkeit? Oder erst wenn den Erwachsenen der Geduldsfaden riß und dann mit entsprechendem Ärger und Vorhaltungen? Oder war unsere Kindheit arm an Grenzen und Differenzierungen, vielleicht auch arm an Gegenwärtigkeit, und wir mußten später Mißbilligungen erdulden und gegen Schranken anrennen?

Ähnlich, aber doch anders gelagert als zu Hause, sind Grenzen in einem Kindergarten oder einer freien Schule. Ist die Umgebung gut vorbereitet, enthält sie viele unstrukturierte oder wenig strukturierte Elemente, bei deren Handhabung die Grenzen weit und das Erlebnis der Freiheit grundlegend sind: Wasser, Sand, wenig kultivierte Garten- und Spielbereiche, Materialabfälle aller Art zum freien Arbeiten und Experimentieren, einfache Werkzeuge, die allerdings einen festen Platz haben. All diese Dinge respektieren das kindliche Bedürfnis, impulsiv vorzugehen, ohne feststehende Vorschriften die Qualitäten und die Funktionsweisen der Welt auszuprobieren, Gesetzmäßigkeiten kennenzulernen, die unwahrscheinlichsten Dinge miteinander in Verbindung zu bringen und in all diesem Tun unverdaute Erlebnisse innerlich zu verarbeiten.

Aus unzähligen großzügigen Handlungen, die scheinbar im Chaos geschehen, erwächst von innen her das Bedürfnis zum Ordnen und Organisieren, zum Klassifizieren und Verfeinern. Erst wenn dieses Grundbedürfnis immer wieder zu seinem Recht kommt, schärft sich im Kind der Sinn fürs Feine, Spezielle, Strukturierte. Und in diesem Fall ist es wenig sinnvoll, unsere Kräfte mit unentwegtem Grenzensetzen zu vergeuden, wenn es um strukturierte Materialien und zerbrechliche Gegenstände geht. Ich denke da zum Beispiel an Montessori-Schulen, voll der teuersten didaktischen Materialien, kunstvoll verteilt auf polierte Regale und umgeben von ästhetischen Dekorationen aller Art. Doch die weiten Gänge, blitzeblank geputzt, geben keine Alternativen zum freien Spiel, der Hof oder Garten ist viel zu eng, kultiviert oder sogar zementiert und weit und breit keine Gelegenheit, mit dem lieben Chaos Freundschaft zu schließen.

Da beklagen sich dann die Lehrer, daß zwar die Mädchen mit dem beweglichen Alphabet hantieren, derweil aber die „wilden Buben" Klopapierrollen zum Fenster herunterlassen oder die Wasserleitung abmontieren! Und wenn die Kinder größer werden, ersetzen sie ihre nicht erlebten Abenteuer in der wirklichen Welt durch Filme oder – so wurde uns geklagt – sie organisieren sich vielleicht in Banden und stellen als Eintrittsbedingung, daß die Teilnehmer bestimmte „Prüfungen" – wie zum Beispiel Stehlen, Parkbänke demolieren, Fensterscheiben einschlagen oder Nägel auf die Straße werfen – bestehen müssen ...

In der vorbereiteten Umgebung für Kinder sollten Grenzen mit authentischen Bedürfnissen gekoppelt und gleichzeitig mit der Möglichkeit zum Entscheiden verbunden sein. In den „ruhigen Bereichen" – etwa beim strukturierten Material, in der Bibliothek, im Labor – gibt es ziemlich strikte Grundregeln für die Benutzung der Gegenstände. Heftige Bewegungen, laute Geräusche oder Unterhaltungen sind hier nicht erlaubt. In anderen Innenbereichen sind diese Regeln weniger streng, doch Rennen, Toben, Rangeln oder Schreien ist nur draußen möglich.

Ein Kind, das in diesen Umständen gegen eine Regel verstößt, empfindet Grenzsetzungen nicht als Wohltat. Grenzen schmerzen immer, auch wenn sie noch so „logisch" sind und auch wenn das Kind jetzt die Entscheidung treffen kann: „Entweder ich bleibe hier und respektiere die Regel für diesen Bereich, oder ich versuche mein Glück woanders!" Sobald ein Organismus spontan oder gar impulsiv eine Handlung eingeleitet hat, werden Hormone ausgeschüttet, die dem Körper die nötige Spannung verleihen, um diese Handlung auszuführen. Wenn dieser Prozeß durch eine Grenze gestoppt wird, muß der Körper mit diesen Hormonen irgendwie umgehen, damit sie ihm nicht schädlich werden. Dieser innere Vorgang ist besonders kritisch, wenn ein Organismus ohnehin durch viele frühere *ungeeignete* Erlebnisse mit Schmerz geladen ist!

Wenn wir diese Zusammenhänge vor Augen haben, merken wir, wie wichtig es ist, beim Grenzensetzen *dabei* zu sein. Da ist erst einmal der grundlegende Unterschied zwischen Verbieten und Grenzensetzen. Wie würden wir uns zum Beispiel fühlen, wenn anstatt eines Schildes „Betreten des Rasens strengstens verboten" der Bürgermeister unserer Stadt dort stünde und uns höflich, aber fest sagte: „Diesen Rasen dürfen Sie nicht betreten!" Gesetzt den Fall, daß nicht alle Rasenflächen der Umgebung damit gemeint sind, würden wir uns vielleicht noch geehrt fühlen, den Herrn Bürgermeister persönlich getroffen zu haben! In diesem Gemütszustand ist es auch unwahrscheinlich, daß wir nach Mitteln und Wegen suchten, um den Rasen doch noch zu betreten ...

Dabeisein heißt jedenfalls nicht, irgendwie oder aus der Entfernung, ohne unsere eigene Beschäftigung zu unterbrechen, eine Grenze zu verkünden. Das mag im Notfall angehen, falls ein Kind oder ein wertvoller Gegenstand wirklich in Gefahr schwebt und ich keine andere Möglichkeit habe, als einen verzweifelten Schrei auszustoßen, um das Schlimmste zu verhindern. Oder wenn ich selbst gerade in der Suppe rühre, die überlaufen würde, wenn ich mich entfernte. Doch wenn es sich nicht um eine Extremsituation handelt, versuchen wir, *respektvoll* Grenzen zu setzen. Das heißt, daß wir uns die Mühe machen, in der eigenen Tätigkeit *innezuhalten*, uns womöglich aus einer bequemen Lage aufzuraffen, so nah an den anderen heranzugehen, daß er unserer gewahr wird, falls es ein kleines Kind ist, uns kleinzumachen, Blick- oder Körperkontakt aufnehmen und dann erst die Grenze aussprechen: „Mit diesen Stiften lasse ich dich nicht spielen!"

Soviel Mühe für eine solch kleine Sache? Wie soll man all die Kraft aufbringen, um Grenzen so respektvoll zu setzen? – Es gibt zumindest zwei gute Gründe dafür, das zu tun. Erstens lassen wir das Kind im schwierigen Augenblick der Grenze, wenn es unweigerlich Schmerz empfindet und dabei womöglich mit altem, unverarbeitetem Schmerz in Kontakt kommt, nicht allein. Es fühlt sich begleitet, unterstützt und hat die Chance, den Schmerz durch Weinen zu lösen. Der zweite Grund liegt in der – dem jungen Organismus entsprechenden – Klarheit der Grenze. Die deutlichen Zeichen *aufmerksamer* Gegenwart sprechen für sich und werden durch die entsprechenden Worte nur noch bestätigt. Das bedeutet für das Kind, daß ich wirklich meine, was ich sage, daß ich bereit bin, „höchstpersönlich" für die Grenze einzustehen, die ich verkünde.

Kinder, die immer wieder solche Grenzen erleben, fühlen sich doppelt unterstützt und respektiert. Wir akzeptieren, daß ihnen die Grenze weh tut und daß sie ihre Gefühle ausdrükken dürfen, sei es durch Schimpfen oder Weinen. Gleichzeitig erfahren sie, daß Grenzen fest sind und weder durch Proteste noch durch Schluchzen verschwinden. Diese Elemente vermitteln ihnen immer wieder die Botschaft, daß wir auch in Krisenmomenten auf ihrer Seite sind, daß wir sie lieben, auch wenn wir sie etwas nicht tun lassen, das sie gerne möchten.

Und nicht nur dies. Der *Schmerzeffekt* der Grenze verbietet uns, diese Situationen zu benutzen, um dem Kind Zusammenhänge zu erklären, auf es einzureden, damit es unsere guten Gründe für die Grenze versteht und dadurch aufhört, zu protestieren oder zu weinen. Wenn wir Bauchweh haben, sind uns alle Erklärungen zuwider. So geht es auch Kindern, die sich wegen einer Grenze schlecht fühlen. Es zeugt ebenfalls von Respekt, daß wir das Kind von seinem Schmerz nicht durch langes Reden und Diskutieren ablenken. Und auf die

Dauer sind wir selbst es dann, die von all diesem Respekt profitieren, denn respektierte Kinder, die der Gegenwart eines Erwachsenen sicher sind, werden sichtlich ruhiger, harmonischer, suchen keine Hintertürchen, um doch noch auf ihre Kosten zu kommen. So wird das Leben für alle Beteiligten wesentlich angenehmer.

In der „normalen" Welt – also dort, wo die Umgebung meist nicht für Kinder vorbereitet ist – häufen sich Erlebnisse, die für ihren sich entwickelnden Organismus Frustation bedeuten: daß man sich zum Beispiel nicht frei bewegen kann, daß das Gleichgewicht zwischen natürlichen und kulturellen, unstrukturierten und strukturierten Aktionsmöglichkeiten gestört ist. Wenn wir Kinder auf eine lange Reise mitnehmen und sie sich in Auto, Zug oder Flugzeug wie gefangene Tiere im Käfig fühlen; wenn wir stundenlang in Geschäften bummeln oder einkaufen; wenn durch Besucher ihre Tätigkeit eingeschränkt wird – ganz zu schweigen vom Sitzen und Mitmachen in der Schule, vom Fernsehen, vom Besuch kultureller Veranstaltungen, Museen oder was immer Kinder für ihre Bildung tun sollen.

Es wäre jedenfalls respektvoll, solange wir für Kinder Verantwortung tragen, dieser Art von Interaktion mit der Umwelt Grenzen zu setzen oder zumindest mit einzukalkulieren, daß sie früher oder später ihren Spannungen Luft machen müssen – sei es durch Weinen, das Heraufbeschwören von Konflikten oder durch übermäßige sensomotorische Aktivität. Da kommen natürlich viele Einwände: „Was soll ich denn machen? Ich muß doch die Kinder zum Einkaufen mitnehmen, wo soll ich sie denn sonst lassen?" Bei solch unvermeidlichen Dingen wäre schon ein wenig geholfen, wenn wir Kinder frühzeitig darauf vorbereiten. Dann haben sie genügend Zeit, ihrem Unwillen ausgiebig Luft zu machen, sich dann aber so zu organisieren, daß sie ihre eigene Tätigkeit einigermaßen abschließen und am Schluß doch noch bereitwillig mitkommen.

Wenn wir uns ehrlich bemühen, Grenzen auf respektvolle

Weise zu setzen, merken wir, daß Kinder darauf reagieren, wie wir es kaum für möglich hielten, wie etwa bei der nun folgenden Begebenheit:

In unserem Bereich der Bauklötze und konstruktiven Rollenspiele waren seit dem frühen Morgen Jungen und Mädchen zwischen sieben und zehn Jahren abwechselnd aktiv gewesen. Jedes der Kinder hatte zwar die von ihm benutzten Sachen auf seine Weise aufgeräumt, doch gegen Ende des Vormittags war die Ordnung in den Regalen alles andere als vollkommen. Eine letzte Gruppe beendete gerade ein großes Bauprojekt. Wenn diese letzten Schienen und Klötze zu der nur halben Ordnung der anderen Materialien geräumt würden, wäre es am Freitag mittag doppelte Arbeit, alle Regale so ordentlich zu hinterlassen, wie das geschehen sollte.

Ich war diese Woche für den Bereich verantwortlich und für einen Augenblick unschlüssig, wie ich mit dieser Situation umgehen sollte. Die letzten Kinder waren ausgerechnet „Sorgenkinder", oft unfähig, zu einer eigenen konzentrierten Tätigkeit zu gelangen. Wenn ich jetzt übertrieben auf Ordnung drängte, könnte ihnen vielleicht die Lust zu neuen Projekten vergehen. Was also tun?

Ich setzte mich erst einmal neben sie auf den Teppich und beschrieb mit wenigen Worten und Gesten, was ich von ihrer Arbeit wahrnahm. Sie nahmen meine Kommentare interessiert auf und schilderten ihrerseits, was sie da vollbracht hatten. Dann sagte ich ihnen, daß es nun gleich Zeit zum Aufräumen sei. Sie wollten sofort ans Werk gehen, doch mit einer Geste sperrte ich den freien Zugang zum Regal. Ich beschrieb weiter, daß hier die Klötze ziemlich durcheinander seien. Sie bekräftigten, daß das von anderen Kameraden stammte, doch jetzt sei es zu spät, um sie zum Helfen herzubringen.

Ich bestätigte das, doch da es Freitag mittag sei, wollte ich selbst heute das Regal in Ordnung bringen. Darum würde ich die ersten Blöcke so einräumen, daß es nachher leicht sei, den letzten Teil darauf zu schichten. Damit waren die Kinder zufrieden. Während ich begann, die Klötze herauszunehmen und neu einzuordnen, begleitete ich jeden kleinen Griff mit einfachen Worten: „Hier ist ein langer, den tu ich auf diese Seite. Diese mittellangen tu ich daneben. Hier unten gibt es Platz für die kurzen, daneben die gebogenen, die dreieckigen ..."

Es dauerte nur wenige Minuten, da kamen die Kinder rundherum wie von selbst auf meine „Wellenlänge". Sie klassifizierten die Bauklötze, fanden den passenden Platz für jeden, arbeiteten zuerst Hand in Hand mit mir, kamen aber bald so in Fahrt, daß ich mich mehr und mehr zurückhielt, um sie in ihrem Eifer nicht zu stören. Schließlich saß ich nur noch dabei und begleitete ihre Tätigkeit mit leisen Worten. Die Arbeit war bestens getan, und dabei waren alle entspannt. Doch dieses Wunder, daß Kinder ohne Druck – nicht erst nach kräftigem Schimpfen, mit Strafen oder Versprechen von Belohnungen – freiwillig dazu beitragen, daß solche Grenzen eingehalten werden, hat seinen Preis: unsere Aufmerksamkeit und unser Gegenwärtigsein. Dies ermöglicht uns, den Prozeß der Kinder zu erspüren und zu beurteilen, wann sie etwas lieber mit uns oder ohne uns tun möchten.

Entwicklungsprozesse brauchen bei aller Freude am Tun immer wieder Hindernisse, die überwunden werden müssen. Schon beim Säugling bringt das leidvolle Momente mit sich, zum Beispiel, wenn ein Kind sich auf eine ungewohnte Seite gedreht hat und nun verzweifelt versucht, in die gewohnte Lage zurückzufinden. Wie schwer ist es für eine Mutter, besonders wenn sie von wohlmeinenden Ratgebern umgeben ist, das Kind solche kleinen Krisen erleben zu lassen, ihm nicht sofort seine Probleme zu lösen und seine Anstrengungen zu verhindern oder zu durchkreuzen! Es scheint das Natürlichste der Welt, einem Kind Gegenstände in die Hand zu geben, nach denen es sich ausstreckt und die es dabei doch nicht erreicht. Oder ein Kind, das sich mit großer Anstrengung aufzusetzen versucht und immer wieder zurückkugelt, einfach hinzusetzen. Unzählige kleine Szenen kindlicher Frustration lassen einen Erwachsenen stets aufs neue mitleiden und lassen ihn unzählige Male einschreiten, vorgreifen, Probleme im

Handumdrehen fürs Kind lösen und – leider – dabei aus Liebe oder Ungeduld in seinen Hilfestellungen viele Grenzen mißachten, die er dem Entwicklungsprozeß des Kindes schuldig wäre. In diesem Balanceakt zwischen Zuviel und Zuwenig ist es hilfreich, sich daran zu erinnern, daß jeder lebendige Organismus „sich selbst macht" und daß dazu gehört, daß das Kind Schwierigkeiten selbst überwindet, die mit seiner jeweiligen Entwicklungsphase im Einklang sind.

Respekt für Lebensprozesse bewahrt uns davor, daß wir bei der Betreuung des Kindes Grenzen überschreiten, die notwendig sind, damit sich die Interaktion von innen nach außen durch jede neue autonome Handlung stärkt. Ohne diese Erwägung kann es dann zu solchen Karikaturen von elterlicher Liebe kommen, wie man sie öfter erlebt: Die Familie sitzt zu Tisch. Die Kinder sind zwischen fünf und elf Jahre alt. Es ist eine ganz normale Familie. Die Eltern sind bemüht, das Beste für sich selbst und die Kinder zu tun. Das Essen auf dem Tisch ist gesund, appetitlich und reichlich. Trotzdem stimmt irgend etwas nicht. Der Gesichtsausdruck der Kinder ist nicht zufrieden. Die Eltern scheinen sich unter Druck zu fühlen und ziehen es vor, sofort zu gehorchen, wenn eins der Kinder ihnen ein Brot mit der Order: „Butter mit Honig!" hinschiebt. Vielleicht haben sie einen unbewußten erstaunten Blick von mir aufgefangen. Jedenfalls wagt der Vater vorsichtig zu fragen: „Möchtest du dir das Brot nicht selbst schmieren?" Doch der Protest verunsichert ihn sofort. Bloß keine Szene, gerade jetzt, wo Besuch da ist!

Respekt für Lebensprozesse ist also *immer* wechselseitig. Wenn wir lernen, so gegenwärtig zu sein, daß schon das kleine Kind im Vertrauen auf unsere Zuverlässigkeit seine Eigenständigkeit in winzigen Schritten aufbaut, wenn also Abhängigkeit und Selbständigkeit sich immer wieder auspendeln und wir mit diesem Prozeß kooperieren, dann geben und empfangen wir soviel Respekt, daß Grenzensetzen sich schließlich auf ein Minimum reduziert.

Bei einem gemeinsamen Seminar mit Anna Tardos* klagte

die Mutter eines fünf Monate alten Babys ihr Leid, daß sie es nie schaffe, ihr Kind ohne Protestgeschrei ins Bett zu bringen. Anna fragte die Mutter nach vielen Einzelheiten und entdeckte dabei, daß die junge Mutter es mit den Worten ins Bett legte: „Leider muß ich dich jetzt ins Bett legen." Dieses „Leider" war Ausdruck einer tiefen Unsicherheit, obwohl das Kind wegen der guten Pflege und Zuwendung mit sich selbst zurechtkommen würde. Das Kind antwortete auf diese Haltung ungeheuer sensibel: Das Leider beirrte es in seinem Selbstvertrauen. Beeindruckend war, daß die Mutter schon am nächsten Morgen froh berichtete, daß sich das Kind ohne dieses „Leider ..." problemlos ins Bett legen ließ und die Nacht friedlich verlaufen war!

Dieses Mitleid, das es uns immer wieder erschwert, die Grenze zwischen Erwachsenen und Kindern zu respektieren und das Wachsen von Autonomie zuzulassen, ist besonders akut im Umgang mit behinderten Kindern. Zumindest im Pesta konnten wir oft sehen, daß es Eltern und Betreuern besonders schwerfällt, Kindern mit besonderen Bedürfnissen Grenzen zuzumuten. „Die armen Kerlchen, soviel haben sie gelitten. Ich jedenfalls will ihm nicht auch noch Schmerz zufügen!" Es ist sicher nicht einfach, sich im Umgang mit einem solchen Kind daran zu halten, daß „Leben begrenzt sein heißt" und wir keineswegs menschlicher vorgehen, wenn solch ein Kind alles darf, was für andere verboten ist. Bei Erwachsenen, die als Kinder auf diese Weise „geschont" werden mußten, haben wir die Erfahrung gemacht, daß sie mit den einfachsten Grenzen nicht umgehen können.

* Kinderärztin, Tochter von Dr. Emmi Pikler und derzeitige Vizedirektorin des Pikler-Insitutes (Lóczy)in Budapest

Spiele

Das häufigste Argument von Eltern, die in den letzten zwanzig Jahren ihre Sprößlinge aus dem Pesta herausgenommen haben, bestand in dem Vorwurf: „Die Kinder spielen viel zuviel. Zugegeben sie sind kreativ, glücklich, haben Initiative und große soziale Fähigkeiten. Aber einmal muß das Spielen ja aufhören. Schließlich müssen sie endlich mal lernen, still zu sitzen, zuzuhören, auch das zu tun, was sie nicht interessiert. Wie sollen sie sonst einen Platz in der Gesellschaft finden?"

Erwachsene finden also, daß Spielen dort seine Grenzen hat, wo richtige Arbeit anfängt. Und richtig arbeiten heißt in den meisten Fällen: Das tun, was nötig ist oder was man vielleicht später einmal brauchen kann. Da Kinder das aber noch nicht selbst beurteilen können, brauchen sie erfahrene Menschen (Erwachsene!), die ihnen Anweisungen geben, sie motivieren und mehr oder minder sanft führen. Dafür sind ihnen alle Mittel willkommen, nicht zuletzt Lernspiele, denn sie versprechen selbst da Erfolge, wo mit traditionellen Arbeitsmethoden nicht mehr viel zu erreichen ist.

Doch hier möchte ich von einer anderen Art Spiel berichten: von dem *spontanen* Spiel, das überall auf der Welt in den unwahrscheinlichsten Situationen in Erscheinung tritt, gerade so, wie „Unkraut" hervorsprießt, das Spezialmaschinen immer wieder aus dem Asphalt entfernen und das sich sogar im Beton noch durch die winzigste Ritze seinen Weg erkämpft. Es ist die Art Spiel, die wir sogar beim strengsten Mathelehrer noch unter dem Tisch heimlich zustande brachten oder die Kinder selbst auf der grauesten Straße, im engsten Zugabteil oder in der kahlsten Wohnung wie ein Wunder entstehen lassen. Und das erst durchs Fernsehen verschluckt und durch Nintendo ersetzt und verzerrt werden konnte.

Wenn ich an die unzähligen Generationen von jungen Katzen und Hunden denke, die in unserer Familie über die Jahre aufwuchsen und die uns mit ihren Spielen erheitert haben, kommt mir die ketzerische Idee, daß selbst der „Schöpfer aller Kreatur" ein großer Spielmann sein muß. Dieser Gedanke scheint mir von Konrad Lorenz in seinen Beschreibungen der Evolution des Lebens auf unserer Erde bestätigt. Die gesamte Entwicklung, das Zusammenspiel äußerer und innerer Abläufe, das offenbar keinem geradlinigen Plan folgt, aber doch nach Sinn, Wachstum und Reife drängt, läßt vermuten, daß ein Prinzip von Freiheit – allerdings so, wie beim Schachspiel, mit gewissen Grundregeln – das ganze große Schauspiel trägt. Und ist nicht auch Rupert Sheldrake in seiner Erforschung der „morphogenetischen Felder" diesem Freiheitsprinzip auf der Spur?

Echtes Spiel hat eine geheimnisvolle Beziehung zum Erlebnis der Freiheit. Es beschenkt den Organismus mit einem gesteigerten Lebensgefühl, mit Spannung, Freude, Verzweiflung oder tiefer Befriedigung. Wenn Kinder spielen, wissen wir, daß sie gesund sind. Spielen ist für sie gleichbedeutend mit lebendig sein. Wie verhalten sich aber Erwachsene diesem Phänomen gegenüber? Schauen wir uns einige Einstellungen an, die je nach den Umständen, den Erwartungen und dem Verständnis variieren. Dabei will ich hier nicht auf die Problematik eingehen, daß viele Kinder auf der Welt fast nicht zum Spielen kommen, weil sie mit ihrer Arbeit zum Unterhalt der Familie beitragen oder ständige Verantwortungen im Haushalt und bei der Betreuung jüngerer Geschwister übernehmen müssen. So war ich bei einer Indianerfamilie Zeuge, wie eine Mutter die leeren Konservendosen, mit denen ihre sechsjährige Tochter „Haus" spielte, ungeduldig mit dem Fuß trat und das Mädchen zu den richtigen Töpfen in die Küche schickte.

Wenn in anderen Kulturen die Kinder einigermaßen friedlich spielen, atmen die Erwachsenen meist auf. Ihre Sprößlinge sind beschäftigt, jetzt können sie ihren eigenen Aufgaben oder Interessen nachgehen, Arbeiten erledigen, lesen, fernsehen, telefonieren oder endlich mit Erwachsenen reden. Erst wenn das Spiel störend wirkt oder Hilferufe sie aus ihrer Ruhe aufschrecken, unterbrechen sie ihre Beschäftigung notgedrungen mit einem Stoßseufzer.

Oder aber Erwachsene spielen mit Kindern, geben ihnen Ideen oder – umgekehrt – versuchen, so gut es geht, den Anweisungen der Kinder zu folgen: „Jetzt bist du die Hexe, nein nicht so; sei besser die Großmutter." Das geht meist nicht ohne gegenseitiges Manipulieren; der Erwachsene muß so tun, als ob er Freude am Spiel hätte, er will behilflich sein oder soll dies oder jenes tun, weiß nicht recht wie, und meist ist keiner vollkommen zufrieden.

Zwischen diesen beiden Varianten – Kinder alleine spielen lassen oder aktiv mit ihnen spielen – gibt es jedoch eine ganze Palette von Möglichkeiten respektvoll auf das kindliche Spiel einzugehen. Kinder spielen allein oder in Gruppen – in einer Umgebung, die natürliche und kulturelle, unstrukturierte und strukturierte Elemente enthält. Und wir Erwachsenen sind dabei: Wir nehmen wahr, urteilen aber nicht; zeigen Interesse, führen und organisieren aber nicht; fühlen und denken mit, sind uns aber bewußt, daß wir uns erst allmählich an ein Verständnis dieses Phänomens „Spiel" herantasten. Unsere Gegenwart ist durch das Verständnis vollkommen gerechtfertigt, daß wir als Spiegel dienen, in dem Kinder sich selbst auf neue Weise erblicken. Doch für uns selbst sind wir Lernende, die im Spiel der Kinder den Geheimnissen des sich selbst machenden Organismus auf der Spur sind. Solch eine Haltung bringen wir nur zustande, wenn wir akzeptieren, daß uns der Zweck oder das direkte Ziel dieses Spiels unbekannt ist und wir es auch nicht unseren Zielen unter- oder in sie einordnen können.

Wenn schon bei höheren Tierarten das Spiel einen wichtigen Platz im Leben der Jungen einnimmt, so steigert es sich beim menschlichen Kind, dem „Ebenbild des schöpferischen

Spielmanns“, und hört selbst beim Erwachsenen nicht auf. Im lebendigen und freien Spiel werden auch Grenzen als grundlegender Bestandteil des organischen Lebens immer wieder erfahren und führen damit zu immer neuen Formen des Spiels. Die Mahnung geplagter Erwachsener: „Wenn ihr nicht ordentlich [oder ohne Streit] spielen könnt, hört das Spiel auf!“ steht zu dieser Art der Zuwendung in deutlichem Widerspruch.

Unsere Hochachtung vor dem Spiel wächst zusehends, sobald wir anfangen, uns als aufmerksame Betrachter diesem Geschehen zu nähern und dabei zu entdecken, daß Spiel und Arbeit keineswegs getrennt erscheinen, sondern vielmehr als eine gemeinsame schöpferische Tätigkeit der Entwicklung dienen. Statt uns zu langweilen, kommen wir allmählich zum Staunen, und in uns wächst der Wunsch, mit diesem Prozeß kooperieren zu können. Und erst aus einer solchen Haltung von Wertschätzung entsteht unser Verständnis für Grenzen, die mit diesem Prozeß in Einklang sind.

Unser Staunen kann schon beginnen, wenn wir einem Säugling interessiert zuschauen, denn ein gesundes Baby folgt schon früh dem Impuls, diejenigen Tätigkeiten spielerisch zu variieren, die zu seinem Überleben notwendig sind. Das geschieht freilich erst, wenn sein vorherrschendes Bedürfnis, wie etwa der schlimmste Hunger, befriedigt ist. Und auch nur dann, wenn das Kind sich angenommen und respektiert fühlt. Für dieses frühe Spiel gibt es verschiedene Anlässe. So beginnt der Säugling vielleicht, mit der Brust oder der Flasche zu experimentieren, mit ihr auf unerwartete Weise umzugehen, mit seinem eigenen instinktmäßigen Handeln zu experimentieren, bis nach und nach seine Motorik und seine Sinne immer feiner und komplexer werden.

Dabei kann es vorkommen, daß er der Mutter in die Brust kneift oder beißt oder ihr schmerzhaft an den Haaren zieht. Und das ergibt schon eine frühe Gelegenheit, eine klare Grenze zu setzen, selbst in einem Alter, in dem Erwachsene sich viel gefallen lassen, „weil das Kind es ja nicht besser versteht“.

Eine andere naturgegebene Aktivität des Säuglings ist sein

Drang zur Nachahmung. Auch hier zeigt sich eine allmähliche Entwicklung: Anfangs macht das Kind vielleicht die Haltung meines Kopfes nach, ahmt die Bewegung eines Arms oder der Augen nach. Dann bemerken wir, wie es mit dieser direkten Nachahmung übt, sie wiederholt, auch wenn das „Modell“ nicht zugegen ist, und wie es diese Nachahmung nach und nach abwandelt und neue Varianten erfindet. Doch bei dieser natürlichen Tendenz zur Nachahmung sind wir Erwachsenen es, die uns selbst Grenzen zu setzen haben! Denn wie verführerisch ist es, ein Kind immer neu zur Nachahmung anzuregen, um zu sehen, wie „intelligent“ es schon ist. Und schließlich wird dann aus dieser Gewohnheit ein ständiges Abrichten: „Mach mal winke, winke!“; „Sag doch noch mal das lustige Wort“; „Sing doch noch mal das schöne Liedchen!“ Wie oft vergnügen Erwachsene sich mit dieser kindlichen Lust am Nachahmen, die ein wichtiger Spielantrieb für Kinder ist! Und solche von außen motivierte Imitation verursacht, daß ein Kind sich nach und nach von sich selbst entfremdet und bald für sein Wohlergehen und seine Anstrengungen vom Beifall anderer abhängig wird.

Was uns nottut, um zu lernen, mit Kindern nicht „herumzuspielen“ oder von ihnen manipuliert zu werden, ist ein klarer Rahmen, der weit genug gesteckt ist, in dem natürliche und spontane Beziehungen zu Kindern zwar Platz haben, der uns aber hilft, das zweifache menschliche Bedürfnis im Auge zu behalten: nämlich die grundsätzliche Abhängigkeit von Liebe und Zuwendung einerseits und zum andern die Wichtigkeit der Eigenständigkeit für die echte Selbstverwirklichung.

Beim Kleinkind ist dieser doppelte Aspekt deutlich erkennbar, wenn wir es fertigbringen, seine Pflege so zu gestalten, daß es sich während dieser Zeit an unserer ungeteilten und respektvollen Zuwendung sättigen kann, und wir ihm dann Möglichkeiten gewähren, in der Gewißheit unserer Nähe sich selbst zu beschäftigen – in seinem Bettchen oder in einer begrenzten vorbereiteten Umgebung seinen eigenen Entwicklungsbedürfnissen nachzugehen. Schon früh wird dann deutlich, daß dabei Spiel und Arbeit in einer von innen her geleiteten Aktivität zusammenfallen und daß sie einem *inneren* Plan folgen, der seine eigene *innere* Ordnung hat.

Das ganze Geschehen dieser frühkindlichen spontanen Tätigkeiten offenbart, wie der junge Organismus in kaum merklichen Übergängen und Errungenschaften sich selbst und seine eigenen Fähigkeiten aufbaut, wie er zum Beispiel zunächst in der Rückenlage sein Gleichgewicht sucht und in dieser Lage dann an der Koordination seiner Hände und Augen arbeitet. Wie er weiterhin, kaum hat er sich eine sichere Position erobert, die teuer erworbene Sicherheit verläßt und um neue Möglichkeiten ringt, von der Rücken- in die Bauchlage, über rollende und schlängelnde Bewegungen und probeweises Anheben des Rumpfes, nach und nach den Körpermittelpunkt nach oben verlagert, bis er in seiner eigenen Zeit zum Sitzen, Stehen und Gehen findet.

Diese Tätigkeit, die der Bewegungs- und Gleichgewichtsentwicklung dient, ist eng verbunden mit feinmotorischen und sinnlichen Übungen, dem Erforschen des eigenen Körpers und seiner persönlichen Kompetenz sowie der Umwelt. Und all diese Arbeit – oder wie Erwachsene es häufig sehen, all dieses kindliche Spiel – läßt einen *eigenen* Rhythmus erkennen, wenn er nicht durch Unverständnis der Umgebung unterbrochen oder umgeleitet wird. Dabei wechselt ein gewisser Prozentsatz neuer Erkundungsarbeit regelmäßig mit dem Einüben bekannter Handlungen ab. Um Gegenstände konzentriert zu handhaben und zu untersuchen, sucht sich das kleine Kind die Lage, in der es sich am sichersten fühlt. Feinmotorische lösen grobmotorische Tätigkeiten nach eigenem, vom Kind selbst gefühlten Rhythmus ab.

Damit all dies ungestört ablaufen kann, braucht das Kind nicht nur die Gewißheit, daß es gepflegt wird und Zuwendung bekommt, sondern auch eine geeignet begrenzte Umgebung – nicht zu eng und nicht zu weit – und ein brauchbares Maß an Sinneseindrücken. Viele Ortsveränderungen, häufiges Herumfahren, viele fremde Leute oder ein Umzug können das annehmbare Maß an Eindrücken übersteigen. Es kann geschehen, daß das kleine Kind unter solchen Umständen wenig Neues probiert, mit sich selbst und der Welt unzufrieden wird, sich abschirmt, ständig nach Unterhaltung und neuen Abwechslungen verlangt oder Zeichen mangelnder Harmonie und Selbständigkeit zeigt.

Erst wenn wir uns immer von neuem darüber klar werden, daß Spiel und Arbeit tatsächlich für den jungen Organismus eine Tätigkeit bedeuten, kann sich unser Verständnis für diese Aktivitäten vertiefen, und somit kann sich unser Verhalten dem tätigen Kind gegenüber verändern. Das Kind ist mit sich selbst oder einem Gegenstand beschäftigt – statt der Lust, es aus eigenem Gutdünken einfach zu unterbrechen, wächst dann wohl unser Interesse: In welchem Zustand ist es? Was zieht seine Aufmerksamkeit auf sich? An welcher Schwierigkeit arbeitet es gerade? Was ist der eigentliche Inhalt seiner Bemühungen?

Unsere eigene Situation oder die konkreten Umstände können hin und wieder verlangen, unsererseits dem Spiel des Kindes ein Ende zu setzen. Dank unserer achtsamen Haltung wird es zu einer ganz natürlichen Gewohnheit, dies mit der gleichen Achtung wie bei einem Erwachsenen zu tun, der mitten in einer wichtigen Arbeit steckt. Wenn wir etwa zum Essen einladen, geben wir genügend Zeit, damit unsere Gäste einen bereits begonnenen Arbeitsgang abschließen können. So auch bei Kindern. Und je kleiner das Kind, desto notwendiger sind nichtverbale Signale – vielleicht zeigen wir ihm sein Lätzchen oder seinen Teller –, die zusammen mit einfachen Worten klare Hinweise auf das geben, was als nächstes geschehen soll. Das gleiche gilt, wenn wir mit dem Kind notgedrungen ausgehen müssen oder sonst irgendein Ereignis die Unterbrechung seiner Tätigkeit erfordert.

Daß Spiel und Arbeit beim kindlichen Tun zusammenfallen, bereitet uns Erwachsenen immer wieder auf verschiedene Weise Mißbehagen und verleitet uns zu oft ungeeignetem Eingreifen. Einesteils ist es für uns schwer mitanzusehen, wie sehr ein Kind sich beim Erringen einer neuen Fertigkeit „quält". Das fängt schon ganz früh an: Wenn das Baby sich zu drehen versucht; wenn es einen Gegenstand, der knapp außerhalb seiner Reichweite ist, greifen möchte; wenn es seinen Kinderwagen immer wieder gegen ein Hindernis stößt, das einfach nicht weichen will; wenn dem Kind Erfahrung mit einem Werkzeug fehlt und ihm mißlingt, was es sich vorgenommen hat.

Das Leiden des Kindes dringt dann schnell in unsere eigene Gefühlsmembrane ein; sein Ächzen, Stöhnen und Schimpfen macht uns nervös. Und es scheint das Natürlichste der Welt, dem Kind aus lauter Liebe und Mitleid seine Schwierigkeiten abzunehmen: Wir drehen und wenden es, setzen oder stellen es – schließlich sieht man ja, was das Kind erreichen möchte. Warum es ihm also nicht erleichtern? Den Gegenstand, den es nicht erreichen kann, geben wir ihm in die Hand, den Kinderwagen drehen wir so, daß kein Hindernis mehr da ist, wir öffnen die Schachtel, die nicht so will wie das Kind, und erledigen schnell und effizient hundert Dinge, mit denen das Kind sich doch nur abmüht. All das kann leicht geschehen, wenn wir die Wichtigkeit der kindlichen Tätigkeiten unterschätzen. Wenn Kinder dann kaum noch Anstrengungen machen und von uns immer häufiger verlangen, daß wir ihre Schwierigkeiten lösen, glauben wir womöglich, daß etwas mit dem Kind nicht stimmt.

In anderen Momenten wird es für uns zu einer Mühsal, wenn Kinder uns „helfen" wollen. Kaum können sie laufen, schon wollen sie wie die Mama fegen, abwaschen, kochen und backen, Wäsche zusammenlegen, Betten machen oder Fenster putzen. Doch oh Schreck – das Kind tut das keineswegs, damit die Arbeit schnell getan ist! Kaum ist ein Häufchen Dreck zusammengefegt, schon wird es wieder in der Stube verteilt. Denn das Kind hat Freude an der Bewegung, an den verschiedenen Mustern, die es mit dem Staub zaubern kann – das Kind spielt und hat kein Verständnis für die Eile der Mutter, die solche Dinge tut, damit sie möglichst schnell erledigt sind. Ich habe Dreijährige erlebt, die stundenlang das gleiche Geschirr abgewaschen haben, dabei innige Beziehungen zum Schaum, zum Fließen des Wassers, zum Klappern der Teller entwickelten und sich dann ausgedehnt und genußvoll dem Aufwischen der Wasserlachen in der Küche hingaben. Beim Kochen können kleine Kinder so in Fahrt kommen, daß sie alles Greifbare zusammenmischen. Die gleichen Kartoffeln schneiden und schnippeln sie so lange, bis nur noch winzige Stückchen übrigbleiben; aus dem Kuchenteig formen sie die verwegensten Gebilde ihrer Fantasie. An einer Socke können sie ein ganzes Stück Kernseife verbrauchen und dann die ganze Bescherung liegenlassen und sich etwas Neuem zuwenden.

An diesen bekannten Szenen können wir wahrnehmen, daß Kinder die Dinge *nicht* tun, weil sie erledigt werden sollten, sondern um ihre eigenen von innen gesteuerten Entwicklungsbedürfnisse zu erfüllen. Bei Kindern unter sieben oder acht Jahren ist dabei das Bedürfnis nach Koordination von Bewegung und Sinnen und der Erfahrung der Qualität der Dinge vorrangig; bei älteren Kindern kommt der Antrieb aus der Frage: „Was geschieht, wenn ich etwas tue und es auf diese oder jene Art verändere? Was sind die Regelmäßigkeiten der äußeren Wirklichkeit, und welche Folgen hat es, wenn ich sie nicht beachte?" Und immer ist all dies Tun von starken Gefühlen begleitet – von Genuß oder Frustration, starken Erwartungen, Enttäuschungen und immer wieder von Optimismus: „Heute schaffe ich es gerade so, aber morgen wird es schon besser gehen!"

Das Grundgefühl fürs ganze spätere Leben kommt also aus der Kindheit: wie wir uns bei der Arbeit fühlen und ob wir ein Gleichgewicht zwischen Arbeit und Muße finden, uns spontan immer wieder entspannen können. Aber auch die Möglichkeit, mit Dingen und Situationen kreativ umzugehen, nicht einfach mechanisch zu wiederholen, was man sich schon angeeignet hat; sich nicht mit der Nachahmung eines Modells zufriedenzugeben, sondern immer neue Varianten und neue Perspektiven zu wagen, auf Schritt und Tritt Neues zu entdekken, neue Kombinationen zu erfinden – all diese Fähigkeiten erwachsen aus dem für Erwachsene so oft unbequemen kindlichen Spieldrang, dem jedes Mittel und jeder Weg recht ist.

Daraus wird wohl deutlich, wie heikel das Grenzensetzen für den kindlichen Spieltrieb sein muß. Einerseits verlangt es von uns Erwachsenen Mitdenken, Geduld, öfter auch Hintanstellen eigener Wünsche. Andererseits sind Grenzen notwendig zur Orientierung in einem größeren sozialen Zusammenhang, der nicht nur von den starken Impulsen des Kindes gegeben ist: Ein Baby spielt mit der Brust der Mutter. Wenn es dabei schmerzhaft kneift, wird es respektvoll, aber deutlich abgewehrt. Sandspielen ist ein echtes Bedürfnis für alle Kinder, doch vor den Blumentöpfen im Wohnzimmer müssen sie haltmachen.

Die Antwort auf dieses Dilemma liegt offenbar in unserer Bemühung, Umgebungen so vorzubereiten und abzugrenzen, daß sie sowohl für Kinder wie auch für Erwachsene geeignet sind: vielleicht im Badezimmer ein kleiner Wassertisch, in der Garage eine Sandkiste, in der Küche ein niedriges Regal, in dem auch der Dreijährige Kochutensilien und Zutaten findet. Beim Gemüseschneiden ein Brett fürs Kind, auf dem es ein paar Rüben nach Lust kleinhacken kann und daneben ein Brett, auf dem die Mutter oder der Vater das Familienessen bereitet. So könnte das Kind viele Sachen nach eigenem Verlangen tun, sich begleitet fühlen, dabei Fertigkeiten erlangen und dann allmählich fähig werden zu wirklicher Kooperation, die zu unserem Erstaunen zu einer echten Hilfe und Leistung werden kann.

Wenn Kinder in einer geeigneten Umgebung und in Gegenwart verständnisvoller, nichtdirektiver Erwachsener tätig sein können, treten verschiedene Phasen in ihrem Spiel zutage – zunächst Phasen der Erforschung neuer Möglichkeiten, die häufig mit dem Überwinden von Hindernissen, Anstrengungen und Frustration verbunden sind. Hin und wieder geschieht es, daß ein kleines Kind in eine Situation gerät, aus der wir es tatsächlich „retten“ müssen: Vielleicht hängt es an einer hohen Kletterstange. Obwohl es selbst hinaufkam, wird ihm plötzlich da oben schwindlig, es baumelt hoffnungslos und braucht unsere Unterstützung, um den Weg zurück zu finden. Doch solche Situationen sind selten, wenn wir wirklich vermeiden, Kinder „hinaufzuheben“ oder sie durch unseren Zuspruch in Umstände hinein zu manövrieren, die über ihre Reife hinausgehen.

Nach dieser ersten Phase des Abenteuers und der Anstrengung beginnt die Zeit, in der diese neue Fähigkeit geübt wird. Dabei können wir beobachten, wieviel flüssiger und automatisierter die Handlung wird. Doch bei diesem Üben ist noch immer ein gewisses Element der Arbeit zu erkennen. Allmählich geht das Übungsspiel aber ins „Meisterspiel“ über, das offenbar nur noch der Freude am Beherrschen der Tätigkeit dient. Ich glaube, daß wir Erwachsene gerade gegen dieses Meisterspiel Widerstand in uns verspüren. Im Gegensatz zu uns „verantwortlichen“ Erwachsenen, scheint das Kind hier unbeschwert, nur der Lust am Spiel hingegeben. Es spielt, während wir so hart arbeiten. Und mit Besorgnis denken wir daran, wie wohl solche lustbetonten Kinder sich einmal der „Härte des Lebens“ stellen werden. Sollten sie nicht doch besser den Mülleimer leeren gehen, statt so lange und genußvoll zu schaukeln?

Der beste Weg, dem „Treiben der Kinder“ mit einer interessierten, respektvollen Haltung zu begegnen und gleichzeitig Anhaltspunkte für notwendige Grenzen zu finden, tut sich meines Erachtens aus dem Wunsch nach einer tieferen Einsicht in den eigentlichen *Sinn des Spielens* auf. Versuchen wir darum, verschiedene Arten von Spielen getrennt zu betrachten, obwohl sie stets aufeinander aufbauen und ineinandergreifen. Zwei Grundarten wurden bereits erwähnt, die gesunde Säuglinge und Kleinkinder auf der ganzen Welt entwikkeln: Sie variieren von klein auf instinktive Handlungen, die ursprünglich aus dem angeborenen Überlebensrepertoire entspringen. Dabei wirken ständig zwei Strategien mit: Kinder suchen Modelle zum Nachahmen, wandeln aber die unscheinbarsten Tätigkeiten auf experimentelle Weise ab. Wenn wir jedoch genauer hinschauen, entdecken wir in der Vielfalt der Varianten Muster und Rhythmen, die sich ähneln und dabei doch ihre eigene Charakteristik zeigen.

Diese Spiele, die dem Aufbau der Motorik und der kreativen Interaktion mit der Umwelt dienen, beinhalten eine besondere Art, die offenbar den Vätern leichter zugänglich ist als den Müttern. Wie kommt es, daß Kinder nicht nur immer wieder miteinander balgen und raufen, sondern sich besonders glücklich fühlen, wenn Erwachsene sich mit ihnen auf dem Boden wälzen, sich mit Stoßen und Püffen, Boxen und Beinstellen umwerfen lassen, dabei urwüchsige Geräusche von sich geben, lachen und manchmal auch weinen, protestieren und sich schnell wieder einigen, vorsichtiger zu sein, damit dieses Spiel immer weitergehen kann?

Ist dieses Spiel nicht ein Grundbedürfnis, das Menschenkinder mit vielen Säugetieren gemeinsam haben? Ist es wohl eine wichtige Strategie, die der Entwicklung des „Säugetiergehirns" (das heißt des limbischen Systems) dient, also Gefühle, motorische und sinnliche Fähigkeiten koordiniert und damit beim Menschen grundlegende Weichen für das Reifen der kognitiven Funktionen stellt?*

Beim genaueren Betrachten dieses Spiels merken wir, daß weitaus intensiver als in irgendeiner anderen Spielart, gerade hier Grenzen erlebt, bewußtgemacht, markiert und konstatiert werden. Der enge Kontakt der Körper macht besonders eindrücklich, wo ein Organismus endet und der andere beginnt. Jede Bewegung erfordert eine Entscheidung: Wie weit darf ich gehen? Was erlaube ich und was nicht? Was tut mir weh, wann tue ich dem anderen weh? Was erschreckt mich? Wie kann ich den anderen erschrecken, aber ohne ihn zu verletzen?

Wenn sich Kinder im Pesta balgen, gehen wir in die Nähe,

---

* Ausführlich befaßt sich Rebeca Wild mit den Gehirnstrukturen und ihrer Bedeutung für die kindliche Entwicklung in ihren Büchern *Erziehung zum Sein* und *Sein zum Erziehen.* (Anm. d. Hrsg.)

statt uns abzuwenden. Wir versuchen, den emotionalen Zustand jedes Kindes wahrzunehmen. Wenn ein Kind ängstlich, gespannt oder zornig wird, gehen wir ein Stück näher, verbalisieren eine mögliche Grenze: „Wenn einer von euch nicht mehr will oder weint, hört das Spiel auf." Wir Großen lassen uns besonders mit kleineren Kindern auf Raufspiele ein, klären aber unsere Grenzen ab: „Ich spiele nur ohne Beißen, ohne Fußtritte, Kratzen oder Spucken"; „Ins Gesicht laß ich mich nicht schlagen" ... Ein Kind, das mir durch gezielte Bewegungen weh zu tun versucht, bekommt durch eine geschickte Wendung meines Körpers unter Umständen seinen eigenen Anschlag zurück. Vor allem machen wir klare Unterschiede zwischen Balgen und Raufen, was ein Spiel mit gegenseitigem Einverständnis ist, und Aggressionen gegen jemanden, die wir nicht zulassen.

In diesem sicheren Rahmen können Kinder das Balgen und das Raufen bis hin zu fast formellen „Kampfspielen" miteinander und mit Erwachsenen genießen. In einer entspannten Umgebung ohne äußeren Leistungsdruck und autoritäre Erziehungsmaßnahmen, wohl aber mit klaren Grenzen des gegenseitigen Respekts, blüht diese Art von Spiel in allen Altersgruppen, oft bis in die Pubertät und sogar danach immer wieder auf, doch nun nicht mehr mit Erwachsenen-Regeln – eigene Regeln werden formuliert, ihr Einhalten streng überwacht und das Selbstgefühl jedes einzelnen garantiert.

Körperkontakt, das Gefühl von Zuneigung, geeignete Zuwendung und das Erlebnis von enger Beziehung sind besonders in den kleinen Raufspielen zwischen Eltern und Kindern vereint. Wie solch urwüchsiger menschlicher Kontakt durchkreuzt werden kann, erlebte ich kürzlich bei einer Zugfahrt von Zürich nach Graz. Neben mir saß ein freundliches Ehepaar mit einem etwa neunjährigen Sohn. Vater und Mutter versuchten, die langen Reisestunden mit Lesestoff und Unterhaltungen zu verkürzen. Allerdings waren sie sehr besorgt um das gute Image der Familie. Sobald der Junge etwas lauter redete, zischelten die Eltern um Ruhe und bestanden darauf, daß er sich nicht von seinem Platz entferne. Nach einigen Stunden brauchte das Kind dringend Bewegung und versuchte, mit dem Vater ein wenig herumzuboxen. Mit einem besorgten Blick auf mich raunte er dem Jungen zu: „Sitz anständig!"

Fast im gleichen Augenblick zeigte das Kind mit dem Finger auf die Landschaft und fragte laut: „Was ist das da für eine geologische Formation?" Obwohl der Vater scheinbar wenig von der Materie wußte, begann er mit einer langen Erklärung (mit besorgten Blicken, ob die Mitreisenden etwa zuhörten). So wie viele Kinder hatte auch dieser Junge eine Strategie entwickelt, um sein Bedürfnis nach Körperkontakt und unbeschwerter menschlicher Beziehung zu ersetzen: Fragen und Erklärungen – seien sie auch an den Haaren herbeigezogen und unzulänglich – müssen in der Not reichen!

Der fast pausenlose Bewegungsdrang der Kinder, ihre Neugierde, Lust am Anfassen und Auseinandernehmen, ihr Drang, immer wieder neue Arten von Handlungen auszuprobieren, sich selbst und die Welt rund herum auf den Kopf zu stellen, Freude und Leid freimütig zu äußern – all das sind Elemente, die leicht Gereiztheit und Spannung in das Zusammenleben von Groß und Klein bringen. Ein großer Prozentsatz von dem, was normalerweise als Erziehung bezeichnet wird, hat mit der Einschränkung oder Sublimierung dieser kindlichen Neigungen zu tun. Wenn wir aber eine gewisse Vorstellung davon bekommen, was bei diesen spontanen Tätigkeiten im kindlichen Organismus abläuft, verändert sich notwendigerweise unsere Haltung und mit ihr unsere Beziehung zum Kind.

Nicht nur, daß ein sich bewegendes Kind Muskeln ausbildet, tiefer atmet, beim Schwitzen Giftstoffe ausscheidet und ein starkes Herz entwickelt. Jede spontane Interaktion erzeugt gerade während der Wachstumsjahre die innere Vernetzung in den verschiedenen neurologischen Systemen, die dem Begreifen und Verstehen der Welt zugrunde liegt. Das „mathematische Zentrum", Treffpunkt aller sensomotorischen Erfahrungen, erlaubt das Verstehen logischer Zusammenhänge und Verknüpfungen. Je reicher die Vernetzungen sind, um so mehr gestatten sie das Erkennen von Gesetzmäßigkeiten, Flexibilität im Denken und die Fähigkeit, konkrete Handlungen mit abstrakten Überlegungen mühelos zu verbinden.

Jede körperliche Richtungsänderung schafft Grundlagen für räumliche Wahrnehmungen, schafft inneres Verständnis für Längen, Höhen und Tiefen, Winkel, Drehungen und Trigonometrie. Jedes neue Spiel erzeugt eine Art inneres Gefäß zum Fassen aller physikalischen Gesetze, die unserem Planeten zu eigen sind – so etwa Verständnisstrukturen für Energie, Schwerkraft, Zentrifugalkraft, Zeit, Geschwindigkeit, Widerstand oder Temperatur. Und in dieser Interaktion zwischen Erfahrungen mit und im eigenen Organismus und den äußeren Wirklichkeiten und Gesetzmäßigkeiten entwickelt sich die Fähigkeit, zwischen Innen und Außen zu differenzieren, verschiedene Standpunkte einzunehmen und zu erfahren, daß jeder neue Gesichtspunkt neue Urteile und neue Begriffe mit sich bringt.

In dieser Auseinandersetzung zwischen Organismus und Umwelt, die dem Auf- und Ausbau persönlicher Fähigkeiten dient, wechseln Kinder, die in einer geeigneten Umgebung aufwachsen, zwischen Alleinsein (sich selbst auf die Probe stellen) und Perioden, in denen sie lieber mit anderen zusammen spielen, ab. Wenn wir bemerken, daß sich bei einem Kind über lange Zeit kein Gleichgewicht zwischen individueller Tätigkeit und Tätigkeit in der Gruppe einstellt, fangen wir an, nach Störungsfaktoren zu suchen. Diese können in einer ungeeigneten Umgebung, vielleicht an einer schwierigen Beziehung zu den verantwortlichen Erwachsenen, Verlassensein oder an unklaren Grenzsetzungen liegen.

Vielleicht sind es alle diese Faktoren miteinander, die in Wechselwirkung stehen. Wir raten Eltern, deren Kinder die Nachmittage grundsätzlich nur in einer Schar von Freunden verbringen wollen, diese gegenseitigen Einladungen zeitlich zu begrenzen. Doch das allein reicht nicht. Gleichzeitig müssen wir die häuslichen Umstände unter die Lupe nehmen. Gibt es in dieser Umgebung, was das Kind in seiner jetzigen Entwicklungsphase braucht? Und wie steht es um die grundsätzliche emotionale Sicherheit, welche, von den Erwachsenen ausgehend, dem Kind eine feste Grundlage für eigenständiges Tun geben muß? (Bei jungen Schafen, die ein Defizit an mütterlicher Nähe erlitten haben, wurden Störungen in ihrem Spieltrieb und in ihrem Umgang mit anderen Jungtieren entdeckt!)

In den ersten Jahren des Pestalozzi-Projekts, als wir oft übermäßig damit ausgelastet waren, unsere Arbeit aufzubauen und uns anderen Leuten zuzuwenden, beharrte unser damals achtjähriger Sohn Rafael darauf, daß wir an einem bestimmten Wochenende wirklich nur für ihn dasein und niemanden ins Haus lassen sollten, der nicht zur Familie gehört. Wir akzeptierten seinen dringenden Wunsch und waren bereit, ihm diese Tage ganz zu widmen. Doch welche Überraschung, als er draußen auf den Bäumen herumkletterte und im Garten grub, ohne nach uns zu verlangen. Nach einer geraumen Zeit schaute er zu uns herein und fragte: „Seid ihr allein? Kein Besuch da?“, um dann auf einem freien Feld mit Nachbarskindern Ball zu spielen. Dieses Hin und Her wiederholte sich an jenem Wochenende mehrmals, oft genug, um uns eine gehörige Lektion zu erteilen: Wir hatten offenbar versäumt, Rafael genug Erlebnisse zu ermöglichen, in denen wir deutlich ganz für ihn da waren. Kaum kam er zu der Überzeugung, daß wir bereit waren, im Umgang mit anderen klare Grenzen zu setzen, pendelte sich sein Bedürfnis nach eigener Tätigkeit und Zuwendung wieder ein. Wichtig waren für ihn außerdem die festen Mahlzeiten, nicht unbedingt, weil er hungrig war, sondern weil sie das geruhsame Zusammensitzen und Miteinandersein garantierten.

Wenn Kinder an solchen klaren Situationen Mangel leiden, in denen die Erwachsenen freiwillig ihren eigenen Interessen und Verpflichtungen Grenzen setzen, um mit den Kindern zu sein, probieren sie häufig aus, inwieweit sie Abmachungen mißachten können. Viele suchen ständiges Zusammensein mit Freunden, auch wenn das Spielen mit ihnen disharmonisch sein sollte. Eltern dagegen neigen nicht selten dazu, ihre mangelnde Gegenwart mit Überbehütung oder Verwöhnen wettzumachen und ihre Liebe mit vielen Umarmungen, entzückenden Worten und Geschenken zu bekräftigen.

Es besteht kein Zweifel, daß die Fähigkeit und die Art zu spielen mit sozialen Beziehungen eng verknüpft sind. Wenn wir vom eigenständigen Tun als Motor jeglicher Entwicklung sprechen, so ist damit auch das grundsätzliche soziale Bedürfnis eines jeden, einschließlich der Kinder aller Altersstufen betroffen. Auf ganz besondere Art und Weise macht sich diese Wechselbeziehung zwischen Bei-sich-Sein und Miteinander-Sein im Rollenspiel der Kinder bemerkbar. In diesem Spiel verschmelzen Nachahmung und persönliches Experimentieren so innig, daß wir beides nur mit Mühe trennen können, um es genauer zu betrachten.

Stellen wir uns ein Kind von eineinhalb bis zwei Jahren vor, das gerade erst die schwierige Aufgabe gelöst hat, auf seinen zwei Beinen einigermaßen zu stehen und sich fortzubewegen. Schon beginnt ein neues Abenteuer, das – ähnlich dem physischen und psychischen Gleichgewicht – grundlegend für seine weitere Entwicklung ist. Zum Beispiel untersucht dieses Kind irgendeinen Gegenstand – sagen wir einen kleinen Stock, den es auf der Wiese findet. Dann hebt es dieses Holz hoch und läßt es in der Luft als Flugzeug immer größere Kreise ziehen. Dazu macht es Geräusche, die an ein Flugzeug erinnern. Plötzlich wechselt seine Aktivität. Das Holz wird nun auf einer imaginären Straße am Boden als Auto hin- und hergeschoben. Die Geräusche passen sich wiederum dieser neuen Form an. Dann holt sich das Kind ein zweites Hölzchen und spielt Zusammenstoßen.

Sind wir uns bewußt, welche wichtigen Elemente in solch alltäglichen Spielen zusammentreffen? Offensichtlich hat dieses Kind Flugzeuge und Autos erlebt, aber hier handelt es sich nicht um eine einfache Nachahmung des Gesehenen. Weder Flugzeug noch Auto sind in diesem Augenblick gegenwärtig. Also arbeitet das kleine Kind hier mit Bildern, die es in sich bewahrt hat, und „spielt sie aus sich heraus“. Und nicht nur das: Indem es einen beliebigen Gegenstand hernimmt und ihm eine von ihm gewollte Bedeutung zuordnet – ihn einmal als Flugzeug fliegen oder als Auto fahren, ihn dann wieder als Hund herumspringen oder als Regenschirm auferstehen läßt –, schafft dieses Kind für sich Symbole. Das ist eine Fähigkeit, die uns Menschen zu immer reicherer Entwicklung offensteht, falls die Umstände es erlauben.

Diese Zeit früher symbolischer Spiele fällt zusammen mit dem Beginn intensivster Sprachentwicklung. Geräusche und Bewegungen verwandeln sich in immer klarere Verbindungen zwischen Sprache und komplexen Handlungen. Unsere Begleitung muß sehr feinfühlig sein, wenn wir diesen kreativen Prozeß nicht behindern wollen. So, wie wir verhindern, daß das Kind allmählich ein eigenes physisches und psychisches Gleichgewicht erlangt, wenn wir ein Kind, das gerade Laufen lernt, hier- und dorthin führen, es ziehen oder antreiben, so können wir durch Einmischung von außen auch die Verbindung von eigener symbolischer Handlung und passendem Geräusch und Wort schwerwiegend stören. Noch schwerer, als uns in unserem Drang zu zügeln, ein kleines Kind nach unseren Vorstellungen herumzumanövrieren, ist es, unsere Zunge im Zaum zu halten und nicht ständig nach Belieben auf es einzureden. Dies ist eine gute Gelegenheit, unserer Redelust Grenzen zu setzen und zu lernen, mit einfachen, präzisen Worten die Handlungen zu reflektieren oder einfach den Mund zu halten. Denn durch Erklärungen wird kein Kind zu einem wirklichen Verständnis der Wirklichkeit kommen.

Vielleicht fällt uns das leichter, wenn wir in Betracht ziehen, daß das Kind im Rollenspiel auch daran arbeitet, unverarbeitete Erlebnisse zu verdauen, die in seinem Organismus gespeichert sind. Das können Dinge sein, die bisher über seine Reife hinausgingen: zum Beispiel das Mitfahren im Auto, die Begegnung mit einem großen Hund oder das unverständliche Aufspannen eines Regenschirms. Es mögen vielleicht Begebenheiten sein, die unter gewissen Umständen nicht assimiliert werden konnten, weil zu viele Ereignisse auf das Kind einstürmten – wenn zum Beispiel mehrere Besucher auf einmal ins Haus kommen und sich das Kind auf keinen konzentrieren kann.

Häufig handelt es sich um Erfahrungen, die die Integrität des Kindes in Gefahr bringen, in denen es Schmerz, Schrekken oder Angst erlebt hat. Der Besuch beim Arzt, der ihm mit einer spitzen Nadel in den Po gepiekst hat; ein schlimmer Fall oder Stoß; der Tod eines Haustieres oder Zank zwischen den Eltern. Die ganze Welt, auch wenn scheinbar nichts Besonderes oder Bedrohliches passiert, ist für Kinder ungeheuer neu, groß und unverständlich. Bis zum siebten oder achten Lebensjahr lebt das Kind so intensiv in seiner Gefühlswirklichkeit, daß es von vielen Situationen viel direkter betroffen wird als Erwachsene, deren Wahrnehmung meist schon stark gefiltert oder sogar abgestumpft ist. Im Rollenspiel wiederholt das Kind immer wieder, was bisher zu übermächtig war, um es sich einzuverleiben. Dazu benützt es Dinge, die es handhaben kann, anstatt von ihnen gehandhabt zu werden. Wo es bisher mehr oder minder in der Lage des passiven Opfers war, verkehrt es sich im Rollenspiel in den „Täter", der die Situation beherrscht oder sich zumindest aktiv mit ihr auseinandersetzt.

Das gleiche Bedürfnis nach Assimilation wird auch von größeren Kindern erfüllt, die die Welt auf einer neuen Ebene verstehen wollen. Wenn ein Kind mit sieben oder acht Jahren ins „Alter der Vernunft" kommt, glauben wir Erwachsene womöglich, daß sein Verstand nun mit Informationen gefüttert und mit geistreichen Übungen geschärft werden muß, um ihn für den Kampf des Lebens bereit zu machen. Doch in Wirklichkeit entwickelt der kindliche Organismus durch konkrete Interaktion mit seinem Umfeld seine eigenen biologischen Instrumente zum logischen und konkreten Denken. Seine Erlebnisse sind also für ein Kind ab sieben keineswegs verständlich. Das Kind läßt an ihnen seine Denkkraft und sein Urteilsvermögen reifen. In diesem Stadium ist es nicht durch Vorurteile und fertige Kategorien vor dem Eindringen überwältigender Erfahrungen geschützt. So erfüllt das Rollenspiel für das ältere Kind gleichzeitig die Funktion, daß es auf diese Art gefühlsgeladene und unverständliche Ereignisse verdauen kann.

Da im Pesta die Kinder der Primaria einen Großteil ihrer Zeit „nur verspielen“ und wir so organisiert sind, daß sich in jedem Bereich auch Erwachsene befinden, die Zeit zum Schauen, Mitfühlen und Mitdenken haben, eröffnet sich vor unseren Augen ein unschätzbarer Reichtum an Spielinhalten, Erfindungen, Kombinationen und menschlichen Haltungen. Kinder sind in ihrem Spiel „ganz da“, sind ihre eigenen Herren und Erforscher neuer Möglichkeiten, sind nicht abhängig von unseren Ideen und Schlußfolgerungen. So werden wir Zeugen, wie sie sich in Raum und Zeit organisieren, wie sie Natürliches und von Menschen Gemachtes, Abfälle, unstrukturierte und strukturierte Materialien auf die unvorhergesehenste Weise miteinander in Verbindung bringen und in ihrer spontanen Tätigkeit aus jedem Tag ein Fest machen. So ist es vielleicht kein Wunder, daß die Kinder protestieren, wenn am Freitag mittag die Schulwoche und im Juli das Schuljahr zu Ende geht und daß die Jugendlichen in diesem Schuljahr einige zusätzliche Stunden täglich im Pesta angefordert haben!

Beim Rollenspiel bewegen sich Kinder auf differenzierte Weise; sie handhaben Gegenstände aller Art, machen Übungen des täglichen Lebens, sind im engen Kontakt mit ihren Gefühlen, sprechen unentwegt über das, was sie tun, und interagieren intensiv mit anderen. Dabei wechseln sie immer wieder ihre Rollen, sind einmal Säugling, dann wieder Mutter, Besuch aus Amerika, Hund oder Katze, Arzt oder Straßenfeger, Friseur oder Tiefseetaucher.

Wenn Kinder hier zum Beispiel einen „Klub“ aus alten Brettern, Agavenblättern, Ziegeln, Schlamm, Zink und Draht bauen, plagen sie sich bis zur Erschöpfung damit ab, ihre Baumaterialien auf dem abschüssigen Gelände zum Bauplatz zu befördern. Sie diskutieren über ihre Pläne, helfen sich gegenseitig, bereiten stundenlang den Schlamm vor, der die Ziegel zusammenhalten muß. Sie stellen bei jedem neuen Bauabschnitt neue Überlegungen an und korrigieren ihre Fehler. Wenn der Rohbau fertig ist, feiern sie das Richtfest mit einer spontanen Feier. Dann geht es an die Ausschmückung und Verfeinerung des Baus: der Boden wird glatt geschabt, Möbel und Gardinen werden aus Abfallmaterial hergezaubert. Der Eingang wird gefegt, rund herum ein Zaun aufgestellt und ein Garten angelegt.

Die Interaktion mit konkreten Dingen und Freunden, die zum Wohl des gemeinsamen Projekts kooperieren, schafft eine eigene Spannung: Wohlgefühl und Mißbehagen, Konflikte und die Suche nach Lösungen wechseln sich ab. Dabei wird es oft notwendig, auf einen anderen zu hören oder die eigene Meinung klarer darzustellen, sich den Standpunkt der anderen zu eigen zu machen, ohne den eigenen Standpunkt zu verlieren. Solche Projekte dauern manchmal Tage, in anderen Fällen Wochen. So unverhofft, wie sie auftauchten, verschwinden sie häufig von einem Tag auf den anderen. Dieses Kommen und Gehen von Aktivitäten – wie sie allmählich beginnen, dann auf Hochtouren laufen, oft urplötzlich abbrechen oder nach und nach abklingen, gibt uns immer wieder Stoff zum Nachdenken. Doch ihrem eigentlichen Sinn nähern wir uns erst, wenn wir verstehen, daß all die äußeren Ziele ihres Spiels sich einem einzigen Zweck unterwerfen: Wenn Kinder spielen, „machen sie sich selbst".

Bei vielen Rollenspielen fällt sofort ins Auge, welche Situationen gerade verarbeitet werden: häusliche Zwistigkeiten, Angst vor dem Zahnarzt, betrunkene Erwachsene bei einem Fest, eine zu lange Autofahrt oder der Zweifel am eigenen Wert.

Anfangs mag es nicht leicht sein, diese Art von Spiel, das Vergangenes mit Gegenwärtigem, innere Vorstellungen mit konkreten Wirklichkeiten verbindet, von ähnlichen Fantasiespielen zu unterscheiden, die durch das Fernsehen verursacht werden. Auch hier bewegen sich Kinder, reden, benutzen Gegenstände und gehen miteinander um. Doch beim genaueren Hinschauen bemerken wir eine andere Qualität: stereotype Nachahmungen von Bewegungen und Worten, keine echte

Organisation von Handlungen, vielmehr ein Herauslassen von fremden Inhalten, die nichts mit dem persönlichen Leben zu tun haben. Statt zu kooperieren, feuern sich die Kinder gegenseitig an. Ihr Gesichtsausdruck ist oft verzerrt, und die Stimmen sind scheinbar nicht ihre eigenen.

In unserer Arbeit mit den Eltern weisen wir regelmäßig auf die zahlreichen Informationen über die tiefgreifenden negativen Auswirkungen des Fernsehens (auch der Videofilme) hin. Obwohl wir Fernsehen nicht „verbieten", überzeugen sich immer mehr Eltern, daß ihr Familienleben ohne Fernsehen eine ganz neue Qualität erfährt, und sie schaffen den Fernsehapparat ab. In Familiengesprächen warnen wir die Eltern, daß ihre Kinder in unserer freien, entspannten Umgebung für jede Stunde Fernsehen „das Zeug" mindestens zwei Stunden lang „herausspielen" müssen. Das heißt, daß sie in dieser Zeit, statt ihren echten Entwicklungsbedürfnissen nachzugehen, den Organismus von schädlichen Einflüssen säubern und wenig Kraft und Interesse für kindliches Forschen und aufbauendes Handeln aufbringen. Solange sie noch in der operativen Entwicklungsphase sind*, werden sie herausspielen, was durch raffinierte Technologie eingedrungen ist. Doch wenn sie heranwachsen und ihr eigenes Ich unter all den Fantasiebildern vergraben ist, werden sie in dieser freien Umgebung wenig mit sich selbst anzufangen wissen. Unsere letzte Grenze wäre dann, sie nicht mehr anzunehmen.

Doch davor liegen lange Kindergarten- und Primarschuljahre, in denen wir mit den Eltern regelmäßig zusammenkommen und mit ihnen an einer klareren Vorstellung von einer geeigneten Umgebung für menschliche Entwicklung arbeiten. Argumente wie die von Jerry Mander und Neil Postman in ihrem Buch *In the Absence of the Sacred* helfen uns dabei, die Idee vom sogenannten „erzieherischen und informativen Wert" des Fernsehens abzubauen. Doch manche Kinder, die die Vormittage in unserer vorbereiteten Umgebung verbringen, le-

---

* Dieser Begriff geht auf Piaget zurück und wurde von Rebeca Wild bereits in ihrem Buch *Erziehung zum Sein* ausführlich erläutert. (Anm. d. Hrsg.)

ben nicht nur den größten Teil ihrer Zeit im Elternhaus, sondern haben häufig Umgang mit Verwandten, Freunden oder Nachbarn, die, seien sie auch noch so arm, den Fernseher den lieben langen Tag laufen lassen.

So kommt es immer wieder vor, daß Kinder mit den gräßlichsten aus der Fernsehindustrie stammenden Plastikfiguren in der Schule erscheinen und dadurch die Aufmerksamkeit der weniger autonomen Mitschüler einfangen. Immer wieder konnten wir beobachten, daß sich die Handlungen der Kinder mit solchen Dingen auf ein Minimum an schematischen Bewegungen und stereotypen Verbalisierungen reduzieren. Dabei scheinen die Kinder wie hypnotisiert und verbringen oft den ganzen Morgen mit ihren Monsterfiguren, ohne die vielen anderen Angebote überhaupt wahrzunehmen. Nach langen Beobachtungen und Besprechungen im Lehrerteam haben wir uns letztendlich entschlossen, das Spielen mit solchen Figuren zeitlich einzuschränken, wenn auch nicht ganz zu verbieten.

In vereinzelten Fällen kam es vor, daß Kinder über Jahre hinweg kein Gleichgewicht zwischen Rollenspielen und anderen Tätigkeiten fanden, die nicht nur das Verarbeiten unverdauter Erlebnisse und Eindrücke zum Inhalt haben, sondern eine konkrete Auseinandersetzung mit der Umwelt, einschließlich Problemlösungen, Überwindung von Hindernissen und Interesse an neuen Ergebnissen verlangt. Solche Kinder verschwinden immer mehr in einer Fantasiewelt und merken gar nicht, daß andere sich sportlich oder handwerklich betätigen, ein Stückchen Land bebauen, Experimente machen, sich an didaktische Materialien mit verschiedenen Schwierigkeitsstufen heranwagen, zum Schwimmen fahren, Ausflüge machen und einmal im Monat für drei Tage praktische Arbeitserfahrungen außerhalb der Schule wählen. Manchen fehlt so grundsätzlich das Gefühl für die Anzeichen des Tagesablaufs, daß sie ohne tägliches Erinnern jeden Mittag den Schulbus verpassen würden.

In unseren Besprechungen wurde oft die Frage aufgeworfen: Wenn doch Rollenspiel ein authentisches Bedürfnis ist, dürfen wir solchen „fantasievollen" Kindern Grenzen setzen? Der Grund, warum wir uns hier und da entschließen, dies zu tun, ist die Erwägung, daß sie offenbar in einer Art Nebelwelt leben und nur durch Grenzen die Konturen einer konkreten Umwelt überhaupt wahrnehmen können. Praktisch sieht das so aus, daß einer der Erwachsenen, der speziell für dieses Kind verantwortlich ist, sich ihm zuwendet, beschreibt, was wir an ihm wahrnehmen, und daß es aussuchen kann, entweder selbst jeden Tag aus einer Auswahl konkreter Tätigkeiten eine auszusuchen oder sich vom Erwachsenen daran erinnern zu lassen. Unter „konkreten" Tätigkeiten verstehen wir Dinge des praktischen Lebens (Küche, Schreinerei, Gartenbau ...) oder konkrete didaktische Materialien. Gleichzeitig suchen wir einen noch engeren Kontakt mit den Eltern und bemühen uns, dahinterzukommen, warum dieses Kind sich in nie endende Fantasie flüchten muß.

Das wirft bei den Eltern immer wieder neu die Frage auf, was *geeignete Unterstützung* für die Kinder überhaupt bedeutet. Von Eltern, die besonders auf die Kinder eingehen möchten, bekommen wir häufig zu hören, daß sie in ihr Rollenspiel mit einsteigen. Eine Mutter meinte: „Früher schickten wir die Kinder nach unseren Wünschen herum, jetzt ist es umgekehrt. Wenn meine Tochter will, daß ich als Hund auf dem Boden herumkrabbele, dann tue ich ihr eben den Gefallen." Ob sie sich dabei in ihrer Hundehaut wohl fühle, fragte ich sie dann. „Vielleicht eine kurze Zeit, aber wenn ich nicht mehr mitspielen will, wird das Kind unzufrieden. Also tue ich so, als ob es mir Spaß macht."

Vielen Erwachsenen, die sich ehrlich Mühe geben, beim kindlichen Rollenspiel mitzumachen, geht es offenbar ähnlich. Sie gehen, auch wenn sie sich dabei mehr oder weniger manipuliert und unwohl fühlen, aufs Rollenspiel ein. Die meisten sind richtig erleichtert, wenn man ihnen versichert, daß dieses So-tun-als-Ob des Erwachsenen keine optimale Begleitung für das Kind bedeutet. Denn Kinder tun nicht so, *als ob* sie spielen. Für sie ist das Spiel eine wichtige Tätigkeit, die ihrer Entwicklung dient: dem Verarbeiten von Erlebnissen, dem Symbolisieren, der aufrichtigen Interaktion mit Dingen und Personen. All diese Qualitäten fehlen beim Erwachsenen, der nur „dem Kind zuliebe" so tut, als ob er spielt, und lassen ihn zu einer unbefriedigenden und unbefriedigten Karikatur seiner selbst werden.

Für gewöhnlich haben Kinder längst gemerkt, daß Erwachsene nicht einfach dasein können, ohne etwas Bestimmtes zu tun, und daß sie sich scheinbar ständig rechtfertigen müssen, was sie mit ihrer Zeit anfangen. Wenn sie sicher sein wollen, daß wir „bei ihnen" sind, wenden sie darum Strategien an, mit denen sie unsere Gegenwart sicherzustellen hoffen. „Mama, spiel mit mir!" ist eine davon. Haben wir erst einmal für uns selbst geklärt, daß vor allem unsere Gegenwart gefragt ist, fällt es uns leichter, eine passende Grenze zu setzen, wenn wir beim Rollenspiel eine aktive Rolle übernehmen sollen. Zum Beispiel: „Ich will nicht mitspielen, aber ich bin bei dir und schaue dir zu."

Welche Erholung, wenn wir immer wieder für eine Weile freiwillig einfach *dabei*sein können, wenn Kinder in die Welt ihrer Vorstellungen eintauchen, wenn wir mit unserer Körperhaltung, unseren Blicken und manchen sparsamen begleitenden Worten unser Interesse bekunden und damit eine wichtige Erwachsenenrolle erfüllen: als Spiegel für die Aktivitäten der Kinder zu dienen und damit das menschliche Potential der Introspektion zu ergänzen, zu dem Kinder erst allmählich hinreifen! Aber wie kommen wir zu einer angemessen Haltung, aus der Kinder Liebe und Respekt wahrnehmen, unseres Interesses sicher und ohne Sorge sind, daß wir unerwartet oder ungefragt in ihr Spiel eingreifen, unverhofft verschwinden oder sie unterbrechen, damit „sie mal schnell Zigaretten für den Papa kaufen"?

Ich glaube, das ist ein langer Prozeß, der allmählich vorankommt, wenn wir uns ein wenig Zeit geben, etwas genauer hinschauen, nicht so schnell urteilen, dafür aber in uns den

Wunsch stärken, verschiedenste, auch unerwartete Situationen mit inneren Vorgängen verbinden zu lernen. Dazu gehören ein paar grundsätzliche Grenzsetzungen für Erwachsene: daß wir Kinder nur im äußersten Notfall mitten in einem Spiel stoppen oder dazwischenreden und uns etwa so verhalten wie bei jemandem, der gerade ein Computerprogramm ausklügelt. Es ist eine gute Übung, sich spielenden Kindern so zu nähern, daß sie ohne Worte merken, wenn wir etwas von ihnen wollen, daß wir aber erst in dem Moment, wenn sie kurz aufschauen, höfliche Meldung geben: „In einer halben Stunde [oder zehn Minuten] gibt es Mittagessen [werden wir einkaufen gehen]."

Eine ähnliche Art, dem Spiel notwendige Grenzen zu setzen, ist ratsam, wenn es ums Aufräumen geht. Wenn die Kinder damit anfangen, ihre Spielsachen in die Küche oder ins Wohnzimmer zu schleppen, erinnere ich sie von Anfang an daran: „Eine halbe Stunde vor dem Abendessen muß alles wieder an seinen Platz. Ich werde euch rechtzeitig Bescheid geben." Und wenn dann die Zeit näherrückt, gebe ich in verschiedenen Abständen Vorwarnungen. Falls das keinen Erfolg hat, bin ich höchstpersönlich dabei, um das Aufräumen sicherzustellen. Manchmal helfe ich vielleicht mit, bei größeren Widerständen sage ich vielleicht: „Ihr wollt nicht rechtzeitig aufräumen. Das nächste Mal laß ich euch die Sachen nicht mehr in die Küche bringen." (Dies muß auch eingehalten werden.)

Das Ganze wird etwas komplizierter, wenn Kinder mitspielen, die an solche Grenzen nicht gewöhnt sind. Wir fanden es immer nützlich, die Situationen zu trennen: Sind die Kinder von den eigenen Kindern eingeladen worden? Dann sind sie auch verantwortlich, daß die Besucher beim Aufräumen mithelfen. Falls die anderen sich weigern, müßten sie selbst aufräumen und hätten unsere Zustimmung, wenn sie diesen Freund oder diese Freundin nicht mehr einladen wollen oder ihnen das nächste Mal vor dem Spielen das Versprechen zum Helfen abnehmen.

Sind aber fremde Kinder da, weil wir selbst sie eingeladen haben oder sie uns einfach ins Haus geschneit sind, müssen wir Erwachsene für das Einhalten der Hausordnung sorgen. Das heißt, wir fragen als erstes, ob das eigene Kind überhaupt mit ihnen spielen will (wenn es sich weigert, müssen wir diesen Entschluß respektieren), aufs Aufräumen hinweisen und notfalls, wenn alle Stricke reißen, selbst noch ein wenig aufräumen, dann aber mitteilen: „Das nächste Mal laß ich dich nicht mehr mit diesen Sachen spielen."

Aus diesen kleinen alltäglichen Beispielen wird deutlich, wie das Erleben von Grenzen immer gegenseitig ist: Wir können keinen Respekt von Kindern verlangen, wenn wir selbst zu träge oder nicht ganz bei der Sache sind, um die Grundelemente des menschlichen Respekts auch Kindern entgegenzubringen. Wenn geplagte Eltern nach den „richtigen Grenzen" fragen, bitten sie oft um Patentrezepte. Doch die Kunst, gegenwärtig zu sein, innerlich aktiv, auch wenn man scheinbar außen nichts Besonderes tut, dabei Verbindungen herzustellen zwischen äußeren Zeichen und inneren Zusammenhängen, kann man niemandem abnehmen oder beibringen; dazu gehört die persönliche Entscheidung, alten Gewohnheiten und Trägheiten immer wieder Grenzen zu setzen.

Grenzen und Regeln

Beim Erwähnen verschiedener Arten von Spielen und ihrer Beziehung zu Grenzen habe ich vorläufig die Gattung der Gesellschafts- und Brettspiele ausgelassen, obwohl gerade sie in vielen Kinderzimmern, Kindergärten und manchen Schulen einen wichtigen Platz einnehmen. Gesellschaftsspiele haben gemeinsam, daß sie für gewöhnlich mit vorgeschriebenen Regeln funktionieren. Auf den Verpackungen lesen wir zum Beispiel: „ab 4 Jahre" oder „ab 8 Jahre" oder „von 10-99". Viele Erwachsene, die eigentlich kein rechtes Interesse am Spiel der Kinder haben, finden es am einfachsten, solche Gesellschaftsspiele mit ihnen zu spielen. Kein Wunder also, daß Kinder in ihrem Hunger nach Zuwendung häufig betteln: „Mach doch ein Spiel mit mir", und, in der Hoffnung uns verlocken zu können, ihre Spielesammlung anschleppen.

Warum finden es viele Erwachsene noch am angenehmsten, über solche Spiele gemeinsame Sache mit Kindern zu machen? Die Gründe sind wahrscheinlich komplex: Einmal brauchen wir uns bei solchen Spielen nicht viel zu bewegen; und sie entsprechen wohl am ehesten der Art der Erwachsenen, allem voran ihren Kopf zu gebrauchen. Dabei haben wir womöglich das hoffnungsvolle Gefühl, daß solche Spiele für Kinder förderlicher sind als Matschen oder Klettern; sie kommen zudem meist dem Hang zum Wettkampf entgegen, der in unserer Gesellschaft hoch im Kurs steht. Vielleicht sind uns solche Spiele auch wegen ihrer festen Regeln besonders sympathisch, auf die wir uns immer berufen können, wenn uns der freie Erfindergeist unserer Sprößlinge bedrohlich wird.

Anfangs war es mir unverständlich, warum es so oft Ärger gab, wenn ich mich mit den besten Absichten, eine gute Mutter zu sein, auf solche Gesellschaftsspiele einließ, solange die Kinder unter acht oder neun Jahre alt waren. Wenn Kinder verschiedener Entwicklungsphasen zusammen spielten, gingen mir zuweilen auch ihre dauernden Zwistigkeiten auf die Nerven, und das nicht nur bei ihnen: Sogar Erwachsene habe ich schon erlebt, die sich beim Monopoly-Spielen Weingläser an den Kopf warfen! Wie kann so etwas geschehen, wenn doch die Spielregeln eindeutig sind?

Es brauchte einige Jahre täglichen Umgangs mit Kindern verschiedener Altersstufen und Entwicklungsphasen und häufige Vertiefung in Piagets Studien, bis ich allmählich begriff, daß die Fähigkeit, Regeln überhaupt wahrzunehmen, nicht auf Vorschriften oder Belehrungen zurückzuführen ist, sondern einen Entwicklungsprozeß bedeutet. Mit Regeln umzugehen kann man nicht lernen wie das Einmaleins, sondern es verlangt Verständnis, das grundsätzlich davon abhängt, auf welche Art und Weise und unter welchen Umständen sich ein Organismus mit seiner Umwelt auseinandersetzt.

Kinder, die mit drei oder vier Jahren zum ersten Mal im Kindergarten erscheinen, bringen verschiedene Voraussetzungen mit: Hatten sie bisher ausreichend Erlebnisse von klaren Grenzen im Zusammenhang mit einer Umgebung, die ihren echten Bedürfnissen entsprochen hat, so konnten sie aus all diesen Erlebnissen eine *Regel* machen, also eine Verallgemeinerung von einzelnen Begebenheiten, die bereits eine innere Verständnisstruktur bedingt. Waren ihre Grenzerlebnisse sporadisch, widersprüchlich oder konfus und nicht in Verbindung mit einer passenden Umgebung, so ist ihr Fassungsvermögen für Regeln unzuverlässig wie ein schlecht gewobenes Netz. Und schließlich kommt es nicht nur darauf an, ob ihre Grenzerlebnisse mit der jeweiligen Umgebung stimmig waren, sondern auch darauf, ob die Art, wie Grenzen gesetzt wurden, ihrem inneren Zustand entsprach.

Grenzensetzen ist gerade in den ersten drei Lebensjahren kritisch. Es ist nicht nur wichtig, die geeigneten Grenzen für jedes Kind je nach Entwicklungsphase zu finden, sondern auch, welche Grenzen wir unseren eigenen persönlichen oder kulturellen Gewohnheiten setzen, ist von Bedeutung. Die Regelmäßigkeiten im Erleben von Grenzen schaffen also ein inneres neurologisches Netz, in dem Regeln aufgefangen werden können. Bis es zu einer ausreichenden Dichte von Grenzerlebnissen kommt, so daß Regeln erfaßt werden können, braucht der kindliche Organismus etwa drei Jahre. Doch damit ist der Entwicklungsprozeß keineswegs abgeschlossen, sondern nimmt nun durch alle Entwicklungsjahre seinen Lauf.

Die ersten Grenzerlebnisse entstehen entweder durch unbeugsame Naturgesetze – jedesmal wenn ich gegen eine Wand laufe, tut es mir weh – oder durch den festen Willen eines Erwachsenen: „Mit meinem Lippenstift laß ich dich nicht auf der Bettdecke malen.“ Dabei ist offensichtlich, daß, je intensiver die spontane Aktivität des Kindes und je reicher die Umgebung, Begegnungen mit Grenzen häufiger und vielgestaltiger sind als bei einem Kind, das in einer eintönigen Umgebung (oder vor einem Fernseher) viel Zeit mit Stillsitzen verbringt. Notwendigerweise weist also das innere Netz aktiver Kinder, in dem Grenzen zu Regeln verarbeitet werden, viel mehr „Maschen“ auf und kann daher mehr und verschiedenartige Situationen auffangen.

Aus der Vielzahl von Grenzerfahrungen entsteht allmählich das, was wir „Hausregeln“ nennen können. Wenn Kinder diesen Entwicklungsgrad erreicht haben, ist es möglich, sie zeitweise in einer größeren Gruppe in einer vorbereiteten Umgebung, etwa einem Kindergarten, zu betreuen. Es genügt dann, sie an Hausregeln zu erinnern, wie etwa daß „hier jeder das aufräumt, was er benutzt hat“, um ohne unaufhörliches Dabeisein, Mithelfen und Erinnern eine gewisse Ordnung zu bewahren. Jüngere Kinder dagegen oder solche mit einer „grenzenlosen“ Vergangenheit, brauchen jetzt immer noch Erwachsene, die auf Schritt und Tritt, von einer Situation zur anderen, die Grenzen setzen, als sei es jedesmal das erste Mal.

Nicht selten habe ich Mütter von zweieinhalb- bis dreieinhalbjährigen Kindern klagen gehört, daß ihre Sprößlinge unentwegt die gleiche Grenze ausprobierten, vielleicht von Minute zu Minute immer wieder das machten, was man ihnen gerade erst untersagt habe. Man kann es den Müttern nicht verdenken, daß ihnen mit der Zeit der Geduldsfaden reißt und sie mit Protesten oder Drohungen reagieren. Wüßten sie aber, daß sich ihr Kind womöglich gerade jetzt in einer sensiblen Phase befindet, in der es das innere Netz, das aus Grenzen Regeln macht, absichert, fiele es ihnen vielleicht etwas leichter, ihren Gleichmut zu bewahren und den kleinen „Spinner" geduldig mit den immer gleichen Grenzen zu begleiten, statt zu verzweifeln, sich mit Klagen aufzureiben oder resigniert nachzugeben.

Vielleicht erscheint es wie ein Widerspruch, daß aus den „festen Grenzen" keineswegs „feste Regeln" erwachsen, sondern – je weiter der Entwicklungsprozeß vorangeht – die Fähigkeit entsteht, Regeln und Regelmäßigkeiten überhaupt wahrzunehmen, zu akzeptieren und dann auf kreative und flexible Art mit ihnen umzugehen. Die erste Tendenz zur Kreativität erleben wir schon bei Kleinkindern, wenn sie sich bedingungslos geliebt und respektiert fühlen. Schon sie zeigen in vielen Umständen, so etwa beim Waschen oder Baden, ihre Lust, auszuprobieren, wieweit sie mit dem sie betreuenden Erwachsenen und seinen Begrenzungen spielen können. Und das ist wieder ein wichtiger Lernprozeß für uns: Wir müssen nämlich lernen herauszuspüren, wieviel Spielraum ein Kind für solches Experimentieren braucht, ohne dabei die Begrenztheit der Situation aus dem Auge zu verlieren, da wir ja zeitlich eingeschränkt sind.

Diese Verspieltheit ist anders als das Verhalten der Kinder, denen die Erfahrung klarer Grenzen fehlt und die uns darum förmlich herausfordern, doch endlich einmal „einen Punkt zu setzen". Und sie unterscheidet sich ebenso vom ständigen In-Opposition-Sein anderer Kinder, die unter dauernden Verboten und einer chronisch ungeeigneten Umgebung leiden. Daß feste Grenzen in passender Umgebung und das Bedürfnis, mit ihnen viele Versuche anzustellen, tatsächlich kein Widerspruch sind, sondern zur Dynamik eines intelligenten, sich entwikkelnden Organismus gehören, zeigt sich uns, wenn wir die Entfaltung des kindlichen Spiels betrachten. Anfangs wurden Grenzen durch die Autorität des Erwachsenen und durch die Unvermeidbarkeit natürlicher Gesetze erlebt. Doch bald gehören Grenzen und Regeln zum Repertoire der freien Spiele. Statt Opfer von Grenzen zu bleiben, erhebt sich das spielende Kind zu ihrem Schöpfer und beginnt mit ihnen zu experimentieren.

Auch hier geht der Prozeß stufenweise voran. In der voroperativen Phase, also vor dem siebenten oder achten Lebensjahr, beobachten wir noch eine gewisse Starrheit oder Sturheit, wenn Kinder sich zum Beispiel beim Familienspiel untereinander zu einigen versuchen. Eine Regel, die sie einmal miteinander abgemacht haben, wird lange vor Veränderungen verteidigt. Es gibt leicht Streit, wenn ein älteres Kind mehr Flexibilität im Spiel verlangt. Das jüngere Kind fühlt sich sicher, wenn es die gleiche Regel stets aufs neue wiederholt. Ist beim Versteckspiel ein Spielpartner nicht jedes Mal im gleichen Versteck zu finden, gerät ein kleines Kind unter Umständen in Verzweiflung, während sich ein größeres langweilt, wenn es nicht neue Verstecke ausfindig machen kann.

In der Zeit des Spiels mit starren Regeln bemerken wir zudem, daß Kinder jede Regel, jedes Verbot und jede Erlaubnis von Erwachsenen sozusagen wörtlich nehmen, vollkommen auf ihnen beharren und sie gegen jedermann verteidigen. Gleichzeitig macht es ihnen aber nichts aus, heimlich gegen die gleichen Regeln zu verstoßen. Es ist die Zeit der „doppelten Moralität", die Hand in Hand geht mit einer kindlichen Logik, in der Dinge und Ereignisse irgendwie miteinander in Beziehung stehen und in der kein deutliches Bedürfnis zu bestehen scheint, Widersprüche oder Ungereimtheiten aufzudecken.

Diese Unbiegsamkeit oder Unnachgiebigkeit ist für uns oft problematisch, da sie viele Konflikte und Tränen mit sich bringt und nicht selten den Frieden des Hauses gefährdet. Oft fühlen wir uns versucht, den Kindern Vernunft zu predigen und ihnen Ratschläge zu geben, wie sie ihre Zwistigkeiten effizienter beilegen könnten: „Du kannst doch eine halbe Stunde lang das Baby sein und nachher dein Bruder für eine halbe Stunde"; „Du mußt doch verstehen, daß deine Freundin nicht immer den Hund spielen will. Würde dir das gefallen, wenn andere so stur wären mit dir, wie du mit ihnen bist?" Mit solchen Fingerzeigen glauben wir wahrscheinlich, den Sozialisierungsprozeß der Kinder zu beschleunigen und ihnen wichtige Einsichten zu vermitteln. In Wirklichkeit lernen Kinder solche Belehrungen bestenfalls auswendig, wiederholen sie gar bei der nächsten Gelegenheit Schwächeren gegenüber, aber in neuen Situationen behalten sie die Haltung bei, die ihrem wirklichen Entwicklungsstand entspricht.

Selbstgemachte Regeln müssen anfangs notwendigerweise starr sein. Sie bedeuten für das Kind eine Art Kunstwerk, an dem es hängt und das es nicht gerne von anderen verändert sehen will. Gleichzeitig finden diese eigenen Schöpfungen in einer Phase statt, in der Wiederholungen und Einprägen neuer Errungenschaften typisch und unentbehrlich zur Festigung sind. Unsere guten Absichten, positiv aufs Kind einzuwirken, bewirken daher eher das Gegenteil: Das Kind muß seine innere Struktur gegen unser Eindringen verteidigen und verstärkt damit seine Egozentrik, statt sich, von seinem eigenen festen Standort ausgehend, nach und nach der Welt zu öffnen.

Wie können wir aber unter solchen Umständen Kinder in dieser Phase respektvoll begleiten, wenn die „kindische" Halsstarrigkeit unvermeidlich zu Konflikten führt? Manche Erwachsene finden es am einfachsten, sich in die Zwistigkeiten der Kinder nicht einzumischen und sie allein damit fertig werden zu lassen. Doch zwischen Einmischen und Alleinlassen gibt es noch andere Möglichkeiten respektvoller und liebevoller Zuwendung, die gleichzeitig das kindliche Dilemma bestätigen: „Du willst Baby sein und daß Monika Oma spielt." Und dann zum anderen Kind: „Du willst auch Baby spielen und hast keine Lust, immer Großmutter zu sein." Wir bleiben bei den Kindern, geben ihnen, falls möglich, Körperkontakt, Zeichen unseres Interesses an ihrer mißlichen Lage, aber keine Lösungsvorschläge, auch wenn die Anklagen und unlogischen Aussagen der Kinder sich in die Länge ziehen.

Dieses Vorgehen bietet den Kindern die Sicherheit, aus der heraus sie nach und nach alte Standpunkte gegen neue austauschen können. Uns Erwachsenen gibt es immer wieder Gelegenheit, dem inneren menschlichen Entwicklungsprogramm vertrauen zu lernen, denn das ungeheure Bedürfnis der Kinder, miteinander zu spielen, läßt sie eigene Lösungen finden und ihren Streit vergessen. Eine Ausnahme bilden hier nur Kinder mit einem Defizit an Liebe, die im Streit eine Strategie entdeckt haben, um Zuwendung zu bekommen. Nach vielen kleinen Vorstößen und scheinbaren Rückschritten erleben wir mit dem Einsetzen der operativen Phase deutliche Veränderungen in der Art, wie Kinder mit Regeln umgehen. In der Primaria lieben Kinder weiterhin Rollenspiele, aber ein häufiger Wechsel der Rollen wird nun notwendig, damit die Kinder Spaß haben. Es ist außerdem die Zeit, in der sie viele neue Spiele und die entsprechenden, aber gleichzeitig wandelbaren Regeln dazu erfinden.

Beim Murmelspielen etwa denken sie sich Losungen und Stichworte aus, die vereinbarte Regeln blitzartig abändern. Wir Erwachsene haben beim Zuschauen oft große Mühe, der Schnelligkeit solcher Varianten überhaupt zu folgen. Unlängst versuchte ich, die Spielregeln und rasch wechselnden Ereignisse zu verfolgen, die sich bei einem Fangspiel rund um und auf unserem sechs Meter hohen Kletterturm abspielten. Etwa dreißig Sieben- bis Zwölfjährige bestimmten unter sich drei bis vier Fänger, die auf ein vereinbartes Wort hin plötzlich wechselten. Es stießen immer wieder neue Kinder dazu, andere verließen das Spiel, ohne daß jemand dagegen protestierte. Die Bewegungen der Kinder, wenn sie über eine Hängebrükke, Leitern, Strickleiter, eine Feuerwehrstange, Tarzanseile und übereinander geschichtete Reifen kletterten, waren überaus komplex. Die Entfernung vom Turm, ab der die Kinder laufen durften, war gemeinsam abgesteckt. Die Schnelligkeit der Ereignisse, das Hin und Her, Auf und Ab und der Wechsel von Fängern und Gefangenen überstiegen meine Fähigkeit, alles im Blick zu behalten. Doch offenbar orientierten sich die Kinder blitzschnell. Mir blieb dabei der Spaß, mir all die neurologischen Verbindungen auszumalen, die in dieser ungeheuer verwickelten spontanen Aktivität stattfinden mußten.

In dem Alter, wo Kinder ihre eigenen freien Spiele auf solche Weise organisieren und variieren, entdecken sie auch die Freude an strukturierten Regelspielen aller Art. Sie interessieren sich nun für die vorgeschriebenen Regeln, lesen aufmerksam Spielanleitungen durch oder lassen sie sich von anderen erklären. Doch untereinander einigen sie sich häufig, diese Spielregeln je nach Wunsch abzuwandeln. Dabei sind ihnen zwei Faktoren wichtig: daß geeignete Strategien gefunden werden, um Vereinbarungen zu treffen, und daß diese Abmachungen so lange eingehalten werden, bis sie von den Mitspielern durch andere ersetzt werden.

In dieser Phase nehmen wir selbst unter gleichaltrigen Kindern deutliche Unterschiede wahr. Bei solchen, die geeignete und feststehende Grenzen erlebt hatten und aus ihnen zuverlässige und situationsgerechte Regeln ableiten konnten, zeigt diese neue Phase, in der Abmachungen getroffen werden, die für alle Seiten bindend sind, Merkmale gegenseitigen Respekts und der Freude an dem kreativen Akt, feste Gesetzmäßigkeiten mit Freiheit zu verbinden. Bei Kindern, denen die Grundlagen dafür fehlen, bemerken wir verschiedene Verhaltensweisen: Sie beharren starr auf einmal angenommenen Vorschriften, versuchen Vorteile durch Mogeln herauszuschlagen, oder sie sind unfähig, einen Zusammenhang zwischen ihrem eigenen Tun und den Spielvorgängen wahrzunehmen. Ein neunjähriges Mädchen, das in jeder Hinsicht Schwierigkeiten mit elementaren Hausregeln hatte, erklärte mit voller Überzeugung bei einem Brettspiel: „Ich habe die Figur nicht bewegt; sie hat sich von selbst bewegt!“

Einer der interessantesten Bereiche, in dem wir im Pesta all die verschiedenen Prozesse des Regelbefolgens und Regelmachens studieren können, ist unser Spielplatz. Er ist in unserem abschüssigen Gelände der einzige große, eingeebnete Platz. Die Entscheidung, eine Planierraupe einzusetzen, kam aus der Rücksicht auf den allgemein verbreiteten Fußballfanatismus, und anfangs nutzten die Kinder den Platz vorwiegend für dieses Spiel. Doch bald meldeten sich viele andere Bedürfnisse, so daß heute mitten auf unserem „Fußballplatz" ein Volleyballnetz gespannt ist, auf einer Seite gibt es Installationen für Basketball, auf der anderen eine Grube zum Hoch- und Weitspringen, in einer Ecke wird gerade eine Wand für andere Ballspiele errichtet, und immer wieder gibt es „Epidemien" von verschiedensten anderen Spielen wie Federball, Baseball, Murmeln und viele andere selbst erfundene oder traditionelle Ball- und Bewegungsspiele.

Fußball ist ein Spiel mit festen Regeln und wird den Kindern in der Schule normalerweise vom Sportlehrer und in den Sportvereinen von einem Trainer beigebracht. Ziel des Spiels ist es, die Gegenpartei zu besiegen, und dafür werden mit Trillerpfeife, geschrieenen Befehlen und Beifallklatschen entsprechende Techniken eingeübt, um möglichst große Chancen zum Gewinnen zu haben. Im Pesta dagegen bietet sich auf dem Fußballfeld ein untypisches Schauspiel: Kinder, die bei verschiedensten Größen und Fertigkeiten eines gemeinsam haben, daß sie sich im „regelmachenden Alter" befinden und gerne spielen, verbringen oft fünfzehn, dreißig, bis zu vierzig Minuten damit, sich auf Spielregeln zu einigen und Mannschaften mit Kleineren und Größeren zusammenzustellen, bevor es überhaupt zum Spielen kommt. Dann spielen sie mit Freude, fließenden Bewegungen, vollem Krafteinsatz und großem „Hurra!", wenn es ein Tor gibt. Kommt mitten im Spiel ein Neuer dazu, fragt er (oder sie) laut: „Bei welcher Partei soll ich mitspielen", und integriert sich je nachdem. Die Anzahl der Mitspieler ist flexibel; es gibt Momente, in denen vierzig Leute auf dem Fußballfeld herumrasen, andere, in denen nur eine Handvoll Kinder ihre Positionen einnehmen. Ein großer Schäferhund darf mitspielen, wenn die Kinder es zulassen. Doch das Erstaunlichste ist das Ende des Matches: Die Verlierer jubeln genauso lauthals wie die Gewinner, denn Sinn des Spiels war nicht das Gewinnen, sondern die Erfüllung eines authentischen Entwicklungsbedürfnisses, zu dem Regelmachen ebenso gehört wie die Freude an der Bewegung, der frischen Luft und am Zusammensein.

Die Erfahrung lehrt die Kinder dabei, daß immer neue Abmachungen diskutiert werden müssen, um den Spielplatz so günstig wie möglich auszunützen. Wenn die Spieler zu unterschiedlich in der Größe und im Alter sind, haben die Kleineren vor den scharfen Schüssen der Großen Angst, und die Großen haben keinen Spaß, wenn sie sich nicht richtig ins Zeug legen können. Darum werden in den Wochenversammlungen immer wieder Zeiten ausgehandelt, in denen die kleineren Primaria-Kinder allein und die größeren zusammen mit den Jugendlichen unter sich spielen, doch die letzte halbe Stunde des Morgens ist auf allgemeinen Wunsch für alle Altersgruppen offen, und die Regel lautet, daß die Großen auf die Kleinen Rücksicht nehmen müssen.

Da jedoch der Platz außerdem vielen anderen Spielarten dient, gibt es tagtäglich Anlässe zum Aushandeln von neuen Lösungen. Wieviel Platz darf das Baseballspielen einnehmen, damit auf der anderen Seite noch Platz für Basketball ist? Zwei kleinere Tore wurden aufgestellt, damit jüngere Kinder auf dem halben Feld Fußball spielen können, während der Rest für andere Aktivitäten zur Verfügung steht. Doch es gibt auch Tage, an denen die Kinder und Jugendlichen sich einigen, über das ganze Feld Fußball oder Baseball zu spielen, gleichzeitig aber quer hinüber Basketball gespielt wird oder dazu noch an den Rändern oder in den Ecken andere Sportarten oder Spiele stattfinden. Dabei steigen Aufmerksamkeit und Behendigkeit auf ein unglaubliches Niveau, und Konflikte und Zusammenstöße werden weitgehend vermieden, nicht weil die Erwachsenen Frieden predigen, sondern weil die Kinder die Umstände zum Spielen maximal auszunützen verstehen! So gab es in unserer kleinen Schülerzeitung unlängst die erfreuliche Nachricht: „Stellt euch vor, was letzte Woche gleichzeitig auf der *cancha* gespielt wurde: Fußball, Volleyball, Basketball, Hochsprung, Rollerskates, Stadt und Land, Murmeln und Fangen!"

Jede Woche halten wir einmal eine Versammlung für Primaria-Kinder und eine andere für Sekundaria-Schüler ab. Diese Versammlungen werden von gewählten Präsidententeams geleitet. Die begleitenden Erwachsenen haben wie alle anderen Stimmrecht. Aufgabe dieser Versammlungen ist es, zunächst gewisse kleine wöchentliche Verantwortungen zu verteilen, Nachrichten zu vermitteln, Hausregeln zu erörtern, Klagen anzuhören und Konsequenzen für eventuelles Nichtbefolgen auszuklügeln. Diese Versammlungen geben uns reiche Gelegenheiten, die Prozesse der Kinder auf neue Weise zu erleben und zu begleiten. So ist es deutlich, daß die Sechs- bis Achtjährigen nur geringes Interesse an den Diskussionen und Abläufen zeigen. Viel lieber würden sie die Zeit zum Spielen benutzen, und man sieht ihnen an, daß sie nur dort sitzen, weil die Teilnahme Pflicht für sie ist (die *einzige* Pflichtveranstaltung überhaupt, denn alle anderen Arbeitsgruppen sind freiwillig).

Die älteren Kinder der Primaria genießen dagegen diese besonderen Umstände, in denen sie das Regelmachen in solch großem Rahmen, teils noch unbeholfen, mit vielen Umschweifen, dann wieder mit großem Wortschwall, bis hin zu echtem parlamentarischem Können üben. Während die kleineren Mittel und Wege suchen, die nötigen „Amtshandlungen" möglichst abzukürzen, suchen die größeren direkt nach Ausreden, sie ordentlich auszuweiten. Das Regelmachen und Diskutieren über Strafen und Erlässe wird zum Spiel an sich. Die besprochenen Konsequenzen nicht eingehaltener Regeln haben meistens wenig mit dem eigentlichen Vergehen zu tun oder sind übertrieben, dafür sind die Kinder aber schnell bereit, den Sündern Strafen zu erlassen, wenn das Mitgefühl in ihnen siegt.

Bei den Jugendlichen verlaufen die wöchentlichen Versammlungen bereits auf einer viel differenzierteren Ebene. Die aufgestellte Tagesordnung dient vor allem dem Zweck, das Zusammenleben so reibungslos wie möglich zu gestalten und Pläne für gemeinsame Aktivitäten zu unterbreiten. Wichtig als Ziel ist die Diskussion, nicht mehr das Regelmachen als eigentliches Entwicklungsbedürfnis. „Strafen" werden viel häufiger in direkten Zusammenhang zum Vergehen gebracht, so etwa die Aufgabe, eine Woche lang die Tageszeitung in die Schule zu bringen als Sühne für das Verkritzeln der Zeitung, die normalerweise in der Schule ausliegt. Hin und wieder brauchen die Jugendlichen die Versammlungen ebenfalls, um neben dem Abwickeln laufender „Geschäfte" tiefschürfende Gespräche über soziale Probleme zu führen.

Aus diesen kurzen Beschreibungen klärt sich zudem die Frage, die uns immer wieder gestellt wird, nämlich warum wir Versammlungen zum gegenseitigen Austausch und Aushandeln von Regeln nicht schon im Kindergarten organisieren. Eindeutig gehört das Regelmachen in die operative Entwicklungsphase, also in das „regelmachende Alter", während Kinder in der voroperativen Zeit voll damit beschäftigt sind, die von Erwachsenen vorgegebenen Regeln mit den verschiedensten Situationen in Zusammenhang zu bringen. Wie wir bereits gesehen haben, haben sie ohnehin alle Hände voll zu tun, in ihren eigenen spontanen Spielen das Regelmachen zu üben. Wollten wir sie dazu anleiten, sich für das Regelmachen in bezug auf Hausregeln und Abmachungen verantwortlich zu fühlen, wäre das im besten Fall ein Versuch zur Anpassung, aber keine günstige Bedingung für echte Entwicklungsprozesse.

Manche Eltern begeistern sich für die Idee der Versammlungen, wie wir sie im Pesta nützlich finden, um das Zusammenleben in einer so großen Gemeinschaft zu erleichtern, und übertragen diese Erfahrung direkt auf ihre häusliche Situation. In einer „Normalfamilie" mit zwei oder mehr Kindern und zwei Erwachsenen wird dann fleißig Parlament gespielt, Entscheidungen den Abstimmungen im „Familienrat" unterworfen, wobei Vorschulkinder zusammen mit größeren zur Demokratie erzogen werden. Eine solche Praxis scheint mir – außer in Ausnahmesituationen – für eine Familie nicht gerade geeignet. Menschen, die sich so nahe sind und sich im engen Kreis leicht verständlich machen könnten, sollten in der Regel eigentlich ohne solche Formalitäten auskommen, um ihre Bedürfnisse zu bekunden und Unstimmigkeiten zu beseitigen.

Der Umgang mit Kindern in der Familie oder in einer vorbereiteten Umgebung gibt Erwachsenen, die nach neuen Wegen suchen, von Stunde zu Stunde und von Tag zu Tag Gelegenheit, die Zusammenhänge von Grenzen und Regeln und geeigneter Zuwendung neu zu entdecken und zu überdenken. Unser Dilemma ist, daß wir selbst in unseren Entwicklungsjahren keine ausreichenden Erfahrungen in einer geeigneten Umgebung und mit Erwachsenen machen konnten, die uns unterstützten, ohne sich einzumischen. Kinder und Jugendliche, die jetzt unter neuen Bedingungen groß werden, sind nun unsere Kritiker. Sie verlangen zum Beispiel von uns, daß wir mit Gegenwärtigkeit und Respekt, aber auch mit Festigkeit und Humor Grenzen vertreten, Umstände ermöglichen, in denen sie selbst ihre Regeln aushandeln können und dann persönlich ihr Einhalten garantieren. In dieser täglichen Übung erleben wir, daß unser eigenes Verständnis allmählich wächst und wir alte ungeeignete Erlebnisse restrukturieren können.

Entwicklungsprozesse

- *Kinder brauchen eine vorbereitete Umgebung, Freiheit und Grenzen.*
- *Grenzen gehören zum Leben.*
- *Ohne geeignete Grenzen können wir nicht in Frieden zusammenleben.*
- *Ohne geeignete Grenzen lassen sich Liebe und Respekt nicht in die Praxis umsetzen.*

Sich mit diesen Zusammenhängen auseinanderzusetzen und sie in die Praxis umzusetzen heißt, Wege zu neuen menschlichen Beziehungen und – so hoffen wir jedenfalls – einer besseren Welt zu ebnen. Das ist eine Einladung, die im Widerspruch zu einer jahrhundertealten Tradition der Erziehung des „Untertan Kind" steht. Diese neuen Wege scheinen für viele noch unsicher und unerprobt. Gewohnt, uns nach Vorschriften oder Ratschlägen von Experten zu richten, halten wir es nur schwer aus, die Beantwortung unserer vielen Fragen allmählich aus der eigenen Erfahrung abzuleiten. Da ist zum Beispiel die brennende Frage: Wie können wir erkennen, ob die Qualität der Umgebung und der Beziehungen im Einklang mit Entwicklungsbedürfnissen ist oder nicht? Welche Merkmale tauchen auf, wenn Entwicklungsprozesse dem inneren Plan entsprechen, und welche, wenn sie ihn behindern? Genügt es, daß wir dank unserer Veränderungen im Zusammenleben mit Kindern weniger gestreßt sind, oder müßten wir uns Gedanken über die Richtung machen, in die wir uns zusammen mit den Kindern entwickeln möchten?

Überlegungen dieser Art und die Einsicht, daß Grenzen

auch davon abhängen, welche Prozesse wir begrüßen und welche wir lieber einschränken, haben sich über die Jahre aus vielen konkreten Situationen und aus der Herausforderung ergeben, unsere täglichen Erlebnisse mit Kindern zu verstehen und sie gegenüber einer Umwelt zu verteidigen, die nicht aufhört, uns in Frage zu stellen: Wie werden Kinder, die in einer „heilen Welt", oder auf einer Insel, aufwachsen, mit der Wirklichkeit zurechtkommen? Was passiert, wenn sie sich dann doch an die Gegebenheiten der Umwelt anpassen müssen? Können Kinder, die als „Individualisten" aufwachsen, sich in die Gesellschaft einfügen? Wenn für sie immer nur alles leicht und schön gewesen ist, wie werden sie lernen, sich anzustrengen und unbequeme Dinge zu tun?

Doch nicht nur solchen Zweifeln gegenüber mußten wir uns Klarheit verschaffen. Es gab immer wieder Eltern oder Besucher, die uns sogar der Härte bezichtigten und sich heftig gegen Grenzen und Regeln sträubten, die sich in unserer Arbeit im Laufe der Jahre herauskristallisiert hatten. Außerdem sahen wir uns in unzähligen Familiengesprächen genötigt, Sinn und Zweck von Grenzen aus verschiedensten Blickwinkeln zu beleuchten.

Dabei war es immer wieder notwendig, uns von den gewohnten Begründungen für Grenzen und Regeln zu lösen, etwa: daß Kinder nun einmal lernen müssen, sich anzupassen; daß man ihnen Respekt für andere Menschen oder für die Natur beibringen muß. Zunächst ist es wichtig, in Betracht zu ziehen, daß geeignete Grenzen nicht die Funktion erfüllen, bestimmte Ziele zu erreichen, sondern ihren Sinn auf einer anderen Ebene haben können. Diese Möglichkeit näher zu betrachten fällt Erwachsenen häufig schwer, wenn es ihnen in Erinnerung an ihre eigenen Kindheitserlebnisse heute noch eng ums Herz wird, sobald man von Grenzensetzen spricht, und wenn sie sich geschworen haben, mit den eigenen Kindern „alles anders zu machen", sie vor allem nicht durch Grenzen „einzuschränken". Für sie erwecken Grenzen das Gefühl des zu kleinen Schuhs, der bei jedem Schritt Schmerzen bereitet, während in unserer Arbeit Grenzen dazu dienen, die Umgebung entspannt zu halten. Das ist für uns so grundlegend, weil echte Entwicklung nur in einem entspannten Umfeld möglich ist.

Wenn wir nun Grenzen in Beziehung zu Freiheit und echter Entwicklung setzen, stoßen wir schließlich auf die zentrale Frage: Welche Bedingungen sind notwendig, damit echte Entwicklungsprozesse stattfinden können? Die Forderung nach der „Einhaltung des öffentlichen Kurrikulums" ist in diesem Fall auf das „innere Kurrikulum" verlegt, und anstelle äußerer Gesetzgebungen haben wir es nun mit inneren Gesetzmäßigkeiten zu tun. Während es wohl möglich ist, die ersteren auf Schleichwegen zu umgehen, lassen die letzteren nicht mit sich spielen. Darum haben wir vor ihnen so einen großen Respekt, daß wir keine Mühe scheuen, mit möglichst überzeugenden Argumenten die Entwicklungsprozesse der Kinder notfalls gegen alle anderen Erwägungen zu verteidigen.

Somit drängen sich die Fragen auf: Was sind echte Entwicklungsprozesse, und was ist Lenkung von außen? Bemühen wir uns nicht um eine Klärung dieser Fragen, so wird es uns schwerfallen, auf geeignete Art mit Kindern zu sein und auf Schritt und Tritt wirkliche Entscheidungen zu treffen, die auf unserer konkreten Wahrnehmung der Situation beruhen, statt nach Rezepten vorzugehen, die durchaus sehr wohlklingend und verlockend sein können. Wir finden es immer wieder hilfreich, uns auf Gesetzmäßigkeiten des biologischen Reifens zu besinnen, auch auf die Gefahr hin, uns damit der Kritik derer aussetzen, die einer „Spirituellen Erziehung" oder einer „Erziehung zum Sozialen" die größte Wichtigkeit beimessen.

Aus dieser Entscheidung, in unserem Umgang mit Kindern die biologischen Entwicklungsprozesse zu respektieren, entspringen dann verschiedene Erwägungen: Es wird zum Beispiel klar, daß die spezifischen Strukturen jedes lebenden Organismus bestimmen, was für ihn *Freiheit* und was Grenzen sind. So bewegt sich der Fisch dank seiner Fischstruktur im Meer frei. Der Vogel fliegt frei durch die Luft, ein Pferd galoppiert frei übers offene Feld, doch jedes Wesen erlebt seine Freiheit nur durch die Instrumente, die ihm in Wirklichkeit zur Verfügung stehen und ist unfrei in jeglicher Interaktion, für die ihm die geeigneten Werkzeuge fehlen.

Was hat diese allgemeine Betrachtung mit Kinderbetreuung zu tun? Versuchen wir geduldig, dieses Prinzip aus verschiedenen Blickwinkeln zu betrachten. Da ist etwa die Frage, die mir ein junges Ehepaar stellte, ob „man einem Kind unter drei Jahren schon Grenzen setzen dürfe". Die erste Frage müßte eigentlich lauten: „Welche Grenzen setzen wir uns selbst, wenn wir für ein Kind unter drei Jahren verantwortlich sind? – Ist jede Umgebung geeignet, damit es in ihr seine Lebensinstrumente in Freiheit einsetzen kann? Ist eine Wohnung voller technischer Geräte dafür passend, ein Vortragssaal, eine Straße voller Autos oder ein Einkaufszentrum voller Menschen, die es eilig haben?"

Wir kommen also nicht darum herum, immer wieder die Umgebung des Kindes als Grundbedingung für geeignete Entwicklungsprozesse unter die Lupe zu nehmen. Kleine Kinder befinden sich voll in der Entwicklung ihrer biologischen Strukturen, und dieser von der Natur diktierte Prozeß hat seine inneren Gesetzmäßigkeiten in gedanklich nicht nachvollziehbaren Zeitspannen der Evolution herangebildet, die zwischen lebenden Organismen und in einer lebenden Natur stattfanden. Das Menschenkind ist aber nicht nur auf eine natürliche Umwelt angewiesen, sondern auch auf die Betreuung durch Menschen, die auf der Ebene ihrer eigenen Entwicklungsprozesse seine Wachstumsbedürfnisse erkennen und respektieren und außerdem das Bedürfnis nach einer begrenzten Umgebung wahrnehmen, welche aber die notwendigen Elemente zur Entwicklung enthalten muß.

Es ist leicht zu sehen, wie eine für die inneren Strukturen eines Organismus unpassende Umgebung seine Freiheit beschränkt. Ein Säugling zum Beispiel mit seinen noch schwachen Muskeln, der in halbsitzender Stellung herumgetragen wird, dem vielleicht dabei der schwere Kopf beängstigend herumwackelt und der in dieser anstrengenden Situation auch noch all den Sinneseindrücken ausgesetzt ist, die von außen auf ihn einstürmen, muß mit seiner Lage irgendwie zurechtkommen (Kinder sind ja lebenskräftige Wesen und kommen mit vielen Dingen zurecht). Doch vergleichen wir ihn mit einem anderen Kleinkind, das in einer ruhigen, geschützten Umgebung in Rückenlage auf einer relativ festen Unterlage ganz allmählich die Möglichkeiten seines eigenen Körpers entdeckt, Muße hat, sich in seinem eigenen Rhythmus auf seine Umwelt einzustellen, und nach und nach unterscheiden lernt, welche Stimuli von innen und welche von außen kommen, was zu ihm gehört und was außerhalb seines Körpers liegt. Ein solches Kind hat schon jetzt seiner eigenen Struktur entsprechende Freiheiten. Das heißt, es kann Entscheidungen treffen, welchen Stimuli es Aufmerksamkeit geben will. Es wird nicht von Eindrücken überflutet, braucht sich nicht andauernd abzuschirmen, und aus einer ihm entsprechenden Körperlage heraus wechselt es in seinem eigenen Rhythmus ab zwischen bekannten und unbekannten, bequemen und abenteuerlichen Positionen.

Beim genaueren Hinschauen entdecken wir auf Schritt und Tritt Beispiele des gleichen Prinzips. Ein Vorschulkind ist vielleicht in seiner gewohnten häuslichen Umgebung ein Quecksilber und Draufgänger; kommt aber ein Fremder ins Haus, versteckt es sich hinter dem Rücken der Mutter, lutscht am Daumen und unternimmt seine ersten kleinen Annäherungsversuche erst, wenn es den Ankömmling lange genug unter die Lupe genommen hat.

Nach einer langen Autofahrt kommen wir müde aus den Ferien nach Hause. Statt uns entspannen zu können, bringt uns unser Kind, das sich aungeregt und glücklich vielen neuen Erlebnissen hingegeben hatte, mit unerklärlichem Verhalten auf die Palme: Vielleicht schreit und weint er, bekommt Fieber, will nicht essen, was auf den Tisch kommt, oder quält uns mit ständigem Gerede, will in unserem Bett schlafen, will sich den Pyjama nicht selbst anziehen. Wenn wir verstehen, daß irgend etwas in der Umgebung nicht zu seinen Strukturen gepaßt hat und das Kind sein Unwohlsein nun zu Hause zum Ausdruck bringen muß, finden wir sicher eher Zugang zu seinem Zustand, als wenn wir uns wegen seines „schlechten Benehmens" beklagen.

Was für einen Säugling oder ein Kleinkind ungeeignet ist und seine Freiheit, sich mit der Umwelt auseinanderzusetzen, beeinträchtigt, kann unter Umständen genau zu den Bedürfnissen eines größeren Kindes passen. Die inneren Strukturen verändern sich bei wachsender Reife und eröffnen damit neue Horizonte der Interaktion, durch die das Verhältnis von Freiheit und Grenzen neu bestimmt wird.

Arthur Koestler hat diese Zusammenhänge in seinem Werk *The Ghost in the Machine* mit folgenden Worten beschrieben: „Wenn wir unsere Schritte zurückwenden und uns auf der Leiter der Hierarchie abwärtsbewegen, so wird das Treffen von Entscheidungen zunächst von halbautomatischen, weiter unten von vollautomatischen Routinen übernommen und mit jedem Wechsel auf eine niedrigere Ebene verringert sich das subjektive Erleben von Freiheit und trübt sich das Bewußtsein ..." Diese Darstellung trifft vollkommen auf die Entwicklung unserer neurobiologischen Strukturen zu, die zwar nicht so augenfällig wie das äußere Wachstum, aber genauso leibhaftig sind. Die Erfüllung des menschlichen inneren Plans hängt demnach auf dieser Stufe von der Reifung des „alten" und des „neuen" Gehirns ab.

Unsere Arbeit mit Kindern ist darum von der Dringlichkeit geprägt, daß diese inneren neurobiologischen Vorgänge durch *alle* Wachstumsjahre unbedingt von den betreuenden Erwachsenen geachtet werden müssen, damit unsere Bestrebungen „mit dem Leben" und nicht „gegen das Leben" gehen. Wenn ein Kind geboren wird, hat seine innerste neurologische Struktur, das sogenannte Retikulär- oder Reptiliensystem bereits einen Entwicklungsstand erreicht, der ausreicht, um das Überleben seines Organismus von innen her zu steuern. Dazu ist freilich beim Menschenkind so wie bei allen höheren Lebewesen eine für „Jungtiere" vorbereitete Umgebung Voraussetzung. Wenn diese Bedingung erfüllt ist, können wir vertrauen, daß dieses innerste – von der Evolution her gesehen früheste – System die größtmöglichen Chancen zum Überleben ermöglicht, da es durch feste Regelkreise von innen her gesteuert wird.

In den ersten sieben oder acht Jahren nach der Geburt kommt die nächste neurologische Struktur, das sogenannte limbische oder Säugetiersystem zur Reife, das zum „alten Gehirn" gehört und ebenfalls mit festen Prägungen ausgestattet ist. Diese sind jedem Neugeborenen durch die Erfahrungen seiner Art mitgegeben, müssen aber durch seine persönliche Interaktion mit der Umwelt erst nach und nach aktiviert werden. Instinkte und unzählige unbewußte, aber vollkommen wirkungsvolle Handlungen stammen aus dem Schatz dieser inneren Verbindungen, die in Urzeiten hergestellt wurden und nun – falls die Umstände es erlauben oder erfordern – eingesetzt werden. Die Bedeutung dieser inneren Regelkreise, die durch ganz bestimmte Signale komplexe Vorgänge auslösen können, ist immer noch Gegenstand neurologischer Forschungen. Die daraus gewonnenen Einsichten werden für viele Ziele ausgenutzt und für fremde Zwecke „umgeleitet", so etwa durch raffinierte Werbung, die Wünsche und Gefühle kunstvoll manipuliert – anders kann es in unserer zweckorientierten Gesellschaft nicht sein!

Diese alten Strukturen haben im menschlichen Leben schnell Unfreiheit zur Folge, wenn die gesamte Entwicklung nicht *geeignet* verläuft. Nicht umsonst hat sich die Natur eine weitere Struktur einfallen lassen, durch die wir potentiell zum Homo sapiens werden können: das sogenannte „neue Gehirn" oder der Neokortex, das uns frei macht, aus den eigenen Erfahrungen zu lernen, falls wir nicht systematisch von außen her „programmiert" oder konditioniert werden. Die alten Systeme gewähren Sicherheit, Geborgenheit und Gewißheit, aber keine Möglichkeit, selbst zu lernen und Entscheidungen zu treffen – alle Regelkreise und damit Reaktionsmuster sind hier vorgeprägt. Der Neokortex dagegen eröffnet uns Chancen, uns mit der Welt auf einer anderen Stufe auseinanderzusetzen: Statt instinktiv oder impulsiv handeln zu müssen, können wir uns dank dieser nicht von der Art vorprogrammierten Struktur zurückhalten, eine Sache mit Abstand und von verschiedenen Seiten her betrachten, uns ein eigenes Bild und Urteil von einer Situation machen und all diese Information dem Herzen zum Entscheiden übergeben.*

Die stufenweise Aktivierung dieser drei Systeme bewirkt, daß echte Entwicklungsprozesse – so wie bei jedem organischen Wachstum – von unten nach oben und von innen nach außen stattfinden. In unserem Neokortex werden durch persönliche Erfahrungen ganz allmählich die neurologischen Verbindungen hergestellt. Damit wird, einer inneren Rangordnung folgend, die Möglichkeit zur Analyse und – zusammen mit dem Herzen – zum Verständnis aufgebaut. Der Ablauf der Ereignisse, die zu diesem Ziel führen, geht über viele Jahre. Dabei ist dieser Prozeß in der biologischen Entwicklungszeit durch eine ursprüngliche Energie und Intensität charakterisiert, hält aber ein ganzes Leben lang an.

Innere „unfreie" Impulse treiben dieses Geschehen unermüdlich an. Durch sie wird immer wieder der Zugang zur „Weisheit der Natur" erschlossen. Verhalten, das wir mit dem Etikett „gesunder Menschenverstand", „Intuition", „Einfühlungsvermögen" oder „Takt" versehen, stammt zu einem großen Teil aus diesem Schatz, ist jedoch bei einem harmonischen Menschen mit den Einsichten persönlicher Lebenserfahrung vermischt.

So können zum Beispiel Gazellen in der freien Wildbahn unterscheiden, ob Löwen hungrig sind oder nicht, und so entscheiden sie sich entweder zur Flucht oder grasen unbesorgt in relativer Nähe ihrer Jäger weiter. Eine solche Fähigkeit zur feinsten Wahrnehmung ist in ihrem limbischen System von Geburt an enthalten. Auch bei uns Menschen fließen derarti-

*Es ist inzwischen bekannt, daß nicht das Gehirn, sondern das Herz diese Aufgabe in unserem Organismus hat! Siehe: Ehepaar Lacey: *Conversations between the Heart and the Brain* und Joseph Chilton Pearce: *Der nächste Schritt der Menschheit.*

ge archaische Verhaltensweisen ständig in unser Handeln ein, doch haben wir die Freiheit, sie für die verschiedensten Zwekke zu nutzen, ihnen nachzugeben oder uns von ihnen zu distanzieren. Der Zugang zu diesem Potential kann aber auf verschiedene Weise verhindert oder so verengt werden, daß wir uns aus Mangel an ursprünglichem Grundvertrauen mehr und mehr von kulturellen Sicherheiten abhängig machen. Und doch erschrecken wir von Zeit zu Zeit, wenn wir von der Vehemenz unerwarteter Impulse überrascht werden.

Einmal war ich Zeuge, als der bekannte Pantomime Samy Molcho einige unbewußte Vorgänge demonstrierte, die aus unserer „inneren Programmierung" entspringen. Er stand zum Beispiel neben einem sitzenden Herrn, unterhielt sich angeregt mit ihm und ließ unverhofft von oben her ein Geldstück in seinen Schoß fallen. Blitzschnell öffnete dieser die Hand und fing das Geldstück auf. Auf die Frage, ob er das bewußt getan habe, antwortete der Herr mit einem klaren Nein. Ein paar Minuten später wiederholte sich das gleiche Schauspiel. Wieder öffnete derselbe Mann die Hand und sagte sofort, daß er das nicht bewußt gemacht habe. Es sei einfach passiert und sei ihm ganz unverständlich. Auch ein drittes Mal funktionierte dieser „Trick", obwohl der Mann diesmal besonders aufpaßte und es eigentlich nicht zulassen wollte. Es handelte sich offensichtlich um ein automatisches inneres Programm, das den Organismus zwingt, prompt etwas aufzufangen, was von oben kommt.

Der Exkurs in die Komplexität unserer inneren Strukturen gibt uns vielleicht ein Gefühl dafür, wie kostbar und gleichzeitig heikel das Gleichgewicht zwischen den alten und neuen neurologischen Systemen ist und welche Bedeutung es im Entwicklungsprozeß der Kinder haben muß. Jede selbständige Bewegung und jede Sinneswahrnehmung, die aus dem echten Bedürfnis des wachsenden Organismus stammt, also eine Übung im Entscheiden bedeutet und nicht von außen manipuliert, stimuliert, motiviert, gefördert und gelenkt ist, wird in den entsprechenden Bereichen des Großhirns gespeichert und verbunden und gestattet das Reifen eines persönlichen Urteils über die Beschaffenheit der Welt. Wenn wir hingegen ein Kind, das sich bemüht, auf einen Stuhl zu klettern, plötzlich hinaufheben, lernt dieses Kind: Sobald ich etwas versuche, wird mein Problem von außen gelöst. Beim nächsten Mal hebt es vielleicht nur noch die Ärmchen, damit es auf den Stuhl gehoben wird. Mit der Zeit mag selbst das schon zuviel Mühe sein, und es wird versuchen, mit Wimmern oder Schreien zum Ziel zu kommen.

Unzählige Begebenheiten im täglichen Leben, denen wir kaum Wichtigkeit beimessen, werden so zu konkreten Erlebnissen für ein kleines Kind und schaffen in seinem neurologischen Entwicklungsprozeß das innere Netz, in dem es die Welt so auffängt, wie sie von ihm erlebt wird. Jede persönliche Anstrengung, sei sie vor unseren Augen auch noch so unscheinbar, verschiebt die Grenzen dessen, was für seinen Organismus möglich oder unmöglich ist, und eröffnet ihm neue Wahrnehmungen und Handlungen. Und umgekehrt: Jede Aktion, die von außen eingeleitet wurde, bestärkt das Kind in dem Gefühl, daß es von außen bestimmt ist. Das ist kritischer, als es auf den ersten Blick zu sein scheint, denn zu unserer inneren Struktur, deren harmonische Entwicklung durch konkrete Erlebnisse aktiviert werden muß, gehört die unbedingte Abhängigkeit von der Zuwendung und Liebe anderer Menschen, also das grundsätzliche soziale Bedürfnis des Menschen. Wird dieses Bedürfnis erfüllt, indem das Kind Zuwendung durch Führung, Anleitung und Problemlösung von außen erfährt, so verwandelt sich seine Abhängigkeit von der Liebe der Mitmenschen nach und nach in eine grundsätzliche Unselbständigkeit und Abhängigkeit von äußeren Lösungen.

Der innere Drang zur Entwicklung unterliegt festen Gesetzmäßigkeiten. Ein Kind respektieren heißt, diese Gesetzmäßigkeiten in Betracht zu ziehen, wenn wir die geschützte Umgebung für den jungen Organismus vorbereiten. Gleichzeitig verlangt es, daß wir uns hüten, die Steuerung von innen durch unsere Erwartungen und Vorstellungen nach außen zu verlegen und damit den Zugang zu den „alten Systemen" zu erschweren oder zu verschütten. Da aber der menschliche Organismus mitsamt der Vielfalt all der archaischen Programme, welche die Evolution hervorgebracht hat, auf dem Weg zu einem unbekannten Ziel ist, ist ein respektvoller Umgang mit einem Menschen von klein auf unvorstellbar komplex. Jede instinktive Handlung, die ihre Impulse aus den alten Strukturen empfängt, wird in spielerischer Tätigkeit variiert und ein Kind, das sich angenommen und geborgen fühlt, benutzt selbst den geringsten Anlaß zum Experimentieren. Wann immer wir die Entwicklungsprozesse der Kinder aufmerksam verfolgen, verblüfft uns die Tatsache, daß sie alte Sicherheiten aufgeben, um einen nächsten Schritt zu tun. Der nächste Schritt ist aber immer ein Abenteuer, und seine Resultate sind unverhofft und keineswegs sicher! Daraus entsteht ein ganz neuer Schatz an unerwarteten Erfahrungen, die alle im „neuen Gehirn" registriert und zu einem immer reicheren Verständnis der Wirklichkeit miteinander verbunden werden.

Solche Kreativität ist eng verknüpft mit dem Erlebnis von Freiheit und Lebensfreude. Doch Kreativität erwächst an der Grenze zwischen Chaos und Ordnung, kein Wunder also, daß Kinder der Welt der Erwachsenen zum Ärgernis werden, deren feste Strukturen und Ordnungen sie auf Schritt und Tritt in Frage stellen und selbst den gewagtesten Reformpädagogen schwierige Rätsel aufgeben. Wenn wir keine Einsicht in die Bedeutung von Grenzen für das menschliche Reifen haben, gibt es nur zwei Alternativen: Entweder man kehrt zurück zu den alten nach Gehorsam heischenden Methoden, oder das Leben mit Kindern wird zu einem unerträglichen Streß. Das bedeutet, daß wir uns einem scheinbaren Widerspruch aussetzen müssen: Denn einerseits entwickelt sich ein Mensch und kommt zu seiner Erfüllung, indem er seinem „inneren Trieb" zu freier, kreativer Interaktion mit der Welt folgt und keine Mühe scheut, alles anzufassen, alles zu erforschen, alles, was er sieht, nachzuahmen und gleich wieder zu variieren, aus Ordnung Unordnung und aus ihr wieder eine eigene Ordnung zu schaffen. Andererseits muß er bei all diesem Treiben notgedrungen auf Grenzen stoßen: auf die natürlichen Grenzen seines eigenen Körpers und der physikalischen Beschaffenheit der Welt – aber auch auf soziale Grenzen: was man anderen Menschen zumuten kann, was Sitte ist und was je nach den Umständen paßt oder nicht paßt.

Ein kleiner Forscher kommt von seiner Arbeit in einer wunderbaren Schlammpfütze nach Hause zurück. Hier erwartet ihn eine andere Welt: Es gibt Polstermöbel und einen Teppich, und der kleine Dreckspatz erlebt eine soziale Grenze. Er muß seine schlammtriefenden Kleider und Schuhe vor der Tür lassen; vorsichtig, um keine braunen Spuren zu hinterlassen, seinen Weg ins Badezimmer bahnen und sich erst einmal ausgiebig säubern. Ein negatives Erlebnis, das ihm zu verstehen gibt, daß er, so, wie er ist, nicht willkommen ist? Das hängt davon ab, wie diese Grenze gesetzt wird – mit Stirnrunzeln und Schimpfen, Zeichen der Abwehr und des Ekels, mit Ermahnungen und vielen erwachsenen Erklärungen oder auf geeignete Weise, das heißt mit Zeichen der Annahme, der Freude über das schöne Erlebnis des Kindes, gleichzeitig aber mit persönlicher Gegenwart, freundlicher und respektvoller Hilfe beim Ausziehen und liebevoller Begleitung auf dem Weg ins Bad. Ich kann mir gut vorstellen, daß im zweiten Fall der Übergang in die geordnete häusliche Welt zu einer wichtigen Erfahrung wird und zu neuen fröhlichen Tätigkeiten im Badezimmer überleitet.

Der Alltag mit Kindern präsentiert uns solche Grenzsituationen mit vielen Varianten. Gerade bei kleinen Kindern kommen wir selbst in einem kindgerechten Haushalt immer wieder in die Lage, nein sagen zu müssen: „Das Rührgerät darfst du nicht haben“; „Die Asche im Kamin ist nicht zum Herumschmieren“; „Du darfst dem Baby nicht mit dem Finger in die Augen fassen“ ... Unzählige Gelegenheiten – nicht um das Kind zu „erziehen“, sondern um ihm echte Zuwendung zu geben, dabeizusein, ihm beim Erleben solcher Grenzen nicht das Gefühl zu vermitteln, es sei zurückgewiesen oder allein gelassen. Für uns Erwachsene kommt nun ein schwieriger Schritt: Nämlich jetzt nicht vorzugreifen, was das Kind anderes tun könnte, wenn es das hier nicht darf. Denn damit verhindern wir das wirkliche Erleben der Grenze und den wichtigen Prozeß, in dem das Kind selbst einen neuen Standpunkt einnehmen müßte: Hier geht es nicht weiter. Welche anderen Möglichkeiten eröffnen sich mir, damit ich weiter leben, weiter aktiv sein und diese Situation aus einer neuen Perspektive erleben kann?

Im Entwicklungsprozeß ganz kleiner Kinder erfüllen physische wie soziale Grenzen bereits ebendiese Funktion: Trifft ein Kind instinktiv starken inneren Entwicklungstrieben folgend, auf Umstände, die seinem impulsiven Treiben eine Grenze setzen, so ist es – nicht selten schmerzlich – gezwungen, erst einmal sich selbst zu spüren, seine Position zu klären, Abstand zu nehmen und sich dann neu zu orientieren. Dieser Vorgang findet, wenn er auf angemessene Art begleitet wird, in einer komplexen Auseinandersetzung zwischen innerem Drang und äußeren Wirklichkeiten statt. Vorausgesetzt daß die Umgebung reich an Alternativen ist, ermöglicht er dem heranwachsenden Kind die Möglichkeit, auf einer höheren Stufe seines Bewußtseins Entscheidungen zu treffen und neue Schlüsse über die Beschaffenheit der Wirklichkeit zu ziehen. Tatsächlich verraten uns Kinder, denen diese organische Entwicklung fehlt, mit ihrem Verhalten, daß es ihnen nicht gutgeht, daß ihnen eindeutig etwas fehlt. Sie blasen vielleicht Trübsal, zeigen sich leicht aggressiv, fühlen sich bei Konflikten mit anderen sofort angegriffen und sind unfähig, andere Standpunkte als ihren eigenen gleichwertig in Betracht zu ziehen.

Kinder wie Erwachsene müssen in ihrem Leben immer wieder durch Zeiten gehen, die Veränderungen bedeuten. Vielleicht sind es Veränderungen in den äußeren Umständen, doch selbst wenn das Umfeld noch so stabil erscheint, ist jeder einem inneren Wandel ausgesetzt, der als Krise oder Engpaß, als Restrukturierung oder als Durchbruch zu einem neuen Zustand empfunden werden kann. Am deutlichsten erleben wir solche Übergangszeiten bei etwa zweijährigen Kindern, dann wieder beim Eintritt in die operative Phase und ganz besonders eindrücklich in der Pubertät. Jedesmal wird eine Phase abgeschlossen und Altes zurückgelassen, obwohl das Neue noch nicht faßbar ist. Das beinhaltet immer Ratlosigkeit, Unsicherheit, aber auch eine Suche, die unter Umständen jahrelang anhalten mag. Im Vergleich zu solchen speziellen Zeiten des Abschieds und der Ungewißheit sind die Schwierigkeiten, die aus alltäglichen Grenzerlebnissen entstehen, eher ein „Kinderspiel". Doch wenn schon kleine Kinder immer wieder erfahren können, daß Grenzen nicht „das Ende", sondern Wendepunkte für etwas Neues bedeuten, so wächst in ihnen eine Stärke und das Verständnis für ihre eigenen Möglichkeiten. Solche Vertrautheit mit der inneren Umstellung auf neue Perspektiven kann aber nur dann entstehen, wenn Kinder stets aufs neue erleben konnten, daß sie selbst ihre Weichen für etwas Neues stellen durften und ihnen die Lösungen und Erklärungen nicht von außen übergestülpt worden sind.

Die meisten unserer sogenannten „Hausregeln" im Pesta haben etwas mit Grenzen bei instinktiv impulsivem Handeln und der Auswirkung auf die Umgebung zu tun. Dies ist von daher heikel, da wir es uns zum Anliegen gemacht haben, die spontanen kindlichen Aktivitäten zu respektieren. Doch löst sich der Widerspruch auf, weil jeder frei entscheiden kann, in welchem Bereich er sich jeweils aufhalten will. Dabei hat jeder Ort seine bestimmten Regelungen: Draußen kann man laut sein und soviel herumspringen, wie man möchte, solange man andere nicht umrempelt. Drinnen gibt es stillere Bereiche mit verschiedenen Abstufungen. Wer im Galopp hereinkommt und drinnen lärmt, bekommt die Grenze zu spüren und muß sich entscheiden, ob er drinnen leise oder draußen laut sein will. Manche Innenbereiche sind für künstlerische oder handwerkliche Beschäftigungen eingerichtet. Hier gibt es Besen, Wischer und Lappen, mit denen jeder seine eigene Unordnung wieder beseitigt. In anderen Bereichen stehen viele Gegenstände für kreatives Spiel zur Verfügung. Doch wer die Sachen nicht an ihren Platz zurückbringt, dem wird der Zugang für einen oder mehrere Tage gesperrt. Kinder und Jugendliche wählen frei, an welchen Gruppenaktivitäten sie teilhaben möchten. Jede Gruppe einigt sich, unter welchen Bedingungen sie arbeiten will. Wer gegen diese selbstbestimmten Regelungen mehrfach verstößt, fliegt aus der Gruppe heraus.

In einer reichen vorbereiteten Umgebung mit der Möglichkeit für spontane Aktivitäten aller Art erlebt sich jeder gleichzeitig als Individuum und als Teil einer Gemeinschaft, doch einer Gemeinschaft, die authentische Bedürfnisse respektiert und nicht a priori die Anpassung des einzelnen an die „anderen" verlangt. Wir glauben, daß in solchen Umständen echte Entwicklungsprozesse stattfinden können, doch selbst hier erleben wir immer wieder, daß Kinder in ihren Entwicklungsprozessen stagnieren.

Da gibt es manche, die so sehr an Erwachsenen kleben, daß sie kaum Gelegenheit haben, sich in die verschiedensten Unternehmungen zu stürzen, bei denen sie dann die Grenzen ihrer spontanen Aktivitäten entdecken könnten.

Es gibt Kinder, die konkrete Situationen kaum wahrnehmen, sich mit ihrem eigenen Körper und mit den Dingen, die sie handhaben, nur ungenügend orientieren. Ein neunjähriger Junge in unserer Primaria zum Beispiel, der gegen die Hausregel drinnen Ball spielen will, behauptet angesichts der Grenze: „Ich habe doch gar nicht gespielt." Im nächsten Moment tut er es gleich wieder, ohne es überhaupt zu merken, bis ihm schließlich der Ball weggenommen wird. Seine Jacke, Fußballhandschuhe und Mütze liegen verstreut herum, und er lebt in der Annahme, daß andere dafür verantwortlich seien. Ähnlich wie er gibt es ein paar andere, die beim freien Spiel anderen weh tun und immer wieder behaupten, sie seien es nicht gewesen. Oder solche, denen etwas aus der Hand fällt, ohne daß sie es merken, und dann überhaupt nicht verstehen, warum sie es aufheben sollten ...

Das Erleben von Grenzen hat also etwas damit zu tun, ob Kinder sich selbst in ihrer Umgebung so wahrnehmen, daß sie sich orientieren und Verantwortung für sich selbst und das, was sie verursachen, übernehmen können. In unserer Situation, in der Kinder nicht durch einen Stundenplan bestimmt werden, wird Für-sich-Einstehen dann zur Grundlage, so daß sie sich auch für ihren eigenen Lernprozeß verantwortlich fühlen, daß sie Schwierigkeiten angehen, Hindernisse, die auch eine Art Grenze sind, überwinden und die Angebote der vorbereiteten Umgebung wahrnehmen, dank derer sie ihr Verständnis der Wirklichkeit immer neu strukturieren können. Kinder, die mit Grenzen umzugehen lernen, stellen sich bereitwillig den Herausforderungen der operativen Entwicklungsphase und finden Übergänge zum abstrakten Denken, ohne den Boden unter den Füßen zu verlieren.

Kinder, die an einem Mangel an Erfahrungen in der Auseinandersetzung zwischen dem eigenen Organismus und einer geeigneten Umgebung leiden, wehren sich mit allen Mitteln gegen Grenzen, die für sie verbindlich sind. Einmal nahmen wir einen achtjährigen Jungen auf, weil in seiner Kindheit offenbar fast alles falsch gelaufen war und wir ihm wenigstens eine Chance für einen Neubeginn geben wollten. Grenzen waren für ihn gleichbedeutend mit „ungeeigneten Umständen“, also Synonym für „den Feind da draußen“. Wie schon erwähnt, haben wir einen symbolischen Zaun zwischen dem Kindergarten- und dem Primaria-Gelände. Und dieser wird als feste Grenze angesehen, das heißt jeder, der von einem Bereich zum andern gehen will, benutzt die dafür vorgesehenen Eingänge. Unserem neuen Jungen war es ein leichtes, mit einem Satz über den Zaun zu springen. Dabei traf er regelmäßig auf einen Erwachsenen, der ihn auf die Hausregel hinwies. Aber was nützte es? Mit dem treuherzigsten Blick der Welt behauptete dieser Junge jedesmal: „Aber ich bin doch gar nicht drübergesprungen!“

Ein neunjähriges Mädchen dagegen hat sich für alle Fälle ihrer Grenzverletzungen ein ungeheures Repertoire an scheinbar logischen Argumenten zugelegt, die sie über jedermann ergießt, der es wagt, sie an eine Regel zu erinnern, so daß nur die

Stoiker unter uns es fertigbringen, auf einer Grenze zu beharren. Doch am schlimmsten ist es, wenn ein Kind sofort bei der Erwähnung einer Grenze den Kopf senkt, den Schwanz einzieht und zu allem ja und amen sagt, um dann, sobald man sich umdreht, das Unerlaubte wieder zu tun. Ganz gleich, wie der Widerstand gegen Grenzen aussehen mag, wir sehen deutlich, daß Kinder mit solchem Verhalten irgendwie „steckenbleiben", daß ihre Entwicklung weder im emotionalen noch im sozialen und kognitiven Bereich vorankommt. Manchmal erleben wir, daß sie erst nach einer schweren Krankheit oder einem schmerzlichen Ereignis neue Wege der Interaktion ausprobieren.

Wenn Kinder Probleme mit Grenzen und Regeln haben, leben sie offenbar in einem Zustand der persönlichen Unsicherheit. Ihre Handlungen haben keinen deutlichen Anfang und kein klares Ende und ihre Entscheidungsfähigkeit ist eingeschränkt. In diesem Zustand kommen sie nicht gut mit sich selbst zurecht. Sind sie allein, so wissen sie nichts Rechtes anzufangen und langweilen sich oft. Wenn irgend möglich, schließen sie sich einer Gruppe an. Mehrere solcher Unentschlossenen bilden häufig eine Art Horde, die einem Anführer folgt oder nach dem Leitmotiv „alle für einen und einer für alle" ihre Unternehmungen „entscheidet" und miteinander ausführt. In einer solchen Gruppe fühlt sich dann der einzelne stark und zu vielen Sachen aufgelegt, für die er keine individuelle Verantwortung übernimmt. Nicht selten finden Gruppenmitglieder Vergnügen daran, sich gegenseitig zu ärgern oder zu verletzen. Doch wagt ein Außenstehender es, sie darauf hinzuweisen, so „decken" sie sich gegenseitig und zeigen erstaunliche Solidarität in ihrem eigenen mangelnden Respekt.

Über längere Zeit wird deutlich, daß sich die Entwicklungsprozesse solcher „Hordenkinder" festfahren. Das ist nicht verwunderlich, denn Freundschaft und Kooperation können *nur* zur Blüte gelangen, wenn jedes Individuum „bei sich selbst" ist, seinen eigenen Weg unter den Füßen spürt und frei ist, allein oder mit anderen Strecken dieses Weges zu gehen. Wo aber die individuelle Auseinandersetzung des einzelnen mit seiner Umwelt nicht wirklich stattfindet und keine feste Grenze zwischen Innen und Außen vorhanden ist, gibt es keinen echten Lernprozeß. Wenn ich mich persönlich entscheide, etwas zu tun, erlebe ich die Folgen meiner Handlung deutlich und kann aus ihnen lernen. Wenn ich mich als Individuum auf etwas einlasse, merke ich, wann es ratsam wird, Abstand zu nehmen. So beginne ich zu unterscheiden, inwieweit ich auf dem Eigenen beharren und wann ich Rücksicht auf andere nehmen sollte. Dabei übe ich mich dann, Freud und Leid zu akzeptieren, mich selbst zu spüren und kritisch zu sein, ohne mich oder andere zu verdammen.

Wir versuchen, die „Hand am Puls" zu haben und aufmerksam zu sein, ob Kinder sich ihrer wirklichen Entwicklungsphase stellen oder entziehen, ob sie sich in einer vorübergehenden Phase der Restrukturierung oder in einer ausweglosen Sackgasse befinden. Da sehen wir Kinder, die zu bequem sind, ihre Babyphase aufzugeben, und solche, die aus der Phase, in der sie sich befinden, in die nächste oder übernächste flüchten und ihr Glück als Frühreife oder Genies versuchen. Ein Kind, das kein Problem selbst lösen mag, das alle Schwierigkeiten und Anstrengungen vermeidet, das alles vergißt und scheinbar nichts versteht, braucht unsere spezielle Zuwendung, aber nicht in dem Sinn, daß wir alles lösen, was es von uns erwartet.

Kinder, die vielleicht mit ihrem Kopf rasend schnell, aber zu keiner konkreten Handlung fähig sind, oder Kinder, die sich selbst und andere ständig belügen, brauchen wieder andere Grenzen. Ein Fünfjähriger zum Beispiel war vollkommen unkoordiniert mit seinem Körper, unfähig wahrzunehmen, was sich vor seiner Nase abspielte, und scheute vor jeder Interaktion mit anderen Kindern zurück. Dafür verbrachte er viele Stunden des Tages mit der Lektüre von Büchern, die weit über seinem Horizont lagen. Wir einigten uns mit seinen Eltern, sein Lesen auf eine Stunde pro Tag zu begrenzen und die Wut und Verzweiflung auszuhalten, die dieser Grenze folgten. Weit schwerwiegender ist es allerdings, wenn Kinder sich nicht nur hinter Büchern verkriechen, sondern ihre Interaktion mit der

Umwelt auf Computer und Fernsehen konzentrieren. Menschliche Entwicklungsprozesse finden – ganz besonders während der biologischen Entwicklungszeit – in der Auseinandersetzung mit der Natur und mit anderen Menschen statt. Wie Jerry Mander in *In the Absence of the Sacred* aufzeigt, laufen moderne Menschen Gefahr, sich zusammen mit ihren Maschinen in eine künstliche Welt zu begeben und dort selbst zu einem Kunstprodukt zu werden – sich also zu einer Art Inzucht zwischen dem Menschen und seinen eigenen Erfindungen zu entwickeln. Damit schneiden sich immer mehr Menschen von den Kräften der Natur ab, die sie erneuern und nach innen und außen öffnen könnten. Solchen Pseudo-Interaktionen wagen wir im Pesta Grenzen zu setzen.

Da Kinder den Wachstumskräften der Natur noch nah sind, können wir davon ausgehen, daß sie – ganz gleich wie ungeeignet oder unerwünscht ihr Verhalten sein mag – immer die „beste" Antwort auf ihre Umgebung geben. Das mag nicht die beste Antwort für ihre Entwicklung sein, wohl aber für ihr Überleben in einer Umwelt, die keine Priorität für die echte Entfaltung von Kindern gesetzt hat. Wenigstens für die wenigen Stunden am Tag, in denen sich Kinder in unserer vorbereiteten Umgebung aufhalten, versuchen wir den „verlorenen Kindern" einen Rahmen zu geben, der ihnen immer wieder neue Grenzerlebnisse ermöglicht. Das sind zunächst einmal ganz praktische Dinge:

Viele Kinder sind mit ihren eigenen Habseligkeiten und den Gegenständen der Schule unordentlich. Sie laufen mit offenen Schuhbändern herum und scheinen nicht einmal zu merken, wie sie darüber stolpern. Wenn sie ihr Sandwich auspacken, fällt die Plastiktüte irgendwo auf den Boden und wird vom Wind entsorgt. Der Joghurt tropft auf den Tisch, und das Kind schimpft, weil die Fliegen sich daraufsetzen. Wenn sie sich das erste Mal in der Schulküche versuchen, ist dieser Bereich nach wenigen Minuten zu einem Schlachtfeld geworden. Wenn sie Werkzeuge benutzen, lassen sie sie irgendwo liegen; die Farbtöpfe werden nach Gebrauch nicht verschlossen, die Pinsel nicht ausgewaschen, und wenn ihnen ein didaktisches Material aus der Hand fällt, scharren sie es womöglich mit dem Fuß unter den Tisch. In ihrer Auseinandersetzung mit der Umwelt fehlt ihnen der sichere „Pilot", der von innen her aus dem Chaos der spontanen Aktivitäten Ordnung schafft. So braucht es eine extra Portion Gegenwärtigkeit und Aufmerksamkeit, um bei all diesen winzigen Begebenheiten gerade an Ort und Stelle zu sein, wenn solch ein Kind sein Chaos hinterläßt und zur nächsten spontanen Tätigkeit abschwirrt.

Haben wir diesen kritischen Moment verpaßt, kostet es Überwindung, nicht einfach schnell nachzuräumen, sondern das Kind auf dem Sportplatz aufzusuchen und ihm die Hiobsbotschaft zu bringen: „Du hast die Säge auf der Werkbank liegengelassen. Ich laß dich jetzt nicht Ball spielen, bis du sie weggeräumt hast." Oder wir stellen uns einem Kind mit offenen Schuhbändern in den Weg, bücken uns und fragen: „Willst du, daß ich dir die Schuhe zubinde, oder willst du es allein tun?" Es gibt täglich unzählige Gelegenheiten, ganz dazusein, nach der geeigneten Haltung und den passenden knappen Worten zu suchen und die Grenzen in all diesen unscheinbaren Umständen so zu setzen, daß sie als Merkmale des Respekts für das Kind und für die Umstände einen Sinn haben. Und haben wir uns diese Mühe mit einem Kind über eine kürzere oder längere Zeit gemacht, erleben wir, daß es allmählich zu sich selbst und seinem Umfeld eine andere Beziehung bekommt. Anfangs ist es noch erstaunt: „Was will die eigentlich von mir?" Aus diesem Unverständnis erwächst dann langsam ein Wiedererkennen. Ich nähere mich dem Kind auf die typische „grenzensetzende Weise", und es versucht sich irgendwie zu erinnern: „Sind es vielleicht meine Schuhbänder? Was habe ich eigentlich als letztes getan? Habe ich die Bauklötze aufgeräumt?" Als nächstes sieht mich das Kind kommen, greift sich lachend an den Kopf und geht von selbst, um seine letzte Unordnung zu beseitigen, bis es allmählich die Beziehung zwischen seiner Handlung und den daraus entstehenden Folgen direkt wahrnimmt und sich „wie von selbst" für sein Tun verantwortlich macht. Diese Wahrnehmung ist die Voraussetzung, damit es in der operativen Phase anhand konkreter Erfahrungen sein logisches Denken mit Ursache und Konsequenz und all den immer komplexeren Beziehungen zwischen Dingen und Ereignissen aufbauen kann.

Bei „Hordenkindern", die für gewöhnlich als Kollektiv auftreten, wird es stets aufs neue notwendig, Grenzen zwischen Kindern zu definieren. Beim Spielen treiben sie sich manchmal gegenseitig an, etwas zu wagen, was sie von sich aus nicht tun würden, etwa aus einer Höhe herunterzuspringen, die ihr Können übersteigt. Wir verkünden dann energisch: „Hier bestimmt jeder für sich, aus welcher Höhe er springen will." Wenn sie sich beim Spielen ärgern und das „Opfer", aus Angst vor der Mißbilligung der Gruppe nicht protestiert, so schreiten wir ein und bestätigen die Hausregel: „Hier erlauben wir nicht, daß ihr euch gegenseitig wehtut oder beschimpft." Und wenn die ganze Gruppe in einen Bereich eindringt, der für eine persönliche Auseinandersetzung mit Materialien vorgesehen ist, lassen wir nicht zu, daß einer dem andern in seine Tätigkeit hineinpfuscht. Wenn sie zum Beispiel ein Experiment im Labor machen wollen, gilt die Regel: Nicht mehr als zwei an einem Arbeitsplatz. In der Küche dürfen maximal vier kochen, und im Mathe- oder Sprachbereich verlangen wir von solchen Kindern, daß jeder für sich mit einem Material und eigenen Fragestellungen oder Aufgaben arbeitet.

Das kann so weit gehen, daß wir Kinder im operativen Alter, die ihrem eigenen Entwicklungsprozeß kontinuierlich ausweichen, in ihrer „Freiheit" einschränken. Ein Betreuer, der die besondere Verantwortung für ein solches „gefährdetes" Kind übernimmt, geht persönlich auf es zu und fragt zum Beispiel: „Ich habe gemerkt, daß du nie für dich selbst eine Arbeit tust. Hier muß jeder für sich selbst Verantwortung übernehmen. Willst du dich selbst organisieren oder willst du, daß ich dich jeden Tag daran erinnere?" In fast allen Fällen bestehen die Kinder darauf, selbständig jeden Tag eine Zeit für eine persönliche

Arbeit zu bestimmen. Wir schauen vielleicht eine oder zwei Wochen zu, ob sie es wirklich tun. Falls es nicht klappt, schränken wir die Möglichkeiten etwas ein: „Du kannst aussuchen, ob du in der ersten oder der zweiten Hälfte des Morgens eine Arbeit für dich tun willst." Das führt für gewöhnlich dazu, daß solch ein Kind eigenständig eine Zeit bestimmt. In Ausnahmefällen stehen Kinder nicht zu ihrem eigenen Wort, und wir schränken weiter ein: „Ich habe gemerkt, daß du nicht hältst, was du sagst. Du organisierst dich nicht selbst, jetzt werde ich das für dich tun. Ich sage dir, um welche Zeit du eine Arbeit für dich tun sollst." So erlebt das Kind allmählich, daß es an Freiheit einbüßt, wenn es keine Verantwortung übernimmt. Wichtig ist dabei, daß es immer noch seine Arbeit aus einem Riesenangebot von Materialien wählen kann und daß es, wenn es sich immer wieder mit solchen Materialien beschäftigt, die seiner Entwicklungsphase entsprechen, Befriedigung und Wohlbefinden erfährt. In den meisten Fällen erleben Kinder nach und nach genug Freude an ihrer selbständigen Tätigkeit, so daß die engen Grenzen unnötig werden. Sie beginnen, individuelle Arbeit zu schätzen, und finden allmählich ihr eigenes Gleichgewicht zwischen Spiel, praktischen Tätigkeiten und dem Umgang mit verschiedensten Materialien, die ihnen ermöglichen, ihr Verständnis für die Welt zu strukturieren und schrittweise Übergänge vom Konkreten zum Abstrakten zu erarbeiten. Oft fühlen sich Erwachsene, die sich auf Methoden der spontanen Interaktion einlassen, früher oder später verunsichert. Denn Kinder, die aus der „normalen" Atmosphäre der Direktivität und eines unpassenden Umfelds kommen, bringen ihre Schwierigkeiten auch in die bestens vorbereitete Umgebung mit. In dieser Zwickmühle wählen manche freien Schulen einen Mittelweg: die halbe Zeit bieten sie Klassenstrukturen, vielleicht sogar mit „Freiarbeit" an (das heißt, die Kinder müssen zu einer vorgeschriebenen Zeit dann etwas Didaktisches tun), der Rest ist wirklich frei. Dieser Ausweg wirft leider alle Kinder in den gleichen Topf. Die wirklich spontanen und kreativen werden in ihrer eigenen Organisation eingeschränkt; das Experimentieren mit Muße und intensiver Tätigkeit wird verwässert, die Entscheidung: „Jetzt will ich etwas für mich tun" wird ihnen abgenommen und die Differenzierung in der Betreuung gerade der „schwierigen" Kinder behindert.

Wenn Kinder die Freiheit haben, in einer sorgfältig vorbereiteten Umgebung ihre authentischen Entwicklungsbedürfnisse zu erfüllen, und gleichzeitig mit notwendigen Grenzen begleitet werden, kommen sie gern in die Schule und beklagen sich über Wochenenden und Ferien. Nur unter solchen Umständen ist es verständlich, daß eine letzte und schmerzliche Konsequenz für andauerndes Mißachten der Hausregeln darin bestehen kann, ein Kind für einen oder mehrere Tage *nicht* in den Pesta kommen zu lassen. Das kommt (bei einer Belegschaft von hundertfünfzig Kindern in diesem Alter) vielleicht zwei- oder dreimal im Jahr bei größeren Primaria-Kindern und noch seltener bei Jugendlichen vor. Doch vorher haben sie weniger krasse Konsequenzen erlebt, zum Beispiel daß jemand, der andere nicht auf dem Sportplatz respektiert, für eine gewisse Zeit den Platz nicht benutzen, oder einer, der in einem Innenbereich immer wieder herumrennt, für den Rest des Tages diesen Bereich nicht betreten darf. Daß jemand, der sich freiwillig in eine Arbeitsgruppe eingeschrieben hat und dreimal nicht erscheint, obwohl er in der Schule ist, für den Rest des Jahres aus der Gruppe ausgeschlossen wird, und einer, der in einer Arbeitsgruppe stört, von den anderen Teilnehmern hinausgeschickt wird. Es gibt eine lange Reihe von möglichen Zwischenerfahrungen, bis es einmal „kracht" und das Kind oder der Jugendliche einen oder mehrere Tage zu Hause bleiben muß. Da eine solche Konsequenz nicht respektierter Grenzen auch unmittelbar die Beziehung zwischen Schule und Elternhaus betrifft, werde ich im letzten Kapitel noch einmal auf diesen Punkt zurückkommen.

An dieser Stelle möchte ich einen Bereich erwähnen, der immer wieder in den Gesprächen mit unseren Mitarbeitern diskutiert wird, nämlich unsere Arbeit mit behinderten oder anderen „Problem-Kindern". Die intensivsten Auseinandersetzungen über dieses Thema hatten wir in den Jahren, als eine unserer Mitarbeiterinnen selbst ein behindertes Kind im Kindergarten und dann in der Schule hatte. Es war für sie fast unmöglich, ihrer behinderten Tochter gegenüber die gleichen Hausregeln zu vertreten, die allgemein gültig für alle sind. Sie wehrte sich leidenschaftlich dagegen, wenn ein Mitarbeiter behinderten Kindern in den grundlegenden Dingen Grenzen setzte. „Die armen Kinder haben doch schon genug zu leiden. Ich bin dagegen, daß wir ihnen hier zusätzlich mit Grenzen Schmerz zufügen" war ihr Argument. Sie zog es vor, daß der sechsjährige behinderte Diego überall auf den Boden, die Möbel oder Materialien pinkelte und hatte auch dann große Schwierigkeiten, eine Grenze zu setzen, als der fünfjährige Paul, der chirurgische Eingriffe erlebt hatte, nun andere Kinder schlagen wollte, um herauszufinden, wie sie mit Schmerz umgehen.

Die meisten Kollegen vertraten den Standpunkt, daß Grenzen zwar schmerzlich sind, aber Sicherheit und die Chance zur Nichtdirektivität geben und daß Kinder gerade in den unangenehmen Grenzsituationen an ihre alten Schmerzen stoßen und sie bei geeigneter Begleitung verarbeiten und herausweinen können. Mit Diegos Mutter konnten wir nie zu einer wirklichen Einigung kommen. Doch die Differenzen zwangen uns immer wieder zur Reflexion und machten uns besonders aufmerksam für die Entwicklungsprozesse gerade der behinderten Kinder. Denn wenn Grenzen zum menschlichen Leben gehören und wir dafür einstehen, daß behinderte Kinder gerade so Menschen sind wie die „normalen", müssen notwendige und geeignete Grenzen in einer vorbereiteten Umgebung auch für ihren Entwicklungsprozeß wichtig sein. Obwohl solche Kinder ihr Potential auf andere Weise erfüllen mögen, als wir es normalerweise erwarten, blieb uns über die Jahre hinweg kein Zweifel, daß sie ihren persönlichen Weg dann besser finden, wenn sie sich innerhalb klarer Grenzen in ihrer Umwelt orientieren, Hindernisse überwinden und ihre eigenen Problemlösungen finden können.

Grenzen für die Erwachsenen

Viele Eltern, die ihre Kinder statt in eine „richtige Schule" in den Pesta schicken, tun dies für gewöhnlich aus dem Wunsch heraus, ihnen mehr Freiheit und Lebensfreude zu ermöglichen, als sie selbst erlebt haben. Wie Kinder sich wirklich in Freiheit entwickeln und wie ihre Lernprozesse stattfinden, ist dann immer wieder das zentrale Thema der Elternabende, denn Zukunftsängste und das Bedürfnis, Argumente für eine freiheitliche Erziehung zu finden, sind unvermeidliche Bestandteile einer Schule, in der Kindern „nichts beigebracht wird". Während dieses Prozesses geht den meisten früher oder später ein Licht auf, daß nämlich diese neue Erfahrung für ihre Kinder weiter reicht und tiefer geht als sie anfangs glaubten. Denn wenn wir der Arbeit mit Kindern den Respekt für Lebensprozesse zugrunde legen, sind Eltern notwendigerweise inbegriffen.

Beim Betrachten der Beziehungen zwischen Erwachsenen und Kindern kamen wir zu der Definition, daß das Verhalten von Kindern *immer* ihre beste Antwort auf die Umgebung ist, in der sie aufwachsen. Die grundlegendsten Erfahrungen stammen aus ihrem häuslichen Umfeld, auch wenn die Kinder einen Teil des Tages in einer eigens für ihre Bedürfnisse vorbereiteten Umgebung verbringen. Es ist also notwendig zu versuchen, die Eltern in den Prozeß einzubeziehen, der aus dem Wechselspiel zwischen Freiheit und Grenzen entsteht, denn die Abhängigkeit der Kinder von ihren Eltern relativiert auf elementare Weise ihren Freiheitsanspruch. Die Wechselbeziehung zwischen Freiheit und Verantwortung bekommt in diesem Rahmen in einer Vielzahl von kleinen Dingen und unscheinbaren Situationen ihre Bedeutung. Das versetzt die Erwachsenen in die Lage, Freiheit und Grenzen von Moment zu Moment, von Situation zu Situation und je nach Entwicklungsphase ständig neu zu definieren.

Dieser notwendige Rahmen weitet sich spürbar, wenn aus den Kindern Jugendliche werden. Die Triebkraft für alles Tun oder Nichttun entsteht nun aus der Frage: „Wer bin ich in dieser Welt?“ Der Drang, auf Dinge einzuwirken und Situationen zu beeinflussen, um herauszufinden, wie die Welt beschaffen ist und welche Regelmäßigkeiten sie bestimmen, verlegt sich immer mehr nach innen: „Wie bin ich beschaffen, und wer bin ich eigentlich?“ Immer wieder besprechen wir darum, wie eine geeignete Begleitung der jungen Menschen während dieser Zeit aussehen kann, welche Grenzen jetzt angebracht sind und auf welche Weise sie gesetzt werden können. Wie kann Freiheit jetzt aussehen, wie können wir uns jetzt noch um die Jungen und Mädchen kümmern, ohne daß das für beide Seiten zu einer Quälerei wird? Welche Verantwortung haben wir Erwachsene jetzt noch für die Jugendlichen, und wie können wir sie übernehmen, ohne den Loslösungsprozeß zu behindern und Widerstand hervorzurufen?

Bei jungen Menschen verliert die häusliche Umgebung langsam an Bedeutung und allmählich wächst der Einfluß äußerer Einwirkungen. Beziehungen zu Menschen außerhalb der Familie fallen immer stärker ins Gewicht. Darum sind die Haltungen und das Verhalten der Jugendlichen nun nicht mehr unbedingt „ihre beste Antwort auf ihre häuslichen Umstände“, sondern in ihrer neuen Fähigkeit der Selbstreflexion fällt ihnen zunehmend die Verantwortung für die Entscheidung zu: „Wer will ich überhaupt sein? Bin ich einfach Opfer meiner Umgebung, oder steht es mir zu, mich selbst zu dem zu machen, der ich sein will? Mit wem will ich Kontakt haben, und welche Gesellschaft will ich meiden?“ In dieser neuen Phase wächst in einer Umgebung, die Freiheit gewährt, ein starkes Gefühl der Eigenverantwortung. Einige unserer Jugendlichen sind so durchdrungen und überwältigt von ihr, daß sie fast täglich Gespräche mit Erwachsenen suchen, um damit zurechtzukommen.

Doch reden sie nicht nur über sich selbst; sie wollen auch unsere persönlichen Erfahrungen und Weltanschauungen kennenlernen. Vor kurzem berichtete mir ein Elternpaar, daß ihr siebzehnjähriger Sohn sie mit der dringenden Frage aus dem Bett aufgeschreckt habe: „Was macht ihr eigentlich mit eurem Leben? Jetzt habt ihr drei Kinder großgezogen; was bleibt da noch für euch übrig? Tut ihr etwas für euch selbst? Was erwartet ihr vom Leben?“ Die Eltern waren von diesem jugendlichen Ausbruch, der die Suche nach einem Sinn so deutlich zeigte, überwältigt, so daß sie am letzten Elternabend verkündeten, ihr Sohn sei jetzt zu ihrem Vater geworden!

In vielen Gesprächen mit Erwachsenen fällt uns auf, daß offenbar nur wenige sich in der Jugend so intensiv der Frage: „Wer bin ich eigentlich in dieser Welt“ widmen und dabei auf die Aufrichtigkeit und Offenheit der ihnen nahestehenden Erwachsenen zählen konnten. Denn normalerweise ist das wichtigste Anliegen der Älteren in dieser kritischen Zeit, daß die jungen Menschen ihren Platz in der Gesellschaft finden und ihre Chancen nicht verpassen. Bei einer Umfrage in Deutschland ergab sich, daß fünfzig Prozent der befragten Fünfundzwanzigjährigen sich bewußt waren, auf einem beruflichen Weg zu sein, der ihnen nicht wirklich entspricht, von dem sie aber ihrer Meinung nach nicht mehr ablassen könnten.

Oft kommen wir mit Erwachsenen ins Gespräch, die sich nicht nur durch ihren Beruf in ihrer Freiheit eingeschränkt fühlen, sondern auch durch die Verantwortung für eigene oder fremde Kinder bedrängt fühlen. Eine Mutter, die ihr erstes Kind erwartete, als sie selbst noch auf der Schulbank saß, verließ mit achtundzwanzig Jahren ihre Familie, um endlich einmal ihren eigenen Bedürfnissen gerecht zu werden. Ein anderes Ehepaar hatte (aus religiösen Erwägungen) fünf Kinder in die Welt gesetzt. Nachdem sie einen Morgen lang ihre zwei

Ältesten im freien Spiel im Pesta erlebt hatten, fragten sie in einem Anfall von Verzweiflung: „Ist all diese Freiheit nur für die Kinder möglich? Warum haben wir Erwachsene jetzt nur noch Verantwortungen? Wie können wir ein gerechtes Maß an Freiheit für uns finden?“

Nach all den Jahren einer Erziehung, die Kindern Einschränkungen und Verpflichtungen aufdrängt, damit sie es „als Erwachsene einmal gut haben“, ist es sicher eine große Enttäuschung, diese Hoffnung bis zur Pensionierung oder bis die Kinder das Haus verlassen, aufschieben zu müssen. Kein Wunder also, daß Menschen manchmal ihre Kindheit oder Jugend in einer Zeit nachholen möchten, wenn ihre gegenwärtige Lebensphase danach verlangen würde, etwas Sinnvolles für ihr Umfeld zu tun. Oder daß sie jede Gelegenheit beim Schopf packen, sich wenigstens vorübergehend von ihren Verantwortungen zu befreien, um der Frage nach dem eigenen Sinn nachzugehen.

Nicht selten wird unter diesen Umständen die Betreuung von Kindern zu einer Last, auch wenn das Neugeborene noch in Feststimmung begrüßt worden ist. Der Drang zur eigenen Erfüllung kommt in Konflikt mit den Aufgaben, die den ganzen Tag und in der Nacht zu erfüllen sind. Dieser Widerspruch wird in einer „fortschrittlichen“ Gesellschaft gemildert, da soziale Einrichtungen Eltern die Aufgabe abnehmen, auf ihre Kinder aufzupassen. Dieses Abgeben der Kinder mag nicht immer aus einer echten Not entspringen – es gibt genug Mütter, die lieber acht Stunden lang an einem Computer oder am Telefon sitzen, als mit den Kindern zu Hause zu bleiben. In einer Gesellschaft, in der Kinder nicht an erster Stelle stehen, tritt dieser Widerspruch zwischen den Wünschen und Zielen der Erwachsenen und kindlichen Bedürfnissen besonders kraß zutage und kann die Entwicklung der neuen Generation gefährden. Wenn Eltern ihre Jugend nachholen wollen, kann es vorkommen, daß sie die Erziehungsidee, Kinder selbständig tätig sein zu lassen so auslegen, daß die Kinder „schon ohne die Alten zurechtkommen“. Damit bekommen die Erwachsenen ein Alibi, um Kinder allein zu lassen und ihren eigenen Interessen und Bedürfnissen ungehindert nachzugehen.

Wollen wir zwischen eigenen Bedürfnissen, dem traditionellen Erziehungsauftrag und all den gegenwärtigen äußeren Umständen einen eigenen Weg finden, ist es ratsam, fürs erste die romantische Idee aufzugeben, daß unser Leben durch Kinder eine Erfüllung bekommen würde. Maturanas Behauptung, daß jeder Organismus „sich selbst macht“, also für seine eigene Erfüllung zuständig ist, zwingt uns zu dem Schluß, daß Kinder nicht auf die Welt kommen, um uns glücklich zu machen, daß sie nicht uns, sondern sich selbst gehören, aber für das erwachsene Individuum eine Aufgabe darstellen. Diese Einsicht setzt Müttern und Vätern Grenzen, mit ihren Kindern nach Gutdünken umzugehen oder von ihnen zu erwarten, daß sie ihren Interessen und Vorstellungen entsprechen, vielleicht sogar Erfolge im Leben anstreben, die den Eltern versagt geblieben sind.

Auch kann dieser Ansatz hilfreich sein, Kinder mit neuen Augen zu sehen – denn die Tatsache, daß Eltern und Kinder durch die gemeinsame Erbmasse eng miteinander verwandt sind, daß sie auf ähnlicher Wellenlänge schwingen und Kinder neun Monate lang in körperlicher Symbiose mit der Mutter gelebt haben, kann gleichzeitig beglückend und erschrekkend sein. Die Beziehungen sind so eng, das Gemeinsame ist so stark und die Versuchung, Besitz zu ergreifen oder zu fliehen, ist groß. Viele der grundlegendsten Handlungen, die dem Überleben des Säuglings dienen, sind außerdem stereotype, von der menschlichen Art gespeicherte Verhaltensprogramme. Der Drang, das Kind zu ernähren, es zu behüten und viele natürliche mütterliche Umgangsformen entstammen uralten Instinkten, die der Arterhaltung dienen.

Doch wie können solche Triebe ihre Gültigkeit behalten und trotzdem nicht in Konkurrenz geraten mit dem Grundbedürfnis jedes Individuums, also auch jeder Mutter, das eigene innere Potential zu erfüllen, zu reifen und sich selbst zu entfalten? Meines Erachtens braucht es dafür eine persönliche

Entscheidung, die Verantwortung für Kinder auf neue Weise zu akzeptieren, das heißt, die Elternschaft nicht einfach „instinktiv" auszuüben, die eigenen Interessen nicht gegen die der Kinder auszuspielen, sondern freiwillig mit dem Prozeß zu kooperieren, den uns das Leben anbietet: nämlich im Zusammenwirken zwischen eigenen und kindlichen Bedürfnissen zu reifen.

Solch ein Entwicklungsprozeß kommt zustande, wenn sich die erste instinktive Elternliebe allmählich in eine authentische *Nächstenliebe* verwandelt. Aber wie könnte das geschehen, außer durch Freiheit und Grenzen, die in echter Beziehung zum Entwicklungsprogramm des Kindes und des Erwachsenen stehen? Indem der Erwachsene sich zugesteht, daß seine emotionale und intellektuelle Membrane durch die eigenen Kindheitserlebnisse verletzt sind, aber gleichzeitig ihre allmähliche Heilung für möglich hält, bekommt für ihn der Umgang mit einem Kind eine wichtige Bedeutung. Denn der Entschluß, Kinder nicht direktiv zu behandeln, ihnen Liebe mit Respekt für ihre eigenständige Interaktion mit der Welt entgegenzubringen, schafft für uns selbst ebenfalls das heilsame Umfeld zur Wiederherstellung der eigenen Membranen. Und durch eine solche Annahme des „legitimen anderen", nämlich des Kindes mit seinem eigenen inneren Entwicklungsprogramm, erwächst aus der instinktiven Elternliebe die Nächstenliebe, die darauf verzichtet, Erfüllung durch die Erfolge des Kindes zu erlangen.

Wenn durch eine derartige Wechselbeziehung die eigenen Membranen heilen und die des Kindes sich aufbauen, kann der Loslösungsprozeß zwischen Eltern und Kindern nach und nach vonstatten gehen. Schon der Säugling kann, gesättigt durch eine liebevolle und respektvolle Zuwendung, eine gewisse Zeit, zufrieden und mit sich selbst beschäftigt, die Mutter Abstand nehmen lassen und ihr erlauben, etwas für sich selbst zu tun. Diese Momente weiten sich immer mehr aus, wenn die Mutter dem Kind vertraut und das Kind ihrer Zuwendung sicher ist, wann immer es sie braucht. Was Erwachsene häufig in Kursen und Selbsterfahrungsgruppen suchen, können wir im liebe- und respektvollen Umgang mit Kindern tagtäglich erfahren: Eine dauernde Übung im Ganz-gegenwärtig-sein, denn Kinder reagieren ungeheuer sensibel, wenn wir nur halb da sind oder nur „so tun, als ob". Wir haben eine optimale Gelegenheit, den eigenen Körper neu zu spüren, denn in diesem Zustand empfindet das Kind unsere Berührung als Wohltat und fühlt sich nicht als Objekt behandelt. Und wir können lernen, unsere Handlungen und Worte, die oft auseinanderklaffen, wieder zu vereinen.*

Statt „instinktiv" oder „impulsiv" auf Kinder zuzugehen, setzen wir uns eine kleine Grenze. Sie gibt uns ein wenig Abstand, selbst in der größten Nähe, und verhindert, daß wir körperlich, emotional oder intellektuell, mit Bewegungen oder Worten auf das Kind einstürmen, in es eindringen und es von außen her bestimmen.

Statt uns auf Ratschläge oder Fachkenntnisse von anderen zu verlassen, gibt dieser Abstand die Möglichkeit, uns auf jede Situation einzustimmen, eher dem zu vertrauen, was wir selbst wahrnehmen, bereit zu sein, in Einklang mit den inneren Absichten des Kindes zu kommen, aber auch, aus den eigenen Fehlern zu lernen. So kann der Umgang mit Kindern zu einem fruchtbaren Erlebnis und gleichzeitig zu einem Abenteuer werden, wobei wir nie sicher sind, wie es ausgeht. Uns erschließt sich eine Fülle von Gelegenheiten, unser Mitdenken und -fühlen zu üben, neues Verständnis zu sammeln und Verbindungen herzustellen. Es ist unvermeidlich, daß bei diesem Mitdenken und Mitfühlen die eigene Kindheit erneut in uns auftaucht und viele vergessene Situationen sich zur Neuverarbeitung anbieten.

Bei jeder, auch bei der alltäglichsten Tätigkeit, stehen uns verschiedene Möglichkeiten offen, eine Handlung zu verrichten. Schon beim Hantieren mit Kochutensilien kann man heftig oder sanft, eilig oder geruhsam, ärgerlich oder gelassen,

---

* Zum Thema Gegenwärtigkeit bzw. Achtsamkeit in der Familie siehe vor allem das Buch *Mit Kindern wachsen* von Myla und Jon Kabat-Zinn.

zerstreut oder interessiert vorgehen. Wenn wir die Freiheit haben, einfache Dinge so oder anders zu verrichten und dadurch – so oder anders – „uns selbst zu machen", wieviel mehr haben wir Gelegenheit, im Zusammensein mit Kindern verschiedene Arten des Daseins auszuprobieren und uns wie Kinder eifrig und doch spielerisch mit Situationen auseinanderzusetzen? Auf unserer Suche nach neuen Wegen spüren wir immer wieder die Grenzen: Dies ist geeignet fürs Kind und für mich, das andere paßt nicht fürs Kind oder nicht für mich. Solche Unterschiede können wir nur machen, wenn wir nach innen und nach außen aufmerksam sind. Mit der Zeit übersehen wir dann nicht mehr so oft die kleinen Hinweise der Kinder, durch die sie uns ihre Bedürfnisse andeuten. Wir können uns besser auf das Entwicklungsprogramm des Kindes einstellen, unsere Interpretationen kommen eher in Einklang mit seiner Wirklichkeit, und diese Erfahrung verschafft uns selbst Wohlgefühl, denn sie entspricht unserem eigenen Entwicklungsbedürfnis, das nach Verständnis verlangt.

Was vorher eine „schwere Verantwortung" war und unsere Freiheit eingeschränkt hat, bekommt nun ein neues Gesicht und eine andere Bedeutung. Kinder, die sich geliebt, respektiert und verstanden fühlen, haben kein Bedürfnis, uns das Leben schwerzumachen mit Quengeln, Wutausbrüchen, Langeweile oder An-uns-Kleben. Sie brauchen uns nicht auf Schritt und Tritt auf die Probe zu stellen, ob wir sie wirklich lieben, ob wir sie mehr als das Baby oder den Besuch beachten, ob wir da sind, wenn sie uns brauchen, ob wir ihnen Selbständigkeit in den Dingen zugestehen, für die sie reif sind. So wird das Zusammenleben mit Kindern entspannter, und unsere Freiheit wächst zusammen mit der Freiheit der Kinder.

Doch wer sich auf diesen Weg einläßt, sollte sich auf Überraschungen gefaßt machen. Wer in der ersten Begeisterung glaubte, er könne sich neue Verhaltensweisen aneignen, wie man sich ein neues Kleid überzieht, ist wahrscheinlich bald frustriert, denn Kinder wollen keine „bessere Methode", sie brauchen wirkliche Menschen, die bereit sind, sich zu verändern. Andererseits können wir nicht warten, bis wir „erst einmal auf einem hohen Bewußtseinsniveau ankommen, um dann mit Kindern richtig umzugehen“. Bis wir auf diesem hohen Stand ankommen, wären die Kinder, die heute um uns sind, lange erwachsen und bräuchten unsere Fürsorge nicht mehr.

Mit Kindern neue Wege gehen heißt, daß wir uns auf Unvorhergesehenes gefaßt machen und darum jeden neuen Schritt mit Aufmerksamkeit und Interesse tun. Daß wir uns über die Richtung klarzuwerden versuchen, in die wir gehen wollen, aber nicht glauben, daß wir sie immer einhalten müssen. Daß wir zwar guten Rat nicht ausschlagen, aber vor allem unseren eigenen Sinnen vertrauen und die Verantwortung für jeden Schritt selbst übernehmen. Daß wir uns aus Ideen anderer und eigenen Vorstellungen Anstöße holen, uns die Suche nach Verständnis aber nicht erspart bleibt. Dabei bleibt nicht aus, daß wir immer wieder an einen Punkt kommen, an dem wir nicht weiter wissen und doch handeln müssen, und das so lange aushalten, bis wir eine neue Orientierung gefunden haben.

Doch da Kinder ihrem eigenen inneren Plan und ihren echten Bedürfnissen folgen, wenn es das Umfeld nur einigermaßen erlaubt, stehen die Chancen gut, daß wir zusammen mit ihnen immer wieder einen Weg finden. Kinder, die sich nicht unentwegt an sture und unbeugsame Erwachsene anpassen müssen, um überhaupt zu überleben, die statt dessen spüren, daß wir gewillt sind, uns zusammen mit ihnen auf einen Lernprozeß einzulassen, wagen es auch, uns zu zeigen, was sie und wir brauchen. Sie geben uns Zeichen, wenn ihnen Grenzen fehlen, und sie protestieren, wenn unsere klaren Grenzen zu starren Verhaltensmustern ausarten. Ihre Lebendigkeit stellt unsere eigenen Gefühls- und Denkstrukturen immer wieder in Frage. Unser Kopf, auf den wir so große Stücke halten, ist es gewohnt, mit Schwarz oder Weiß, mit Ja oder Nein umzugehen. Kinder versetzen uns in unzählige Situationen, wo diese gewohnten Denkstrukturen leicht ins Wanken geraten.

Ständig kommen wir in eine neue Situation, in der wir entscheiden müssen: „Will ich an meinen alten Mustern festhalten; will ich mir Rezepte und Ratschläge von Spezialisten holen oder mich aufraffen, mein eigenes Denken zu erweitern, zu vertiefen und auf Unerwartetes neu einzustellen?" Das ist eine Einladung, die uns aus der Sackgasse führt, falls wir glauben, die Verantwortung für Kinder bestehe nur aus Verpflichtungen. Statt uns benachteiligt zu fühlen, weil Kinder unsere persönliche Freiheit einschränken, können wir entscheiden, die Sache anders zu sehen: Wir haben die Freiheit, unsere Verantwortung auf neue Weise zu erfüllen, immer wieder Entdeckungen zu machen, wie wir anders dasein können. Dabei merken wir bald einen Unterschied in unserem Lebensgefühl. Statt des typischen Montagmorgengefühls (wieder eine ganze Woche, in der ich arbeiten muß) ähnelt es eher der Stimmung auf einem Sportplatz: Wir sind froh, mitspielen zu dürfen, sind interessiert, aufmerksam und neugierig auf jede neue Wendung des Spiels, aber auch gewillt, die Spielregeln einzuhalten.

Immer wieder haben wir erlebt, daß die größeren Kinder und natürlich vor allem die Jugendlichen sauer auf Erwachsene reagieren, die „starre" Regeln mit „klaren" Regeln verwechseln. Ihre Kritik ist, daß „manche Erwachsene die Regeln auswendig lernen". Wie kann so etwas in der Praxis aussehen? Sagen wir, die Wochenversammlung der Kinder hat sich auf die Regel geeinigt, daß man andere auf dem Schulgelände nicht naßspritzen darf. (Das ist vor allem akut in der Karnevalswoche, in der in Ecuador heftig mit Wasser gespritzt wird). Hat ein Kind beim Händewaschen aus Versehen ein anderes angespritzt, kann nun eine große Diskussion aufkommen: Spritzen ist Spritzen, denn in der Mentalität jüngerer Kinder gibt es noch keinen Unterschied zwischen absichtlichen und unabsichtlichen Handlungen. Es könnte sein, daß Erwachsene ebenfalls noch unsicher in solchen Unterscheidungen sind und in der Diskussion dann einfach auf die „feste Regel" pochen.

Kinder erwarten von uns nicht, daß wir bei jeder Gelegenheit von den gültigen Regeln reden, sondern daß wir persönlich dafür einstehen, daß sie eingehalten werden. Statt also immer wieder an eine Regel oder Abmachung zu erinnern, verlangen sie von uns, daß wir, selbst wenn eine Regel von ihnen formuliert wurde, nicht auf ihr herumreiten und uns so aus der Affaire ziehen, sondern daß wir uns selbst einsetzen: „Ich lasse Euch nicht mit Schlamm werfen", statt „Ihr wißt doch, die Regel hier ist, daß niemand andere mit Schlamm bewerfen darf." Es hat lange gedauert, bis wir uns mit dieser Version wohl fühlten, denn es schien uns leichter, uns hinter Regeln zu verschanzen und dabei nicht das eigene Gesicht zu zeigen. Offenbar sind aber für Kinder „klare" Regeln solche, bei denen der Erwachsene offen bekennt, daß er sich ganz persönlich für ihr Einhalten einsetzt.

Es kommt allerdings hin und wieder vor, daß Kinder darauf bestehen, sie selbst hätten sich auf eine Regel geeinigt und die sei eben jetzt für sie gültig, zum Beispiel hätten sie abgemacht, sie dürften sich gegenseitig weh tun und keiner von ihnen protestiere dagegen. Die Betreuer sollten sich also nicht einmischen, denn das sei schließlich ihre Angelegenheit. In solchen Fällen halten wir uns an den Grundsatz, daß wir Erwachsene verantwortlich sind für die entspannte vorbereitete Umgebung und bleiben fest bei unserer Grenze: „Ihr habt diese Regel gemacht, aber wir erlauben nicht, daß Ihr Euch gegenseitig weh tut."

Ganz deutlich wird das Bedürfnis nach persönlichem Einsatz in Fällen, in denen wir Erwachsene lieber wegschauen, als dem Verhalten von Kindern klare Grenzen zu setzen. Wir mögen dafür verschiedene Gründe haben: daß wir gerade zu sehr beschäftigt sind und erst mal das Eigene zu Ende machen wollen; daß wir zu bequem sind, nahe an die Kinder heranzugehen, oder daß wir Angst vor ihren Protesten oder Ausflüchten haben. Welche Beweggründe wir auch haben mögen, die Folgen bleiben nicht aus. Kinder lernen, daß man mit Erwachsenen nicht ernstlich rechnen kann, daß sie unberechenbar oder unzuverlässig, also manipulierbar oder nicht vertrauenswürdig sind. Und Regeln und Regelmäßigkeiten bleiben für sie nebulös.

Wenn Erwachsene Kindern ein Maß an Freiheit gewähren wollen, das sie selbst nicht genossen haben, empfinden sie sich, was Grenzensetzen anbelangt, selbst „in den Kinderschuhen". Alte Vorstellungen von Disziplin, Gehorsam und Pflichterfüllung werden über Bord geworfen; doch erst aus neuen Erfahrungen lassen sich allmählich die Zusammenhänge zwischen Umfeld, echten Bedürfnissen und Begrenzungen erkennen. Erst wenn das Chaos eines „freien Lebens" nicht mehr auszuhalten ist, wenn man zur Genüge gespürt hat, was es heißt, ohne feste Mahlzeiten zu leben, wenn Spielsachen und schmutzige Wäsche übers ganze Haus verstreut sind, wenn die Tische oft genug als Sitzgelegenheiten hergehalten haben und die Blumentöpfe als Sandkästen, wächst vielleicht der Wunsch nach Ordnung und Routine. An diesem Punkt greifen dann manche zu den altbewährten autoritären Methoden zurück.

Doch es besteht die Möglichkeit, zwischen Disziplin und Laisser faire jeden kleinen Lernschritt der Kinder auch für uns zu nutzen, mit ihnen ein Netz von vielen kleinen Erfahrungen zu knüpfen, das nicht nur für die Kinder, sondern auch für uns ein neues Verständnis reifen läßt. So, wie Kinder sich verändern und bereit sind, aus jeder Situation zu lernen, können auch wir nach und nach ein tieferes Verständnis für Lebensprozesse entwickeln. Auch wir können den Weg aus natürlicher Egozentrik zur Kooperation finden, wenn wir gerade in den „unwichtigen" Momenten, aus denen unser Leben mit Kindern ja hauptsächlich besteht, gegenwärtig sind und verschiedenste Zusammenhänge neu wahrnehmen und wie Kinder „kleine" Entscheidungen treffen.

Sagen wir, ein Kind schaut auf dem Tisch herum und scheint das Brot haben zu wollen. Legen wir ihm schnell ein Stück auf seinen Teller, oder halten wir inne, bevor wir es bedienen, und wagen es, uns zu fragen: „Was sind eigentlich meine Beweggründe? Die Angst, daß es verhungert? Oder will ich zeigen, daß ich es liebe? Oder will ich schneller meine Ruhe haben? Oder will ich es seine Abhängigkeit von mir spüren lassen?" Was immer dabei herauskommt, der winzige Augenblick des Innehaltens erzeugt bereits eine neue Dynamik und gibt dem Kind und mir verschiedenste Möglichkeiten der Kommunikation. Vielleicht will das Kind selbst ausprobieren, ob seine Arme zum Brot reichen? Vielleicht hätte es gern, daß man ihm den Brotkorb etwas näher rückt, damit es sich selbst sein Stück aussuchen kann?

Solche Szenen kommen im Laufe eines Tages oft genug vor. So können wir das Innehalten oder Uns-selbst-eine-Grenze-Setzen so lange üben, bis daraus ein neues Muster geworden ist. Viele Gelegenheiten dazu bieten sich an, da bei Erwachsenen die Fähigkeit zum Projektieren und Vorausplanen weit mehr entwickelt ist als bei Kindern, die um so intensiver in einer Art Zeitlosigkeit leben, je kleiner sie sind, und die daher weniger gut voraussehen und abschätzen können als wir. Die größte Versuchung ist es, ihren eigenen Wahrnehmungen vorausgreifen, ihnen Entscheidungen und Überlegungen vorwegnehmen, in der besten Absicht, ihnen Mühe und Frustration zu ersparen. Diese Neigung sorgt für zahlreiche Gelegenheiten, unserem Eifer Zügel anzulegen. Die größte Hilfe dabei ist für mich immer wieder eine innere Vorstellung vom neurologischen Entwicklungsprozeß, der langsam und behutsam, aber sicher Wahrnehmungen, Urteile und Entscheidungen miteinander vernetzen muß, bevor er zu einer eigenen Handlung kommt und dabei so wenig wie möglich von außen bedrängt werden sollte.

Kaum ein Erwachsener ist sich bewußt, auf wie vielfältige Art und Weise dieses Vorausgreifen geschieht, wenn wir dem Kind zum Beispiel fast automatisch einen Pullover überziehen, den es sich gerade selbst anzuziehen versucht, oder ihm einen Gegenstand in die Hand drücken, nach dem es sich soeben auszustrecken beginnt. Wir greifen seiner Entwicklung vor, indem wir es hinsetzen, hinstellen, auf ein Klettergerüst oder eine Schaukel heben, und nehmen ihm damit die Möglichkeit zu Initiative, Entscheidung, zum Überwinden von Hindernissen und die Freude am Entdecken der eigenen Möglichkeiten.

Das Vorgreifen mit Worten ist dem Erwachsenen noch geläufiger. „Schau mal hier", „Schau mal dort", „Hör doch mal", „Paß gut auf", „Denk doch mal nach", „Das kannst du sicher schon verstehen" ... Es ist eine lange Litanei, mit der die Sinne und die Sinngebung der Kinder gelenkt werden, bevor sie sich überhaupt in einer Situation zurechtfinden und sie mit ihren inneren Bedürfnissen in Beziehung bringen können. Doch nicht nur Taten und Worte greifen voraus, sondern auch Mimik, Tonfall und unsere gesamte Haltung, einschließlich der Stimmung, die wir um uns verbreiten und mit der wir andere bewußt oder unbewußt beeinflussen. Wenn wir also ernstlich daran denken, mit unserem Nächsten nichtdirektiv umzugehen, ist es unvermeidlich, daß wir uns stets aufs neue bei irgendeiner Art von Direktivität ertappen und immer wieder von neuem versuchen müssen, das nächste Mal anders dazusein. Unseren Fortschritt können wir daran messen, daß wir immer öfter mitten in einer Bewegung oder Bemerkung innehalten und vielleicht gerade noch eine Hand zurückziehen oder ein Wort hinunterschlucken. Die Kinder werden ebenfalls bemerken, daß wir uns selbst gegenüber Grenzen setzen und es uns auf verschiedene Weise danken.

Es ist allerdings nicht damit getan, daß wir uns selbst gegenüber kritischer werden. Wir dürfen nicht vergessen, daß wir Erwachsene für die Umstände und das Umfeld verantwortlich sind, in denen diese komplexen Prozesse stattfinden. Sind wir vielleicht der Meinung, daß die Kinder schon selbst merken werden, welche Umgebung für sie stimmt? Oder ist es nur die eigene Trägheit, die uns davon abhält, das Umfeld kritisch zu betrachten? Unsere eventuelle Unfähigkeit, für Kinder geeignete oder ungeeignete Umgebungen voneinander zu unterscheiden, kann uns leicht Streiche spielen: daß wir aktive Gefahren von zumutbaren Hindernissen nicht unterscheiden; daß sich vielleicht unter den unstrukturierten Materialien Bretter mit rostigen Nägeln oder leicht zerbrechliche Flaschen befinden; daß wir den Einfluß der Medien unterschätzen oder daß wir feinere Nuancen von verschiedenen Umständen nicht differenzieren (die Hängematte im Wohnzimmer zum Beispiel ist zum Ruhen, und die Hängematte draußen auch für wildes Spielen); daß wir nicht beurteilen, wie lange Kinder Musik und Lärm ausgesetzt sein können, ohne Schaden zu nehmen; daß wir entweder nicht voraussehen, welche Auswirkungen der Besuch fremder Menschen hat, oder in unserem Übereifer unser Heim so abschirmen, daß die Kinder kaum noch interessante Erlebnisse mit anderen Menschen haben und die Haltung der Eltern Fremden oder Freunden gegenüber nicht kennenlernen können.

Sei es, daß wir unter Freiheit verstehen, die Kinder überallhin mitzunehmen oder daß wir kaum noch aus dem Haus gehen und uns nur noch unserem Kind widmen: Unsere Entwicklungsprozesse und die der Kinder hängen davon ab, wie wir im Zusammenleben die Grenzen zwischen dem Zuviel und dem Zuwenig setzen, damit auch unsere eigene Wahrnehmung und unser eigenes Urteil äußerer und innerer Zustände zuverlässiger wird. Vielleicht tut es not, der eigenen Neigung nachzugehen, statt uns nur noch dem Kind zu widmen. Oder umgekehrt ist jetzt der Moment, nicht der eigenen Selbstverwirklichung oder persönlichen Nachholbedürfnissen Vorrang zu geben, sondern solche Wünsche zugunsten der Familie einzudämmen. Eltern, die freiwillig die Jahre nutzen, in denen ihre Kinder klein sind und – in einem gesunden Gleichgewicht zwischen erwachsenen und kindlichen Prioritäten – sich ernstlich um einen geeigneten Umgang mit ihnen bemühen, merken bald, daß nicht nur die Kinder, sondern auch sie selbst von dieser Entscheidung profitieren. Das kann bedeuten, daß sie in ihrem Haus den Großeltern oder sonstigen Verwandten Grenzen setzen, wenn sie allzu eifrig bei der Erziehung mitmischen wollen. Das mag Krisen hervorrufen, kann aber die Beziehung zu den eigenen Eltern klären, wenn wir sie nicht mit unseren Erziehungsansichten zu bekehren suchen, sondern mit ihnen ebenfalls beim Grenzensetzen nichtdirektiv und respektvoll umgehen.

Gerade in der jetzigen Zeit, in der immer mehr Spezialisten der verschiedensten Richtungen Eltern unter Druck setzen, ihre Kinder „fachmännisch" zu behandeln (besonders wenn offenbar irgend etwas nicht ganz „normal" mit ihnen ist), braucht es Mut und Selbstsicherheit, die Verantwortung für sie nicht einfach abzugeben – besonders da die Techniken, mit denen Kinder an die Erwartungen der Gesellschaft angepaßt werden können, immer mehr verfeinert werden. Doch ein großer Prozentsatz der angebotenen Hilfen besteht in einem Einwirken und Drängen von außen und ist offenbar wirksam. Wie aber können wir beweisen, daß in einer geeigneten vorbereiteten Umgebung heilende Prozesse von innen her stattfinden, es sei denn, wir wagten es, selbst unseren Weg zu suchen?

In den letzten Tagen hatten wir lange Gespräche mit einem Elternpaar, das relativ neu bei uns ist und dessen jetzt neunjährige Tochter wir im letzten Schuljahr ausnahmsweise in unserer Primaria aufgenommen hatten. Dabei hatten sie die Information unterschlagen, daß das Mädchen in der ersten Klasse von der Schulpsychologin als „langsamer Lerner" abgestempelt worden war. Im Pesta fiel uns schnell ihre unsichere Grobmotorik und die Tendenz auf, diese Schwierigkeit mit ständigem Reden zu kompensieren. Doch da sie hier die meiste Zeit im unebenen Gelände spielte, alle Möglichkeiten für körperliche Betätigung wahrnahm und dabei in ihrem andauernden Gerede von anderen Kindern eingedämmt wurde (sie verlangten zum Beispiel von ihr, ihnen beim Ziegelschleppen zu helfen, statt nur zu quatschen), war nach kurzer Zeit ein deutlicher Fortschritt in ihrer Interaktion zu spüren. Dann machten die Eltern eine Reise nach Peru und ein Spezialist riet ihnen Medikamente zur Regulierung neurologischer Prozesse an. Wem sollten sie jetzt glauben? Ihrer eigenen Wahrnehmung vom Prozeß der Tochter oder dem Fachmann?

Eine andere Familie entschied für sich, ihr Kind mit Down-Syndom nicht einfach der Kunst eines staatlichen Betreuers zu überlassen, der mit Stimulierungstechniken umzugehen wußte. Sie selbst widmeten sich dem Kind mit Hingabe in einer von ihnen eigens vorbereiteten Umgebung auf nichtdirektive Weise und ließen in den vorgeschriebenen Stunden den Therapeuten unter der Bedingung zugegen sein, daß er sich ebenso verhalte. Nach wenigen Monaten hob das Kinder- und Jungendamt diesen Fall als eine „vorbildliche und erfolgreiche Therapie" hervor. Es war deutlich, daß es diesem Kind in jeder Hinsicht besser ging als anderen, die einer normalen Therapie ausgesetzt waren.

Schwierig wird es für Erwachsene häufig, die Grenzen zwischen den Verantwortungen für die Familie und für die Arbeit oder sozialen Aufgaben abzustecken. Die längsten Familiengespräche hatten wir in all diesen Jahren mit Eltern, die ständig durchs Land reisten, um Indianern und Slumbewohnern zu helfen, während die eigenen Kinder zusammen mit dem Dienstmädchen ihre Zeit vor dem Fernseher zubrachten. Bei soviel Armut und sozialen Problemen kann es leicht geschehen, daß die Bedürfnisse der eigenen Familie verblassen. Trotzdem „rächt sich das Leben", wenn Eltern nicht lernen, auch hier Grenzen zu setzen. Wer könnte sich anmaßen, die Welt zu verbessern, wenn der Nächste, den er selbst in die Welt gesetzt hat, dabei vernachlässigt wird?

Die großen Entscheidungen, wo, wann, wem und wie Erwachsene Grenzen setzen sollten, um Raum zu schaffen, in dem neue Beziehungen zu Kindern (und auch untereinander) wachsen können, bereiten uns auf dieser Abenteuerreise immer wieder Kopf- und Magenschmerzen. Es wäre sicher einfacher, unsere Handlungen dem System anzupassen und die „Schuld" von uns zu weisen, wenn das Zusammenleben mit Kindern unerquicklich ist. Doch wenn wir uns freiwillig darin üben, einem Kind nicht in seiner eigenen Absicht und seinem Rhythmus mit Hand oder Wort vorzugreifen, verändern wir gleichzeitig uns selbst, die Beziehungen zu anderen und die Perspektive für die konkreten Umstände.

Gerade heute war ich im Naturkundebereich des Pesta damit beschäftigt, verschiedene Samen in Gläser zwischen feuchtem Sand und weißem Papier so zu plazieren, daß der Keimprozeß gut zu beobachten sein würde. Ein siebenjähriges Mädchen hielt auf seinem Weg zum Balkon bei mir kurz inne und fragte: „Was tust du da?“ Ich wandte mich ihr zu, und ihr Interesse an der Sache war unverkennbar. So beschrieb ich den Vorgang: „Zuerst lege ich Papier ein, dann kommt nasser Sand in die Mitte und hier tue ich Maiskörner, Linsen, schwarze und braune Bohnen hinein.“ Das Kind betrachtete mein Werk neugierig, und ich spürte, wie es mich drängte, ihm den erwarteten Keimprozeß auszumalen. Doch ich wartete ab, ob das Kind weiter fragen würde, etwa: „Wozu machst du das?“ Die Frage kam nicht, offenbar hatte das Mädchen irgend etwas anderes im Sinn. Plötzlich sah es eine Ameise auf dem Tisch, holte sich eine Lupe aus dem Regal und betrachtete das winzige Tier lange und konzentriert. Das ist eine ganz unscheinbare Szene, doch im Laufe eines Tages kommen solche viele Male, jedesmal in einem anderen Zusammenhang vor. Aus ihrer Summe ergibt sich die Qualität neuartiger Beziehungen, so daß über die Jahre hinweg das Vertrauen wächst, das es den Jugendlichen später ermöglicht, sich den Erwachsenen immer wieder zu nähern, da sie ja bewiesen haben, daß sie innere Prozesse zu respektieren wußten.

In der Entwicklung eines Kindes und eines Erwachsenen gibt es außer den äußeren Merkmalen wichtige Unterschiede, was die inneren Merkmale anbelangt: Die Hirnrinde eines Erwachsenen ist über die Jahre viel mehr gereift und veranlaßt uns, Dinge vorauszusehen, viele Situationen miteinander zu verbinden, Schlüsse zu ziehen und vom Gegenständlichen zu abstrahieren. Mit sieben oder acht Jahren steht ein Kind an der Schwelle dieses Prozesses. Falls wir es nicht vorantreiben, nimmt es sich immer wieder die Zeit, sinnlich in der Gegenwart zu verweilen und viele Elemente zu verinnerlichen, die wir kaum wahrnehmen, weil wir uns daran gewöhnt haben, mit fertigen Begriffen auf die Welt zuzugehen. Der Entschluß, im Zusammensein mit einem Kind darauf zu achten, ihm diese Begriffswelt nicht aufzudrängen, versetzt uns in einen neuartigen Wahrnehmungszustand: So, wie man beim Betrachten eines dreidimensionalen Bildes die gewohnte Art des Sehens zurücknimmt, dabei eine Überraschung erlebt und sich ein unerwartetes Bild auftut, erleben wir Kinder in einer anderen Dimension, wenn wir aufhören, sie nach unserem Sinn zu führen.

Da Kinder stets auf Entdeckungsreise sind, machen sie uns Erwachsenen immer wieder das Angebot, ihnen nachzugehen und ihren Erlebnissen und Experimenten beizuwohnen. Das erschließt uns eine Art der Interaktion, mit der wir „in unserem Alter" gar nicht mehr gerechnet haben. Vielleicht haben wir sie nie so intensiv erlebt, vielleicht nur über die Jahre hinweg den Zugang zu ihr verloren. Was findet ein Dreijähriger Wunderbares in einer Schlammpfütze, und was mag er empfinden, wenn er sie mit einem Stock immer wieder in Bewegung bringt? Woher nehmen Zehnjährige die Energie, in einem Wäldchen über Stock und Stein Räuber und Gendarm zu spielen, sich auf den Boden zu werfen, in einem Dorngebüsch zu verstecken, die Schrammen und Beulen kaum zu beachten, die sie sich dabei zuziehen, dem kalten Wasser eines Baches zu trotzen, wenn sie stundenlang in ihm Brücken, Staudämme und Schleusen bauen?

Erwachsene erliegen immer wieder der Versuchung, aus respektvollen Beziehungen zu Kindern ebenfalls ein geschlossenes, festes System zu machen. Diese Gefahr wird uns bewußt, wenn wir die typischen „Rezeptfragen" hören: „Glaubst du, es ist richtig, dem Kind Taschengeld zu geben?"; „Ist es falsch, wenn ich am Abend zu einer gewissen Zeit meine Ruhe haben will und es ins Bett schicke?"; „Darf ich die Kinder zu den Großeltern lassen, wenn die doch von nichtdirektiver Erziehung keine Ahnung haben?"; „Welche Nahrung ist für Kinder am gesündesten?"; „Sollen wir Erwachsene immer unsere Gespräche unterbrechen, wenn ein Kind etwas von uns will?"; „Wäre es nicht am besten, die Kinder würden ihre Wäsche selbst waschen, damit ihr Bedürfnis nach praktischer Aktivität einen konkreten Bezug bekommt?"; „Wieviel Zeit pro Tag darf ein neunjähriges Kind mit Lesen zubringen?"; „Was genau soll ich denn tun, wenn mein Kind einen Wutanfall hat?"

Ich könnte wohl Seiten mit Fragen solcher Art füllen, die von Erwachsenen gestellt werden. Der Wunsch, alles richtig zu machen, ist häufig von der Hoffnung begleitet, dieses Ziel zu erreichen, indem man andere nachahmt, die mehr Erfahrung haben. Da aber *keine* Situation genau wie eine andere ist und Kinder und Erwachsene in der Interaktion mit diesen niemals gleichen Umständen „sich selbst machen", bleibt keine Wahl, als das Risiko auf sich zu nehmen, selbst zu leben, Fehler zu begehen und aus ihnen zu lernen und damit auch der Sehnsucht nach Sicherheit und garantiertem Erfolg Grenzen zu setzen.

Zum Schluß dieses Kapitels wage ich es, eine andere Grenze zu erwähnen, die hin und wieder zur Sprache kommt. Besonders spirituell orientierte Erwachsene hegen begreiflicherweise die Hoffnung, ihren kleinen Schützlingen so früh wie möglich geistige Erfahrungen zu ermöglichen, wobei in unserer Zeit ein breites Spektrum von Angeboten und Techniken zur Verfügung steht. Manchmal möchten Eltern darüber unsere Meinung hören, und dann geben wir unserer Überzeugung Ausdruck, daß der Entwicklungsplan der Kinder verlangt, daß sie voll und ganz in dieser konkreten, von den Grenzen des organischen Lebens bestimmten Welt sind, und es Aufgabe der Erwachsenen ist, das zu ermöglichen. Dieser Prozeß ist mit Freude und Leid gekoppelt. Viele Hindernisse müssen überwunden werden. Entscheidungen zu treffen, Innen und Außen unterscheiden zu lernen und zwischen Abhängigkeit und Autonomie immer wieder das Gleichgewicht zu finden beansprucht volle Aufmerksamkeit und den Mut zur Gegenwärtigkeit und Diesseitigkeit. Kinder sind (unserer Meinung nach) ihrer Seele ohnehin nah, können aber durch geistige Übungen verleitet werden, den Anforderungen des konkret körperlichen Lebens zu entfliehen.

Es ist sicher für viele Erwachsene ein echtes Bedürfnis, dieser Ebene menschlicher Entwicklung Aufmerksamkeit zu schenken. Doch hier scheint es mir ratsam, nicht durch Willenskraft und Techniken die Grenzen zu durchbrechen, die ein konkretes Leben im Körper uns auferlegt: daß wir in der Gegenwart und an dem Ort, an dem wir uns gerade befinden, „ganz normal und ganz da sind" und darauf vertrauen, daß uns tiefere Einblicke und Verständnis genau dann zuteil werden, wenn wir es brauchen. Das Wohlbefinden der Kinder ist von unserer Fähigkeit zur Gegenwärtigkeit abhängig. Gleichzeitig sind es die Kinder, die uns reichlich Gelegenheiten geben, uns in Gegenwärtigkeit zu üben.

Jede Lebensphase hat ihre eigenen Aufgaben. Dabei sind Freiheit und Verantwortung eng gekoppelt. Ein Kleinkind kann in dem Maß eigenverantwortlich sein, wie wir ihm gebührende Selbständigkeit ermöglichen. Diese Selbständigkeit geht vom Sensomotorischen zum Aufbau des eigenen Urteils über die konkrete Welt bis hin zur Verantwortung für den eigenen Charakter. Kinder, die frühzeitig dazu gebracht werden, Dinge zu tun, für die ihr Körper noch nicht reif ist, haben weniger Freiheit und weniger Verantwortung. Kinder, die zu früh mit Abstraktionen umzugehen lernen, sind von einem Lehrer abhängig und warten auf seine Anweisungen und Korrekturen. Auch geistige Übungen vor der Zeit der Reife machen abhängig und schmälern Eigenverantwortung und Freiheit.

Wenn wir freiwillig mit den Gesetzmäßigkeiten des Lebens zusammenarbeiten, erleben wir, daß das Leben in all seinen Dimensionen eine Einheit ist und uns nicht verlorengeht, wenn wir zusammen mit Kindern jetzt gegenwärtig sind.

Grenzen in einer freien Schule

Eine „freie“, „aktive“, „nichtdirektive“ oder „nichtinstruktive“ Umgebung für Kinder ist eine Art lebender Organismus. Auch sie kann nur bestehen, wachsen und allmählich reifen, wenn sie in ihrer Interaktion mit der Umwelt und in ihren eigenen Strukturen mit Grenzen umzugehen lernt. Davon hatten wir nur eine schwache Vorstellung, als wir vor zwanzig Jahren mit vier Vorschulkindern die Arbeit begannen. Wenn ich heute über „unsere Grenzen“ schreibe, liegt ein weiter Weg zwischen jenem Anfang und dem heutigen Stand der Dinge. Ich könnte unzählige Geschichten und Anekdoten zum Besten geben, was uns aus Mangel an Grenzen alles passiert ist, wie wir allmählich unsere Angst vor Grenzen verloren haben, dann wieder damit zu weit gingen und auf diese Art Erfahrungen sammelten. Es mag vielleicht hilfreich sein, einiges von diesen Erfahrungen mitzuteilen, trotzdem würde ich niemandem anraten, die bei uns erprobten Grenzen und Regeln einfach zu übernehmen. Wir befinden uns in einem steten Prozeß wechselnder Situationen, die heute Anpassung von uns verlangen, und niemand kann sich der mehr oder minder qualvollen Aufgabe entziehen, jeweils selbst die geeigneten Grenzen auszuprobieren.

Unsere Lernprozesse fanden gleichzeitig auf mehreren Gebieten statt:

- in bezug auf Grenzen, die wir in der Dynamik der für Kinder vorbereiteten Umgebung als notwendig erkannten;
- in bezug auf Betreuer und Lehrer;
- in der Organisation und Verwaltung;
- in der Zusammenarbeit mit Eltern;

- im Umgang mit vielen Besuchern;
- in unseren Beziehungen zu den Erziehungsbehörden.

In diesem Wechselspiel zwischen Menschen mit den verschiedensten Vorstellungen und Bedürfnissen hatten wir uns der Aufgabe zu stellen, den Inhalt der Arbeit immer wieder neu zu definieren und sie gegen die allgemeine Erziehungspraxis abzugrenzen.

Die Begriffe „Grenzen" und „Regeln" ziehen sich wie ein roter Faden durch alle Kapitel dieses Textes. So ist es vielleicht zweckmäßig, zum Schluß noch einmal darauf hinzuweisen, daß diese Vokabeln in einer für echte Wachstumsbedürfnisse vorbereiteten und entspannten Umgebung eine eigene Bedeutung annehmen. Um sie zu erfassen, ist es notwendig, in dem Wunsch, echte Lebensprozesse zu respektieren, selbst auszuprobieren, mit Kindern weder auf autoritäre noch auf antiautoritäre Weise zusammenzuleben. Die wichtigsten „Hausregeln", die wir Erwachsenen eingeführt haben, um das Umfeld der Kinder funktionell und entspannt zu halten, habe ich schon genannt und auch, daß Kinder über sieben Jahren zunehmend aktiv beim Regelnmachen mithelfen, wurde bereits erwähnt.

Um den spezifischen Bedürfnissen in jeder Entwicklungsphase gerecht zu werden, ist für uns außerdem die physische Abgrenzung der Bereiche wichtig geworden, in denen die Kinder und Jugendlichen die Elemente, die ihnen entsprechen, vorfinden. Zwischen Kindergarten und Primaria steht ein niedriger Zaun mit Büschen. Kinder unter sechs Jahren dürfen sich nicht auf der anderen Seite aufhalten, haben aber genug Spielraum in ihrem runden Holzbau mit seinem großen Balkon und dem umgebenden Gelände. Den Kindern zwischen drei und sechs Jahren hatten wir früher jede Woche einen Ausflug in die Umgebung angeboten. Mit der Zeit nahmen immer weniger Kinder daran teil, und wir merkten, daß es besser war, diese Aktivität nur alle zwei Wochen zu organisieren. Offenbar brauchten die Kinder mehr Zeit in ihrer Umgebung, zumal viele nach einer langen Fahrt im Schulbus jeden

Morgen ihren eigenen Rhythmus im Kindergarten erst neu finden müssen.

Offenbar akzeptieren die Kinder diese Trennung zwischen den Bereichen viel natürlicher als manche Eltern, denen wir öfters erst ausführliche Erklärungen und Hinweise auf die Materialien geben müssen, die für kleine Kinder zwar anziehend sein mögen, aber entweder ihre Sicherheit (wie etwa der sechs Meter hohe Kletterturm, die Gasküche, Chemikalien oder Skalpelle) oder unsere notwendige Ordnung gefährden (Tausende von farbigen Kügelchen für konkretes Rechnen, teure Bücher, Karteien).

Auch die Primaria-Kinder unter zwölf müssen vor einigen Bereichen haltmachen, die für die Jugendlichen reserviert sind. Den Großen dagegen stehen die Räumlichkeiten, Einrichtungen und Materialien der Primaria zur Verfügung. Über die Benutzung des Sportplatzes einigen sich die Jüngeren mit den Älteren; zu gewissen Zeiten wollen die Kleineren unter sich sein, und auch die Jugendlichen möchten manchmal nach Lust und Laune „scharfe" Bälle schießen, ohne ständig auf die Kleineren Rücksicht nehmen zu müssen. Doch für jeden Tag haben sich alle gemeinsam eine Zeit ausgewählt, in der Groß und Klein sich zum gemeinsamen Spiel einfindet.

In diesem äußeren Rahmen mit seinen verschiedenen Schwellen finden Kinder und Jugendliche eine große Auswahl an Möglichkeiten für spontane Aktivitäten. Ich habe bereits andernorts beschrieben, wie im Kindergarten nach der ersten Hälfte jedes Vormittags freiwillige Gruppenaktivitäten den Zeitablauf markieren. Dieser rhythmische Ablauf ermöglicht zeitliche Anhaltspunkte, ohne jedoch die Freiheit einzuschränken, der eigenen Tätigkeit weiter nachzugehen. Doch wer sich entschließt, in einer Gruppe mitzumachen, muß sich damit abfinden, daß sie eine gewisse Beschränkung persönlicher Impulse mit sich bringt. Die Arbeitsgruppen in der Primaria formulieren ihre eigenen Regeln einstimmig. Wer gegen diese Abmachungen verstößt, weiß, daß er Konsequenzen auf sich nehmen muß, die bis zum Ausschluß aus der Gruppe reichen können. Besonders die größeren Primaria-Kinder und die Jugendlichen interessieren sich für so viele Gruppenangebote, daß sie früher oder später an ihre eigenen Grenzen stoßen. Sie merken bald, daß sie sich zuviel Arbeit aufladen und ihnen kaum noch Zeit zur Muße und für individuelle Beschäftigungen bleibt. Nach dem Sturm und Drang der ersten Wochen schränken sie ihren selbstgemachten Stundenplan dann meist von selbst ein und bescheiden sich mit einer kleineren Anzahl fester Verpflichtungen.

Kinder ab zehn Jahren haben die Möglichkeit, einmal im Monat für drei Tage außerhalb der Schule in einem Betrieb, einem Restaurant, einem Laden, einem Radiosender, einem Tierheim, einer Arztpraxis oder bei sonst einer konkreten Arbeit mitzuhelfen. Meist schätzen sich die Kinder selbst gut genug ein, und sie wählen selten etwas, das ihre Kapazität übersteigt. Doch Kindern, die in der Schule noch keine Verantwortung übernehmen, die sich vor allem drücken, was ihnen schwierig vorkommt, sich wenig darum kümmern, welche Spuren ihre spontanen Aktivitäten hinterlassen oder die ihre Fantasien der Wirklichkeit vorziehen, erlauben wir nicht, solche Arbeitsstellen zu besuchen. Diese Grenze gibt ihnen Gelegenheit, ihr eigenes Verhalten aus einem neuen Blickwinkel zu sehen.

Immer wieder reflektieren wir darüber, daß wir Grenzen nicht setzen, um Kinder zu irgendeinem Ziel zu führen, das wir uns für sie ausgedacht haben: damit sie etwa verantwortlich, intelligent oder sozial bewußt werden, daß aber unsere Aufgabe die Gestaltung (und damit auch die Begrenzung) der Umstände ist, in denen echte Entwicklungsprozesse stattfinden können. Das wird kritisch, wenn sich ein Kind konstant den Anforderungen seiner Entwicklungsphase entzieht, es bequemer findet, andere seine Problem lösen zu lassen, als wäre es ein Baby – die Spuren seiner Tätigkeiten verschwinden zu lassen oder Hindernisse aus dem Weg räumen zu lassen, aber auch, wenn ein Kind seine jetzige Entwicklungsphase zu überspringen sucht.

Bereits im Kindergarten erleben wir hin und wieder Kinder, die ihre sensomotorischen Entwicklungsbedürfnisse durch scheinbar intellektuelles Auftreten ersetzen. Sie reden über Themen, die beinahe wissenschaftlich klingen, bringen uns durch ihren erlesenen Wortschatz oder ihre logischen Beweisführungen zum Staunen oder verstecken sich hinter Büchern. Gerade heute hörte ich einem Sechsjährigen zu, der mit seinen Freunden in Konflikt geriet und mit gereizter Stimme rief: „Ihr seid ja alle dumm! Wenn ihr mich nicht mit logischen Argumenten überzeugen könnt, spiele ich nicht mehr mit euch!" Der gleiche Junge erlebt jeden Tag mehrere kleine, aber schmerzliche Unfälle, weil er Gefahren nicht abschätzen kann und sich mit der Umwelt unachtsam, unüberlegt und aus dem Bedürfnis heraus, anderen zu imponieren, auseinandersetzt. (Zum Beispiel großartig und ohne notwendige Vorübungen an einem Tarzanseil schwingt oder aus Höhen herunterspringt, für die seine Gewandtheit nicht ausreicht, dabei zu Fall kommt und die Tränen zurückhält.) Kinder mit dieser Tendenz versuchen uns Erwachsene immer wieder zu überzeugen, daß sie alles, was andere sich mehr oder weniger mühselig mit konkreten Materialien erarbeiten, blitzschnell mit dem Kopf lösen können. Das lassen wir ihnen zwar erst einmal, bleiben aber doch fest: „Hier wird das Rechnen mit Material gemacht." In speziellen Fällen können wir, wie bereits erwähnt, auch zu der Entscheidung kommen, daß wir ein „Wunderkind", das sich ständig hinter Büchern verkriecht, aber konkreten Umständen aus dem Weg geht höchstens eine Stunde pro Tag lesen lassen.

Kinder, die schon in der Vorschulzeit lieber geredet als gehandelt und damit die Folgen ihres Tuns vermieden haben, steigen wahrscheinlich mit besonderen Schwierigkeiten in die operative Phase ein. Meist weichen sie Situationen aus, in denen konkretes Handeln, Experimentieren und eine ehrliche Auseinandersetzung mit den eigenen Erfolgen und Fehlern vonnöten sind. Oft sind sie erfinderisch und wortreich, wenn es darum geht, Grenzen, Regeln und Abmachungen zu umgehen. Ihre Unsicherheit in Denkprozessen, die mit eigenen konkreten Handlungen zu tun haben, übertünchen sie mit Schreiben, Lesen, „Fachwissen" und Nachahmung erwachsenen Sprachgebrauchs.

Nicht selten sind solche Kinder besonders anfällig für die Beeinflussung durch die Medien: Werbung für käufliche Produkte, Mode, frühes pseudo-sexuelles Gehabe, Liebschaften, Musik für Jugendliche und ähnliches. Was diesen Kindern geschieht, ist nicht schwer zu durchschauen: Wenn die operative Phase ihnen mit ihren eigenen Leiden und Freuden kein intensives Lebensgefühl beschert, scheint die Flucht in die nächste Entwicklungsphase eine gewisse Hoffnung auf Erfüllung zu versprechen. Nicht nur, daß Neunjährige sich wie Heranwachsende benehmen, sich wie Vierzehnjährige kleiden, von einem Tanzfest zum anderen gehen; sogar körperlich zeigen manche schon die Zeichen sexueller Frühreife.

Wie könnten wir solchen Kindern Grenzen setzen ohne eine klare, liebevolle Zuwendung? Und was können wir überhaupt bewirken, ohne die Eltern, die ihre häusliche Umgebung und ihre eigenes Verhalten überprüfen müßten, um echte Entwicklungsprozesse für sich selbst und ihre Kinder zu ermöglichen? Vor kurzem kam ein früherer Schüler zu mir, der sich im Zustand mangelnder Operativität und sexueller Frühreife (zwei Phänomene, die häufig zusammen auftreten) mit vierzehn Jahren im Pesta nicht mehr wohlgefühlt und sein Glück auf einer anderen Schule versucht hatte. Er wollte dringend mit den Jugendlichen sprechen, um ihnen von seinen Erfahrungen zu erzählen. Mit achtzehn Jahren und nach jahrelanger Krise war er zu dem Schluß gekommen, daß „alles leer und widerlich ist, was man nicht aus sich selbst heraus tut". Er redete zwei Stunden auf die dreizehn- bis vierzehnjährigen Jungen und Mädchen ein, daß nur das gelte, was man für sich selbst und aus eigener Überzeugung tue. Und er wiederholte immer wieder: „Ich weiß, daß das jeder selbst durchmachen muß. Aber ich bin nicht ruhig, bis ich es euch nicht gesagt habe!"

In der Dynamik zwischen freier spontaner Aktivität und

Grenzen, die immer wieder dazu zwingen, innezuhalten und die Dinge mit anderen Augen zu sehen, bringen die Kinder unter sich die größten Erfolge hervor. Diese große Chance eröffnet sich aber eben erst dann, wenn die Kinder wirklich ihre Tätigkeiten eigenständig organisieren und immer wieder mit anderen zusammenstoßen. Heute morgen hatten sich ausgerechnet vier kleine Mädchen, die besondere Schwierigkeiten mit verantwortlicher Auseinandersetzung in konkreten Situationen haben, für die ersten zwei Stunden in der Küche eingeschrieben. Immer wieder mußte ich dazukommen, sie daran erinnern, daß sie in der Küche nicht tanzen dürfen, mit Messern oder dem Gasherd nicht herumspielen dürfen und daß sie diesen Bereich sauber und pünktlich der nächsten Gruppe zu übergeben hätten. Doch ihre grundlegende Erfahrung, daß Reden und Handeln der Erwachsenen auseineinderklaffen, machte sie für jede Vorwarnung taub, und so kamen sie schließlich an ihre Zeitgrenze. Ihr Essen war gerade fertig, aber die Küche ein Chaos. Die nächste Gruppe zwang sie, mit ihrem Gekochten auszuziehen, und nichts zu essen, bevor sie alles gewaschen und gefegt hätten. Nach großem Gezeter, tausend Ausflüchten und Protesten blieb ihnen nichts anderes übrig, als dem Druck der Gleichaltrigen nachzugeben („Wenn ihr nicht spurt, tragen wir das in der nächsten Versammlung vor, und dann könnt ihr einen Monat lang nicht mehr kochen!"). Schließlich aßen sie ihre Spaghetti und Pommes kalt und mußten auch noch den Bereich säubern, in dem ihr lustloses Mahl stattgefunden hatte.

Kinder mit dieser Art von Schwierigkeiten brauchen bestimmt mehr als eine solche schmerzliche Erfahrung, bevor sie sich freiwillig organisieren und die allgemein geltenden Grenzen akzeptieren. Voraussetzung dafür ist jedenfalls, daß ihre Aktivitäten nicht von anderen aufgezwungen oder aufgeschwätzt sind, daß sie also nicht (vielleicht ein ganzes Leben lang) die Verantwortung denen zuschieben können, von denen die Impulse und Entscheidungen für ihre Handlungen ursprünglich ausgegangen waren.

Im täglichen Zusammensein von Kindern verschiedenen Alters und Erwachsenen werden die meisten Konflikte hier bei uns an Ort und Stelle und frontal ausgetragen. Dabei stehen wir Erwachsene unterstützend zur Verfügung. Das kann auf verschiedene Weise geschehen: Sobald wir merken, daß zwei oder mehrere Kinder in eine Konfliktsituation geraten, gehen wir ein paar Meter beziehungsweise Zentimeter näher, zeigen unsere Aufmerksamkeit, mischen uns aber nicht ein. Für alle Kinder, die schon etwas länger bei uns sind, ist das ein deutliches Zeichen, daß wir bereit sind, wichtige Grenzen zu garantieren, ohne jedoch den Konflikt für die Kinder zu lösen. Jüngere Kinder kommen mit ihren Klagen natürlich erst einmal zu einem Erwachsenen. In solchen Fällen geben wir diesem Kind Zuwendung und versichern ihm dann: „Wenn du das dem Carlos selbst sagen willst, komme ich mit dir und bin dabei." Brauchte das Kind nur Aufmerksamkeit, läßt es die Sache vielleicht auf sich beruhen; will es aber wirklich seinen Standpunkt verteidigen, fühlt es sich durch unsere Gegenwart gestärkt. Doch wird es dann erleben, daß wir auch dem Kontrahenten die gleiche Zuwendung und Rückendekkung gewähren, so daß die beiden ihre Zwistigkeiten mit gleichen Chancen ausfechten können.

Die Kinder zwischen sieben und zwölf Jahren machen außerdem immer wieder von der Möglichkeit Gebrauch, nicht gelöste Konflikte in unserer allgemeinen wöchentlichen Versammlung unter dem Punkt „Beschwerden" der Primaria öffentlich vorzutragen. (Bei den Jugendlichen gehört dieser Punkt zwar auch zur Tagesordnung ihrer Wochenversammlungen, aber Grenzprobleme werden in diesem Rahmen viel seltener vorgebracht). Nach langen Diskussionen, die dem „regelmachenden Alter" entsprechen, wurde von der Versammlung bei Beschwerden folgendes festgelegt: Zwei (wohlbegründete) Beschwerden im Quartal gelten als Warnungen, aber bei der dritten Beschwerde gibt es eine „Strafe". Wieder nach langen Verhandlungen und einigen Vetos der Erwachsenen, weil die Jüngeren allzu maßlose Strafen vorschlugen, wurde eine Liste möglicher Sühnen aufgestellt: die Bibliothek aufräumen, Rechenkügelchen aus den Spalten des Holzfußbodens herausklauben, Fenster putzen, Böden fegen, die Schuldruckerei in Ordnung bringen oder ähnliches. Aus diesen nicht gerade beliebten Angeboten darf sich dann der Missetäter eine Strafe aussuchen! In diesem Schuljahr, das gerade sechs Monate alt ist, wurde bei einer Besatzung von hundert Kindern in dieser Altersspanne zweimal eine solche Strafe verhängt, also eine recht günstige Statistik ...

Es gibt natürlich auch Situationen im Umgang der Kinder miteinander, die Notlagen darstellen und ein direktes Eingreifen von Erwachsenen fordern. Hin und wieder haben wir es mit Kindergartenkindern oder mit kleinen Kindern in der Primaria zu tun, die mit verbaler oder physischer Aggressivität nicht zurecht kommen. Wir sehen es als unsere Pflicht, die anderen Kinder vor ihren Angriffen zu schützen, um die Umgebung entspannt zu halten. Das heißt, daß wir sofort persönlich die nötigen Grenzen setzen und schlimmstenfalls dem schlagenden Kind ankündigen: „Wenn du das noch einmal tust, mußt du bei mir bleiben." Dann lasse ich dieses Kind für eine halbe oder eine ganze Stunde nicht allein, gebe ihm aber während dieser Zeit soviel Zuwendung, wie es annimmt.

Primaria-Kindern, die selbst an der Formulierung der Hausregeln und dem ständigen Aushandeln der Konsequenzen ihres Nichteinhaltens teilnehmen, die aber trotzdem geflissentlich gegen die Grundregeln des gegenseitigen Respekts verstoßen, kann es geschehen, daß ein Betreuer ihnen ein Ultimatum stellt: „Wenn du noch einmal einem andern absichtlich weh tust, schicke ich einen Brief nach Hause. Da steht dann drin, daß du bei einem nächsten Mal für einen Tag nicht in den Pesta kommen darfst." Solch ein Brief ist ein Hinweis, daß wir um die Zusammenarbeit mit den Eltern bitten, falls das Kind wirklich einmal eine radikale Konsequenz seiner eigenen Haltung erfahren muß und gibt den Eltern Gelegenheit, sich auf dieses Ereignis vorzubereiten.

In wenigen Ausnahmen kommt es wirklich zur Vollstrekkung eines solchen „Urteils“, und das ist eine wirkliche Strafe, denn gerade Kindern, die sich schlecht benehmen, weil sie sich schlecht fühlen (und das hat eine lange Geschichte im Elternhaus) gefällt es im Pesta besonders gut! Eine noch größere Ausnahme ist es, wenn das Kind nach dieser handfesten Erfahrung weiterhin alle Grundregeln über den Haufen rennt, und es zu einer neuerlichen Auseinandersetzung mit ihm kommt. Das kann schließlich dazu führen, daß wir die Eltern benachrichtigen, daß das Kind erst wieder in die Schule kommen darf, wenn es gemeinsam mit mindestens einem Elternteil um eine Unterredung mit uns bittet und dabei seinen Entschluß bekundet, nach bestem Willen und Können die grundlegenden Hausregeln zu respektieren. So weit ist es in den letzten zehn Jahren allerdings nur in fünf oder sechs Fällen gekommen.

Häufiger geschieht es, daß größere Kinder für einen Tag (oder bis zu einem feierlichen Versprechen) aus dem Bustransport ausgeschlossen werden. Im Bus herrschen aus Sicherheitsgründen strengere Regeln als in der für Kinder vorbereiteten Umgebung. Die Begleiter sind nicht pädagogisch ausgebildet. Ihre Aufgabe ist es, vor allem für die Sicherheit der Kinder zu sorgen. Für Beschwerden über das Verhalten im Bus (Begleiter gegen Kinder oder umgekehrt) ist nicht die Wochenversammlung zuständig, sondern es steht jeden Morgen ein Lehrer zur Verfügung, so daß alle Betroffenen sich aussprechen können. Wenn ein Kind vorübergehend aus dem Transport ausgeschlossen wird, kann es weiter in die Schule kommen. Das bedeutet unter Umständen, daß ein Familienangehöriger es bringt oder – bei den Größeren – daß es einen Linienbus benutzt und dann eine halbe Stunde den Weg zum Pesta hinaufpilgert oder mit dem Fahrrad kommt.

Diese letzten Grenzen und Konsequenzen für Kinder berühren natürlich direkt die Befugnisse und den Lebensbereich der Eltern. In den ersten Jahren unserer Arbeit kam es häufiger vor, daß Eltern die Konsequenzen der Handlungen ihrer Kinder mit der Art von Strafen verwechselten, unter denen sie selbst gelitten hatten. Vorwürfe gegen unsere „Gemeinheit", „Sturheit" oder „Halsstarrigkeit" blieben nicht immer aus. Doch erstaunlicherweise waren es die Kinder selbst, die ihre Eltern aufklärten: „Das ist doch keine Strafe! Ich wußte doch, daß ich das nicht tun darf, und ich wußte auch, was mich erwartete, wenn ich es trotzdem tat! Ich wollte nur wissen, ob sie es wirklich ernst meinen ..."

Schon bald wurde uns klar, daß unser Verhältnis zu den Eltern nur reifen konnte, wenn die Freiheiten einer freien Schule durch Grenzen geschützt waren. In den ersten Jahren bestand die Schule überhaupt nur, weil Mauricio und ich alle Risiken der Finanzierung (die wir durch Arbeit außerhalb ermöglichten) und die Auseinandersetzung mit den Behörden auf uns nahmen, die von vornherein ihre Stellung bezogen: „In Ecuador machen wir die Sachen richtig und gut, eine freie Schule werden wir niemals erlauben." Wir waren unsere eigene „Elterninitiative", weil wir unseren zweiten Sohn nicht in eine „normale" Schule schicken wollten. Wer bei uns mitmachen wollte, wurde möglichst gründlich über unsere Absichten informiert. Um uns gesetzlich zu schützen, schlossen wir in jedem neuen Schuljahr einen Vertrag mit den Eltern ab, in dem schriftlich unsere und ihre Verpflichtungen festgelegt waren. Die Eltern unterschrieben, daß sie nach dem ecuadorianischen Grundgesetz das Recht in Anspruch nahmen, die Art von Schule zu wählen, die sie für geeignet hielten, und daß sie über die angewandte Methode informiert und mit ihr einverstanden seien.

Obwohl dieses Dokument aus dem Zwang entstand, uns gegen das Eingreifen der Behörden zu verteidigen, war es auch für unsere internen Bedürfnisse überaus nützlich, denn es blieb immer eine wichtige Grundlage für unsere intensive Elternarbeit. Seit dem Jahr 1989 ist der Pesta mit der Bezeichnung „Neunjährige ecuadorianische Grunderziehung ohne Klassen und Programm" etwa gleichwertig mit der in Deutschland sogenannten „Mittleren Reife" anerkannt, aber trotzdem schließen wir diesen Vertrag immer noch Jahr für Jahr neu mit den

Eltern ab. Von den Jugendlichen, die über dreizehn Jahre alt sind, wird er mitunterzeichnet. Hier ein paar wichtige Punkte aus diesem Vertrag, die direkt etwas mit Grenzen zu tun haben:

- Das leitende Team der Schule ist für das pädagogische Konzept und die Umsetzung in die Praxis, also für die vorbereitete Umgebung und verwaltungstechnische Entscheidungen verantwortlich.
- Eltern und Schule verpflichten sich, die gegenseitige Kommunikation offenzuhalten. Dazu gehört die Organisation beziehungsweise der regelmäßige Besuch monatlicher Elternabende und die Gespräche der Lehrer mit den Eltern.
- Wer sich für eine nichtdirektive Schule entscheidet, verpflichtet sich gleichzeitig, seine Kinder nicht in anderweitigen Unterricht zu schicken. Auch Kurse irgendwelcher Art oder Therapien, es sei denn nach gegenseitiger Absprache, würden zu dem Verlust des Platzes an der Schule führen.
- Die Eltern verpflichten sich außerdem zur pünktlichen Zahlung des Schulgeldes. (In diesem Schuljahr haben bei uns zweiundfünfzig Prozent der Kinder je nach Einkommen gestaffelte Stipendien. Alle Eltern können fünfzig Prozent des Schulgeldes mit unserer internen Tauschwährung begleichen, falls ihre Salden positiv sind*.)

An diesen „Grenzen“ ist deutlich zu sehen, daß jede Verantwortung auf einer Seite – sei es auf der der Eltern oder der der Schule – an eine entsprechende Verantwortung auf der anderen Seite gekoppelt ist. Die Elternabende dienen dazu, Informationen und Erfahrungsaustausch zu ermöglichen, die den Eltern in ihren eigenen Bemühungen um neue Beziehungen zu ihren Kindern nützlich sein können. Die Themen kommen meist durch die Eltern selbst auf und sind Anhaltspunkte für Dialoge und Vertiefungen. Dieser Austausch verschafft notwendige Anhaltspunkte, damit Eltern immer wieder per-

---

* siehe auch Seite 232f

sönlich entscheiden können, in welche Richtung sie mit ihren Kindern gehen wollen.

Zwei Pflichtkurse für Eltern, deren Kinder sechs beziehungsweise zwölf Jahre alt werden, dienen ausschließlich dazu, ihnen genug Elemente zur persönlichen Entscheidung zu liefern, wenn es darum geht, ihre Kinder entweder in unserer Primar- beziehungsweise Sekundarstufe einzuschreiben oder eine andere Schulform zu wählen. Die Familiengespräche können von den Eltern oder von den Betreuern erbeten werden. Für jedes Gespräch stellen wir zwei Stunden zur Verfügung. Grundsätzlich wohnen ihnen zwei Mitarbeiter der Schule bei, und es wird erwartet, daß beide Eltern teilnehmen, selbst wenn sie getrennt oder geschieden sind (es sei denn, es wurde vorher anders besprochen).

Unsere Weigerung, vormittags mit Kindern auf nichtdirektive Weise zu arbeiten, die an den Nachmittagen in Kursen oder Therapien direktiv behandelt werden, ist für manche ein Schock, für andere ein Beweis unserer Engstirnigkeit oder dogmatischen Haltung. Diese Regel ist aber das Ergebnis der Erfahrungen langer Jahre, in denen wir diese Grenze noch nicht eingeführt hatten und gewisse Kinder augenfällig jeden Morgen mit den gleichen Problemen in die Schule kamen, immer wieder ungeeignete Erlebnisse abladen mußten und in ihrem Prozeß der spontanen Interaktion einfach nicht vorankamen.

Erst wenn Kinder beziehungsweise Jugendliche eigenständig und sicher in ihren persönlichen Entscheidungen sind, ermöglichen wir ein gemeinsames Gespräch mit ihren Eltern und zwei Betreuern, in dem dann der Jugendliche seinen Wunsch nach einem Kurs außerhalb und seine Motive darlegt und die Betreuer gewisse Bedingungen stellen: daß der Jugendliche einen Teil des Kursgeldes selbst bestreitet (etwa mit an Wochenenden selbst verdientem Geld), daß er sich nicht von den Eltern mit dem Auto zum Kurs fahren läßt und daß er sich vom Kurs abmeldet, wenn er genug davon hat, auch wenn das einen Geldverlust bedeutet. Schließlich nehmen wir uns das Recht, ihn darauf hinzuweisen, falls wir mit der Zeit an ihm Haltungen wahrnehmen, die die entspannte vorbereitete Umgebung der Schule beeinträchtigen.

In unseren Gesprächen mit den Eltern unterstreichen wir immer wieder, daß diese Art alternativer Erziehung keineswegs eine bequemere Lösung für sie bedeutet: Zwar brauchen sie sich hier nicht um Noten, Examen, Leistungen, Disziplinprobleme und Schuluniformen zu kümmern, doch sind sie ständig zur Entscheidung herausfordert: Will ich in einen Bus einsteigen, der nach Süden oder nach Norden fährt, das heißt in Richtung traditioneller Erziehung gehen oder eine andere Richtung einschlagen? Die Kinder am Morgen in den Pesta und am Nachmittag in irgendeinen formalen Unterricht zu schicken, bedeutet in dieser Analogie, daß sie dauernd zwischen Norden und Süden hin- und herfahren und bald ganz konfus und hin- und hergerissen sind. Und nicht nur das: Die Grundaufgabe der Eltern, eine geeignete Umgebung für ihre Kinder zu Hause und in ihrer Umgebung zu erarbeiten, wird außerdem in solchen Fällen gewöhnlich nicht entschieden genug angegangen. Es wird also unglaubwürdig, daß wir in der Schule und zu Hause wirklich ein *gemeinsames* Anliegen haben.

Wenn Eltern Schwierigkeiten haben, die grundlegenden Elemente für eine gesunde Entwicklung ihrer Kinder zu schaffen, bietet die Schule ihnen zusätzliche Zeit und Zuwendung, oft mit monatlichen Elterngesprächen. Doch wenn sie deutlich machen, daß ihnen das Interesse und der Wille fehlen, diesen schwierigen Weg zusammen mit uns zu probieren, setzen wir unsere Grenzen. Das kann sogar soweit führen, daß wir ihre Kinder im nächsten Schuljahr nicht mehr annehmen. Das ist für uns besonders schwierig, denn gerade die Kinder solcher Eltern brauchen einen Ort, an dem sie ihre Spannungen immer wieder loswerden können. Es ist unsere schmerzlichste Grenze, uns zuzugestehen, daß Kinder den Lebensprozessen entsprechend zu den Eltern gehören und daß es deren Verantwortung bleibt, zu entscheiden, in welche Richtung sie gehen wollen.

Selbst unsere tiefe Überzeugung, daß wir durch Nichtdirektivität und gleichzeitige Begleitung der Kinder in einer vorbereiteten Umgebung mit dem Leben in Einklang kommen und daß dies die beste Chance für Erfolg ist, gibt uns kein Recht, andere zu überzeugen oder „die Welt zu retten". Wir beschränken uns darauf, in unserem eigenen Wirkungsbereich und mit Menschen zusammenzuarbeiten, die sich freiwillig für diesen Weg entscheiden. Andererseits setzen wir Grenzen, wenn besorgte Eltern unsere eigenen Einsichten umleiten und – wenigstens ein wenig – zurück in die Bahnen traditioneller Erziehung lenken wollen. „Ein klein wenig Unterricht, Förderung und Motivierung für mein Kind, das nun mal an Leitung von außen gewöhnt ist", ein bißchen mehr Anpassung ans offizielle Unterrichtsprogramm, ein paar Examen, um die Leistungen zu prüfen – Andeutungen und Forderungen dieser Art mußten wir immer mit Grenzen begegnen, um nicht allmählich ins Altbekannte abzurutschen. Da Kinder, die auf solche Weise extra gefördert wurden, ihre dadurch aufgebauten Spannungen immer wieder in den Pesta trugen, ist diese Grenze auch deshalb notwendig geworden, damit die Umgebung für die anderen Kinder entspannt bleiben kann.

Die gleiche „Sturheit" legten wir den Behörden gegenüber an den Tag. Viele Jahre lang war die Schule nur geduldet, aber nicht voll anerkannt. Dieser Sonderstatus war nur zu halten, weil die Eltern auf ihren Rechten, die im Grundgesetz verankert sind, beharrten. Gleichzeitig arbeiteten wir an Argumenten, denen die Behörden nichts mehr entgegnen konnten. Das führte zur offiziellen Anerkennung unserer Arbeit, doch noch jahrelang kamen Inspektoren, die uns gute Ratschläge geben wollten, wie wir „noch bessere und schnellere Resultate erzielen könnten". Dem letzten dieser Herren pflichteten wir bei: „Wir würden sicher ihre Ratschläge annehmen, falls Sie wenigstens einen unserer Grundsätze in die anderen Schulen einführen." „Was für einen Grundsatz meinen Sie?" fragte der Inspektor höflich. „Daß in den anderen Schulen Ihres Bezirks die Kinder jederzeit frei sind, aus dem Klassenzimmer zu gehen, wenn sie dies möchten.“ Es schien ein fairer Vorschlag, aber seither hat kein Inspektor mehr bei uns vorgesprochen!

Um zu erreichen, daß Behörden oder Eltern sich nicht in das pädagogische Konzept einmischen, das von denen erschaffen und erhalten wird, die eine solche Art von Umgebung für ihre eigenen Kinder wünschen, sind Grenzen und Markierungen immer wieder abzustecken. Eine Strategie war für uns von Anfang an wichtig: Wir scheuten nämlich nicht die Arbeit, die Aktivitäten und Prozesse der Kinder gewissenhaft und ausführlich zu dokumentieren und für eine einwandfreie Buchführung im administrativen Bereich zu sorgen. All das bedeutet ein großes Maß an Arbeit, Zeitaufwand und Hingabe. Doch aus diesem Umstand entsteht wiederum eine Notwendigkeit für Grenzen.

Jeder von uns muß lernen, Grenzen zu setzen zwischen der Aufgabe, ein ungewöhnliches alternatives Schulprojekt zu schaffen und zu erhalten, und der Tatsache, daß jeder von uns ein Privatleben hat. Nur wenige unserer Mitarbeiter haben keine eigenen Kinder, aber auch sie brauchen Zeit und Raum für sich selbst, für ihre eigenen Interessen und Bedürfnisse. Die meisten von uns haben ihre Familie, eigene Kinder, die Gegenwart und gemeinsame Erlebnisse im privaten Bereich fordern. Tag für Tag heißt das, Grenzen zu setzen, zu wagen, ein Ende in einem wichtigen Gespräch zu finden, eine Arbeit auf den nächsten Tag zu verschieben, beim Mittagessen eben nicht über den Pesta, sondern vielleicht über einen Film, über das Weltgeschehen oder über andere Dinge zu sprechen, die nichts mit unserer Arbeit zu tun haben.

In all diesen Jahren war es für uns alle immer wieder ein Seiltanz der täglichen kleinen Entscheidungen. Die Bereitschaft, uns dieser Schwierigkeit zu stellen, war in unserer Familie sicher ein bedeutender Anhaltspunkt für die Entwicklung der eigenen Kinder. Aber auch in der Schularbeit selbst fehlt es nicht an Gelegenheiten, die Kunst des Grenzensetzens zu üben. Immer wieder kommt bei uns die Frage auf, ob die entspannte Umgebung für Kinder nicht auch den Erwachsenen zur Entspannung dienen sollte. Wir glauben jedoch, daß wir unsere eigenen Bedürfnisse nach Erholung, Entspannung, einem Schwätzchen mit Mitarbeitern oder Besuchern aufschieben müssen, um den Bedürfnissen der Kinder Vorrang zu geben. Das heißt also den eigenen Impulsen Grenzen setzen, etwa dann, wenn es uns drängt, in Gegenwart der Kinder mit einem Mitarbeiter über private Dinge zu sprechen.

Auf der anderen Seite gibt es im Umgang mit den Kindern unzählige Gelegenheiten, uns selbst zurückzunehmen! Zwei kleine Jungen streiten darum, ihr Material auf dem gleichen Tisch auszubreiten. Daneben steht ein freier Tisch. Wie natürlich wäre es, die beiden Streitenden darauf hinzuweisen, ihr (scheinbar sinnloses) Gezanke abzukürzen! Doch das hieße, ihre Wahrnehmung durch meine zu ersetzen, ihre Fähigkeit, mit einem Konflikt zu leben und ihn dann selbst zu lösen, zu schwächen. Also bleibt mir nichts anderes übrig, als mich kleinzumachen, dabeizusein, beiden zuzuhören und zu warten, bis sie selbst auf die Lösung kommen.

Das gleiche Problem gibt es, wenn ich bei einem Kind sitze, das umständlich und langsam mit einem Material arbeitet, das die Möglichkeiten zum Abkürzen nicht nutzt und mühselig seine eigene Logik aufbaut. Wie oft zuckt mir die Hand, auf etwas hinzuweisen, oder die Zunge, den schnellsten Weg vorzugeben. Und immer wieder die Entscheidung, mir selbst Grenzen zu setzen.

Oder eine Arbeitsgruppe kommt in Fahrt, interessiert sich aufrichtig für ein Thema. Eine herrliche Gelegenheit, den jungen Menschen meine ganze Weisheit zu übermitteln und doch endlich, endlich einmal zu lehren. Schnell ist die Grenze überschritten, an der das ursprüngliche Interesse sich in Überdruß verkehrt. Hier ist ebenfalls reichlich Gelegenheit, den eigenen Enthusiasmus zurückzustellen und wieder die Initiative und Neugier der jungen Menschen abzuwarten. Nicht zuviel und nicht zuwenig von meinen eigenen Erfahrungen, Einsichten und Interessen mit ihnen zu teilen ist ein ständiges Übungsgebiet, mir selbst Grenzen zu setzen!

In unserer Umgebung, in der Kinder und Jugendliche ihre eigenen Fähigkeiten und Interessen entwickeln, gibt es viele Momente, in denen ich merke: Die Kinder können etwas viel besser als ich. Ich habe keine Ahnung von dem, was sie mich fragen. Das ist eine wichtige Grenze für mich; ich gebe zu: „Das kannst du viel besser als ich; was du mich da fragst, weiß ich leider auch nicht genau. Doch wenn du willst, suchen wir jemanden, der sich auf diesem Gebiet auskennt!"

Jede neue Situation, die durch die spontanen Aktivitäten der Kinder und Jugendlichen geschaffen wird, hat ihre eigene Dynamik. Die Regeln und Grenzen, die ihnen entsprechen, müssen stets aufs neue definiert und formuliert werden. Das bedeutet, Klarheit und gleichzeitig Flexibilität zu üben und Entwicklungsmöglichkeiten für Kinder und Erwachsene wahrzunehmen.

Immer wieder kommt die Frage auf, ob unsere Grenzen für Kinder „wirksam" sind, ob sie dadurch lernen, wie sie sich zu verhalten haben, zwischen „Gut und Böse" zu unterscheiden, andere zu respektieren oder was immer Erwachsenen als wertvolles Erziehungsziel erscheinen mag. Und immer wieder versuchen wir abzuklären, daß wir uns nicht anmaßen, Kinder zu erziehen oder zu „verbessern". Dieser Versuchung Einhalt zu gebieten gelingt uns nur dann, wenn wir uns unsere Verantwortung in Erinnerung rufen, durch Grenzen lediglich die Umgebung der Kinder entspannt zu halten. Wir enthalten uns also, auf die Kinder einzuwirken, wenn aber ein Kind so voll von innerem Druck ist, daß es sich unentwegt respektlos verhält, laden wir die Eltern ein, auch in ihrem Bereich nach Störungsfaktoren, Mangel an Zuwendung oder sonstigen Gründen für das schlechte Lebensgefühl des Kindes zu suchen.

Wir können nicht von der Aufgabe sprechen, die Umgebung einer freien Schule entspannt zu halten, ohne unsere vielen Besucher, also die Gegenwart von Erwachsenen zu erwähnen, die es sich nicht unbedingt zur Pflicht gemacht haben, sich in Respekt für Kinder zu üben. Die Eltern der Kinder sind jederzeit eingeladen, einen Morgen in der Schule zu verbringen. Sie schreiben sich im Büro ein, bekommen ein (rotes) Schild, an dem alle Betreuer und Kinder sie als Eltern erkennen, und dürfen sich frei in allen Bereichen bewegen. Allerdings werden sie, so wie alle Besucher, durch ein Merkblatt mit unseren „Hausregeln" für Besucher bekannt gemacht. Im Grunde genommen wird von ihnen nichts erwartet, als daß sie die gleichen Grenzen und Regeln beachten, die für die Betreuer gelten. Hin und wieder kommt es vor, daß ein Elternteil sich mit seinen persönlichen Erfahrungen oder Fertigkeiten nützlich machen will. Bevor das zustande kommt, sprechen wir mit ihm und unterhalten uns darüber, wie er seine Kenntnisse oder Erlebnisse mit Kindern oder Jugendlichen auf nichtdirektive Weise teilen könnte.

Der Andrang von Besuchern aus dem In- und Ausland hat uns ebenfalls gezwungen, Grenzen zu setzen. Das wurde uns von den Kindern selbst nahegelegt, die sich schon wie Tiere im Zoo vorkamen, weil so viele Leute mit eigenen Augen sehen wollten, wie eine freie Schule wirklich funktioniert. Zur Zeit haben wir einen Besuchertag pro Woche – doch ist es notwendig, sich rechtzeitig dafür vorzumerken, denn wir müssen vermeiden, daß an einem Tag zu viele fremde Erwachsene gleichzeitig in der Umgebung der Kinder auftauchen. Um einer begrenzten Zahl von Interessierten aus dem Ausland einen fünftägigen Einblick zu ermöglichen, bietet der *Freundeskreis mit Kindern wachsen* in Deutschland ein spezielles Programm an. Es ist selbstverständlich, daß alle Besucher von draußen mit den „Hausregeln" bekanntgemacht werden.

All diese Regeln und Grenzen sind – wie schon erwähnt – aus unzähligen Erfahrungen, kleinen oder größeren Problemen oder Einsichten hervorgegangen. Es besteht kein Zweifel, daß nicht nur Kinder an Regeln reifen, wenn sie gleichzeitig ihre echten Bedürfnisse erfüllen können, sondern daß auch wir Erwachsene darin immer noch wachsen und uns entwikkeln können. Jedesmal wenn wir eine Situation betrachten, gleichzeitig den Zustand der Kinder zu verstehen suchen und uns zu einer persönlichen Entscheidung durchringen, Grenzen so oder anders zu setzen, erfüllen wir das eigene Grundbedürfnis, uns persönlich mit einer komplexen Umwelt auseinanderzusetzen, zu fühlen und zu verstehen und uns selbst wahrzunehmen. Im Augenblick des Grenzensetzens ist jeder Erwachsene „einsam" und muß auf eigenen Füßen stehen. Nur wenn Kinder uns so gegenwärtig erleben, fühlen sie echten Respekt und können wahrnehmen, wie wir uns selbst Grenzen setzen.

Damit beantwortet sich in gewissem Sinn die Frage, ob eine freie Schule auch eine entspannte Umgebung für Erwachsene sei. Wir glauben nicht, daß wir uns in Umständen, wo wir in einer spezifischen Umgebung für die Entwicklung von Kindern arbeiten, einfach „gehen lassen", erst einmal an unsere eigenen Bedürfnisse denken oder die eigene Kindheit nachholen dürfen. Darum ist es für uns wichtig, diesen speziellen Dienst nicht für mehr Stunden pro Tag anzubieten, als wir uns selbst das Zurückstellen eigener Impulse zumuten können. (Auch Eltern brauchen Zeit für sich.)

Allerdings ist aus dem Zusammenfließen verschiedener Bedürfnisse ein ganz neues Feld entstanden, das seit dem Jahr 1995 zu einer entspannten Umgebung für Erwachsene und Kinder zugleich geworden ist, nämlich ein Tauschmarkt, der jeden Samstag Gelegenheit gibt, ohne Geld, das heißt mit „Tauschwährung" zu kaufen und zu verkaufen, zusammen zu essen, einen regen sozialen Austausch zu pflegen, ohne sich verpflichtet zu fühlen, Einladungen wieder mit Einladungen zu vergelten. Am Freitag verabreden sich die Pesta-Kinder: „Kommst du morgen zum Tauschmarkt?" Da können sie ihre Freunde und Verwandten mitbringen, nach Herzenslust spielen, Kinder können ihr „Scheckbuch" selbst verwalten, sobald sie schreiben können. Eltern können die Hälfte des Schulgeldes in Tauschwährung bezahlen, wenn sie positive Salden haben.

Künstler verkaufen ihre Werke, es werden Haare geschnitten, Tauschgeschäfte und Dienstleistungen für die kommende Woche vereinbart; ein Zahnarzt, praktische Ärzte, Laboruntersuchungen, Rechtsberatung und ähnliche, normalerweise teure Leistungen, die sonst das Budget unter Druck setzen, können hier je nach Vereinbarung ganz oder teilweise nur mit Buchungen beglichen werden.

Dieser Ansatz *Freiheit mit Grenzen* fördert neue Möglichkeiten und befriedigendere Lösungen zutage, die sich nicht nur auf das Zusammenleben mit Kindern beschränken. Er erlaubt uns, unsere Überzeugungen mit Festigkeit gegen Einmischungen oder Verwässerungen von außen zu verteidigen, doch ohne eine dogmatische Haltung, etwa daß wir im Besitz der richtigen Antworten auf die Probleme der Welt seien. Es ist der Weg, den wir gewählt haben, und wir nehmen uns immer wieder die Freiheit, uns neu auf ihm zu orientieren, folgen keinem geschlossenen System, genehmigen uns den Luxus, aus unseren Fehlern zu lernen, ohne unserem Gespür für die Richtung untreu zu werden, die wir uns gesetzt haben: Lebensprozesse bei uns selbst und anderen zu respektieren.

Literatur

Ditfurth, Hoimar von: *Der Geist fiel nicht vom Himmel.* Hoffmann und Campe, Hamburg 1976.

Hengstenberg, Elfriede: *Entfaltungen. Bilder und Schilderungen aus meiner Arbeit mit Kindern.* Arbor Verlag, Freiamt 1993[2].

Kirsch, Hans-Christian: *Mit Haut und Haar.* List Verlag, München 1990.

Koestler, Arthur: *The Ghost in the Machine.* Arcana/England 1989.

Kornhuber, H.: *Mechanisms of Voluntary Movement.* In: W. Prinz/A. F. Sanders (Eds.), Cognition and motor processes. Springer-Verlag, Berlin 1984.

Lacey: *Conversations between the Heart and the Brain.*

Mander, Jerry: *In the Absence of the Sacred.* Sierra Club Books, San Francisco 1992.

Maturana, Humberto; Varela, Francisco J.: *Der Baum der Erkenntnis. Die biologischen Wurzeln des menschlichen Erkennens.* Goldmann Taschenbuch, München 1990.

Maturana, Humberto: *Liebe und Spiel.* Carl-Auer-Systeme, Heidelberg 1994[2].

Montessori, Maria: *Kinder sind anders.* Klett-Cotta Verlag, Stuttgart 1993[13].

Montessori, Maria: *Das kreative Kind.* Herder Verlag, Freiburg 1997[12].

Pikler, Dr. Emmi: *Laßt mir Zeit.* Pflaum Verlag, München 1988.

Pikler, Dr. Emmi: *Miteinander vertraut werden. Erfahrungen und Gedanken zur Pflege von Säuglingen und Kleinkindern.* Arbor Verlag, Freiamt 1997[2].

Rogge, Jan-Uwe: *Kinder brauchen Grenzen*. Rowohlt, Reinbeck 1997.

Sacks, Oliver: *Stumme Stimmen. Reise in die Welt der Gehörlosen*. Rowohlt Taschenbuch, Reinbeck 1990.

Sheldrake, Rupert: *A New Science of Life*. Inner Traditions, Rochester 1995.

Sheldrake, Rupert: *Die Wiedergeburt der Natur*. Scherz, München 1991.

Sheldrake, Rupert: *Sieben Experimente, die die Welt verändern könnten*. Goldmann Taschenbuch, München 1997.

Sheldrake, Rupert: *Das Gedächtnis der Natur*. Scherz, München 1998.

Wild, Rebeca: *Erziehung zum Sein*. Arbor Verlag, Freiamt 1996[8].

Wild, Rebeca: *Mit Kindern leben lernen. Sein zum Erziehen*. Beltz Verlag, Weinheim und Basel 2002 (1998).

Wild, Rebeca: *Kinder im Pesta. Erfahrungen auf dem Weg zu einer vorbereiteten Umgebung für Kinder*. Arbor Verlag, Freiamt 1993.